读客文化

华杉讲透
资治通鉴 6

通篇大白话，拿起来你就放不下；
古人真智慧，说不定你一看就会。

华杉 著

图书在版编目（CIP）数据

华杉讲透《资治通鉴》. 6 / 华杉著. -- 南京：江苏凤凰文艺出版社，2020.5（2021.11重印）
ISBN 978-7-5594-4761-6

Ⅰ.①华… Ⅱ.①华… Ⅲ.①中国历史 - 古代史 - 编年体②《资治通鉴》- 研究 Ⅳ.①K204.3

中国版本图书馆CIP数据核字(2020) 第057145号

华杉讲透《资治通鉴》. 6

华杉 著

责任编辑	丁小卉
特约编辑	蔡若兰　周　喆
封面设计	温海英
责任印制	刘　巍
出版发行	江苏凤凰文艺出版社
	南京市中央路165号，邮编：210009
网　　址	http://www.jswenyi.com
印　　刷	三河市龙大印装有限公司
开　　本	710 毫米 × 1000 毫米　1/16
印　　张	17.5
字　　数	236 千字
版　　次	2020 年 5 月第 1 版
印　　次	2021 年 11 月第 5 次印刷
书　　号	ISBN 978-7-5594-4761-6
定　　价	48.80 元

江苏凤凰文艺版图书凡印刷、装订错误，可向出版社调换，联系电话：010-87681002。

目 录

编者注：为了保证阅读流畅性，本书目录列出每卷"主要历史事件"和"主要学习点"的页码，方便读者查找，不在内文中另设标题，仅在"主要学习点"处划线提示。

卷第四十三 汉纪三十五

（公元36年—公元46年，共11年）/ 001

【主要历史事件】

公孙述战败，刘秀平定巴蜀统一中原 / 005
刘秀收回军权，休养生息 / 012
大司徒韩歆受斥责自杀 / 016
刘秀下令重新核查垦田面积 / 017
交趾造反，徵氏姐妹自立为王 / 019
皇后郭圣通被废，阴丽华被立为皇后 / 021
刘阳被立为皇太子，改名刘庄 / 025
"硬脖子"县令董宣杀公主家奴获赏 / 026
西域都护撤销，鄯善、车师归附匈奴 / 034

【主要学习点】

注意时间管理，不要有太多"兴趣爱好" / 011
不要想着彻底消灭风险 / 014
君子不辩，是不辩论 / 026

卷第四十四 汉纪三十六
（公元47年—公元60年，共14年）/ 037

【主要历史事件】

汉朝接受匈奴八部大人为藩属 / 040
马援征讨失利，病逝后控诉不断 / 043
南单于派儿子入汉为质 / 050
刘秀用诏书回绝马武北征建议 / 051
班彪奏书《奏议答北匈奴》回绝和亲 / 056
刘秀以图谶决断 / 062
光武帝崩，太子刘庄即位，是为汉明帝 / 064
汉明帝举行大射礼 / 067

【主要学习点】

不珍惜生命的人，不是合格的将帅 / 046
不议论他人长短，不如爱憎分明 / 048
要想着把事情做好，而不是做大做强 / 052

卷第四十五 汉纪三十七

（公元61年—公元75年，共15年）/ 075

【主要历史事件】

梁松被控怨恨朝廷，下狱死 / 077
楚王刘英信佛，佛教开始在中原传播 / 082
广陵王刘荆意图弑君被诛 / 084
刘英被举报谋反，牵扯千人冤狱 / 088
寒朗冒死向皇帝陈述冤狱情况 / 090
窦固、耿忠率兵讨伐北匈奴 / 093
班超出使西域 / 093
汉明帝崩，太子刘炟即位，是为汉章帝 / 098
焉耆、龟兹联军进攻，车师叛变 / 100

【主要学习点】

坚持原则方能我心光明 / 078
不要试图解决所有问题 / 081
遵循"不市恩"的原则 / 101

卷第四十六　汉纪三十八

（公元76年—公元84年，共9年）/ 103

【主要历史事件】

汉章帝采纳谏言，断事宽厚 / 106
班超即将应召回国，但被疏勒强留 / 107
马太后阻止皇帝加封马氏家族 / 109
班超主动上书朝廷，要求平定西域 / 117
窦皇后因嫉妒构陷谋害官员 / 122
汉章帝发觉窦宪欺君罔上，不予重用 / 123
李邑诋毁班超，受皇帝痛斥 / 125
汉章帝明文禁止残忍的拷问手段 / 128
孔僖上书自辩诽谤先帝罪 / 129
班超攻打莎车，皇帝派兵增援 / 131

【主要学习点】

模仿定律：模仿是基本的社会现象 / 111
要想管住下属，关键是管住自己 / 112
君子有"三戒" / 115
错误越早暴露，损失越小 / 119
该用哪些人，该退哪些人，动作都要快 / 124
君子内省不疚 / 125

卷第四十七 汉纪三十九

（公元85年—公元91年，共7年）/ 133

【主要历史事件】

烧当羌等羌人部落造反 / 139
莎车投降，班超从此威震西域 / 143
汉章帝崩，十岁太子刘肇即位，是为汉和帝 / 145
窦太后临朝 / 149
南单于借兵，窦宪为躲杀人罪请愿 / 148
窦宪大败北匈奴，燕然勒石 / 153
班超被任命为西域都护 / 158
汉朝承认北匈奴单于 / 158

【主要学习点】

领导者要懂得分解处理下属的意见 / 141
君子戒慎恐惧，小人无所忌惮 / 149

卷第四十八　汉纪四十

（公元92年—公元105年，共14年）/ 161

【主要历史事件】

窦宪父子等人谋逆，窦氏骨干被逼自杀 / 164
汉和帝开宦官用权之始 / 169
护羌校尉邓训去世，烧当羌再叛 / 169
班超征讨焉耆得胜 / 175
窦太后崩，皇帝得知宫廷冤案真相 / 179
班超终得征召还朝，返乡后去世 / 186
汉和帝崩，幼子刘隆即位，是为汉殇帝 / 194

【主要学习点】

为何你提出的建议总有人反对 / 172
学习就是要死记硬背、生搬硬套 / 188

卷第四十九　汉纪四十一

（公元106年—公元115年，共10年）/ 197

【主要历史事件】

太后下诏裁减后宫日常用度 / 200
汉殇帝崩，刘祜即位，是为汉安帝 / 201
西域诸国造反 / 202
朝廷撤销西域都护 / 205
羌人因征召屯田而叛逃 / 206
邓太后听从建议赈济灾民 / 209
汉军与滇零开战 / 210
东汉王朝卖官鬻爵 / 212

【主要学习点】

凡是打比方讲出来的道理，都要谨慎看待 / 217

卷第五十　汉纪四十二

（公元116年—公元124年，共9年）/ 229

【主要历史事件】

鲜卑进攻边塞，朝廷征兵屯驻 / 234
北匈奴进犯，邓太后问班勇对策 / 237
邓太后崩，谥号和熹皇后 / 242
外戚宦官乱朝，杨震上书进谏 / 248
张珰反对抛弃西域，班勇受任西域长史 / 257
名臣杨震被罢官，遣返途中服毒自杀 / 261

【主要学习点】

警惕会议流氓 / 239
把方案"打折执行"，属于"伪决策" / 240
人生本来就不是由道理决定的 / 250

卷第四十三 汉纪三十五

（公元36年—公元46年，共11年）

主要历史事件

公孙述战败，刘秀平定巴蜀统一中原　005
刘秀收回军权，休养生息　012
大司徒韩歆受斥责自杀　016
刘秀下令重新核查垦田面积　017
交趾造反，徵氏姐妹自立为王　019
皇后郭圣通被废，阴丽华被立为皇后　021
刘阳被立为皇太子，改名刘庄　025
"硬脖子"县令董宣杀公主家奴获赏　026
西域都护撤销，鄯善、车师归附匈奴　034

主要学习点

注意时间管理，不要有太多"兴趣爱好"　011
不要想着彻底消灭风险　014
君子不辩，是不辩论　026

世祖光武皇帝中之下

建武十二年（丙申，公元36年）

1 春，正月，吴汉击破公孙述的将领魏党、公孙永于鱼涪津，接着包围武阳。公孙述派女婿史兴前往救援，吴汉迎击，击破史兴，进入犍为郡界。郡中诸县都据城固守，刘秀下诏，令吴汉直取广都，据其心腹。吴汉于是进军攻广都，将广都攻克，遣轻骑烧成都市桥。公孙述将帅恐惧，日夜离叛，公孙述动用恐怖手段，诛灭离叛者全家，还是不能禁止。刘秀一心想让公孙述投降，又下诏晓谕他说："不要因为来歙、岑彭之事而不安心，如今你只要投降，保你宗族完全，我的亲笔诏书，不是轻易再能得到的（望你抓住机会）！"公孙述终究没有投降的意思。

【华杉讲透】

明明已经败了，为了个人意气，誓死不降，让更多人白白牺牲，这也是独夫民贼了。刘秀仁义，在可以全取的情况下，还愿意提出交换条件，减少牺牲。公孙述则视死如归，这就是差距了。希特勒战败，他要战斗到最后一个人，不惜毁灭日耳曼民族；日本战败，如果没有两颗原子弹，也几乎准备"一亿总玉碎"。个人的视死如归，却要他人殉葬，这样的历史教训有很多。

2 秋，七月，冯骏攻下江州，俘虏田戎。

3 刘秀告诫吴汉说："成都还有十余万人，不可轻视，你只管坚守广都，等他来攻，不要和他争锋。如果他不敢来，就向前移动军营压迫他，一定要等他筋疲力尽，才可出击。"

吴汉乘胜气盛，亲自率步、骑兵两万人进迫成都，离城十余里，在锦江北岸扎营，修建浮桥，派副将武威将军刘尚率万余人屯于南岸，两营相距二十余里。刘秀接到报告，大惊，责备吴汉说："之前给你的叮嘱，千条万端，详细指示，你怎么临时悖乱如此！如今既轻敌深入，又和刘尚分开两营，如果军情紧急，根本无法相救。贼兵如果出一支军牵制你，然后以主力部队攻打刘尚，刘尚兵破，你也就跟着败了。如果幸而还没有发生，赶快引兵回广都！"

诏书还没到，九月，公孙述果然派大司徒谢丰、执金吾袁吉率众约十万，分为二十余营，出城攻打吴汉，又派别将率一万余人突袭刘尚，让他们两营不能相救。吴汉与敌军大战一日，兵败，退入营垒。谢丰于是将吴汉包围。吴汉召集诸将，激励他们说："吾与诸君逾越险阻，转战千里，深入敌境，至于城下，而今与刘尚两处受困，被敌人分割开来，其祸难测。我想秘密潜行到江南与刘尚会合，并兵御敌。如果大家能同心一力，人自为战，大功可立。如果不能，必败无疑。成败之机，在此一举！"诸将都说："诺！"于是犒赏士兵，喂饱战马，三日闭营不出，然后多树旗幡，让烟火不绝，到了夜里，让战马衔木条出大营，与刘尚会师。谢丰等人毫无察觉，不知道包围的已经是一座空营，第二天，仍分兵监视北岸吴汉军营，亲自率一军攻江南。汉兵全军迎战，从日出战到日落，大破之，斩谢丰、袁吉。吴汉于是引兵回广都，留刘尚和公孙述相拒，又向刘秀汇报前后经过，而深深地谴责自己。刘秀回复说："你回到广都，非常恰当，公孙述一定不敢越过刘尚来攻打你，如果他先攻刘尚，你从广都发步骑兵全军行军五十里去救援，正赶上敌人危困疲惫，必破之也！"于是吴汉与公孙述军战于广都、成都之间，八战八胜，将军营推进到成都外城郭中。

臧宫攻克绵竹、涪城，斩公孙恢，又攻陷繁县、郫县，与吴汉会师于成都。

4 李通希望回避权势，请求退休，拖了两年，刘秀终于同意他交还大司空印绶，以"特进"身份（位在三公之下，诸侯之上）参加御前会议。后来，有司上奏请封皇子，刘秀感怀于李通首创大谋（最早跟随刘氏兄弟起事），即日，封李通小儿子李雄为召陵侯。

5 公孙述困急，对延岑说："事当奈何？"延岑说："男儿当死中求生，岂可坐以待毙！财物易得，不应爱财！"公孙述于是散尽金帛，招募敢死勇士五千人，交给延岑。延岑在市桥虚张旗帜，鸣鼓挑战，而潜遣奇兵绕到吴汉军后，突袭吴汉。吴汉军败，自己也落入水中，拽着马尾上岸。吴汉军队只剩七天的粮食，悄悄准备船只，想要撤退。蜀郡太守（蜀郡还在公孙述手里，这位太守是先就职，负责招降蜀人）、南阳人张堪听说了，飞驰前往，面见吴汉，说公孙述必败，不宜退师。吴汉听从，于是示弱以引诱敌人。

冬，十一月，臧宫进军成都咸阳门。十八日，公孙述亲自率数万人攻打吴汉，派延岑攻打臧宫。延岑三战三胜，从日出到中午，军士没有吃饭，都疲惫了。吴汉于是派护军高午、唐邯率精锐部队数万人击之，公孙述军中大乱。高午在阵中奔驰刺中公孙述，洞穿胸口，公孙述坠马，左右将士将他抢救入城。公孙述将军队交给延岑，当夜，公孙述死亡。第二天，延岑献城投降。二十一日，吴汉诛灭公孙述妻子儿女，灭族，又将延岑灭族，然后放兵大掠，焚烧公孙述宫室。刘秀听闻，大怒，谴责吴汉，又责备刘尚说："成都投降，已经三天，吏民从服，孩儿、老母，数以万计，一旦放兵纵火，闻之可为酸鼻。刘尚你是宗室子孙，又有官职，你怎么忍心如此！仰视天，俯视地，想想当年秦西巴放鹿、乐羊啜羹的事（放鹿典故：鲁国孟孙猎得一头幼鹿，交给秦西巴看管，母鹿跟随哀鸣，秦西巴就放了小鹿，还给它的母亲。啜羹典故：乐羊为魏将攻中山，中山国君杀了乐羊在中山的儿子，煮成肉羹给他，乐羊坐在帐下将肉羹吃掉。魏文侯对褚师赞叹说：'乐羊为了我，自己儿子的肉都吃。'褚师回答：'子且食之，其谁不食？'攻下中山之后，魏文侯赏赐乐羊，但是怀疑他的心），这两人谁仁义？你失去了斩将吊民（斩杀敌将，拯救百姓）之义！"

【华杉讲透】

吴汉在成都投降三天之后，放兵纵火抢劫，多半是攻城前给士兵们的承诺——进城之后，成都财物由你们任取！所以士兵们拼死作战，城池攻下，就要兑现奖励，任由他们抢劫。放火的目的，是毁灭证据，到时候朝廷派人来点检战利品，就说都被火烧了。这也是军队激励的潜规则，是战争的惯例。所以刘秀虽然痛心，痛骂，却也不能问罪，只是责备刘尚为什么没有发挥作用，身为皇室宗亲，带的又是"朝廷军"，却不能制止暴行，违背了伐罪吊民之义。

吴汉本人并不贪财，史书记载，吴汉出征后，妻子在家购置田业。吴汉回来后，责备妻子道："军师在外，官吏士卒供养不足，何必多买田宅？"于是尽数分给昆弟们和外家。古今名将，能打胜仗，都是因为士兵们愿意为他拼死作战。而士兵之所以愿意拼死，能发财也是重要因素。

当初，公孙述征召广汉人李业为博士，李业坚决称病不起。公孙述羞于请不动他，派大鸿胪尹融去胁迫李业，说："如果出山，就接受公爵之位；如果不出，就赐以毒酒。"尹融开导他说："方今天下分崩离析，谁知道孰是孰非，你何必以区区之身，投入不测之深渊？朝廷仰慕你的名德，为你空着官职，已经七年。四季珍馐，一直按时给你供应，没有忘掉先生。上奉知己，下为子孙，身名俱全，这样不好吗？"李业叹息说："古人危邦莫入，乱邦莫居（《论语》里孔子的话，危险的国家，不要进去，混乱的国家，不要居住），我就是为这个缘故。君子见危授命（还是《论语》里孔子的话：'君子见利思义，见危授命。'意思是：见到利益的时候，想想自己该得还是不该得；见到危险的时候，肯付出自己生命），何必用高位重利为饵来引诱呢！"尹融说："那您找家人一起商量一下吧！"李业说："大丈夫心中早有决断，还找妻子儿女说什么！"于是饮毒而死。公孙述耻于有杀贤之名，遣使吊祭，赠送绸缎一百匹。李业的儿子李翚逃走，不肯接受。

公孙述又招聘巴郡谯玄，也是派使者拿着毒酒去胁迫。太守亲自到谯玄家，劝他起行，谯玄说："保全志高，死而无恨！"接受了毒药。谯玄的儿子谯瑛泣血叩头于太守，愿奉家财千万为父亲赎命，公孙述同意。

公孙述又征召蜀郡王皓、王嘉，怕他们不来，先绑架了他们的妻子儿女，派使者对王嘉说："赶快起行，妻子儿女还可保全。"王嘉说："马尚且认识他的主人，何况人呢！"王皓自刎（以死来回答使者），使者将其首级交给公孙述。公孙述怒，诛杀了王皓家属。王嘉听说后叹息道："我落后了。"于是也在使者面前，伏剑而死。

犍为费贻不肯做公孙述的官，把漆涂在身上，长满漆疮，假装发疯以逃避。同郡人任永、冯信也托词患青光眼，推辞征召。

刘秀既已平定蜀地，下诏追赠常少为太常，张隆为光禄勋。谯玄已经去世，用中劳（一头羊、一头猪）祭祀，下令所在地官府发还财产，又表彰李业所居的街闾。征召费贻、任永、冯信，正赶上任永、冯信都病故，唯独费贻出仕，官至合浦太守。公孙述部将程乌、李育有才干，都得到擢升任用。于是蜀地人民都很高兴，无不归心。

当初，王莽任命广汉人文齐为益州太守，文齐训农治兵，招降蛮夷，各民族融洽和平。公孙述时期，文齐固守据险，公孙述拘捕他的妻子儿女，又许诺他封侯，文齐拒绝投降。后来听说刘秀即皇帝位，派使者从小道前来汇报。蜀地平定后，征召文齐为镇远将军，封成义侯。

6 十二月初一，扬武将军马成代理大司空职务。

7 这一年，羌族参狼部落联合几个部落进攻武都，陇西太守马援击破之，降者万余人，于是陇西清静。

马援着力于广开恩信，宽以待下，具体职责都交给下属，自己只掌握大原则，而宾客故旧日夜高朋满座。下属诸曹有时来向他汇报外面的事务，他就说："这是丞、掾负责的事，怎么拿来烦我！你们也可怜可怜我这老头子，让我悠游自在。如果有豪强欺负小民，或者狡黠的小吏不听从政令，那才是太守要管的事！"旁县曾经发生有人报仇相攻的事件，官吏人民都传言羌族造反，百姓奔逃入城，狄道县令直奔马援府大门，要求觐见，闭城发兵。马援当时正与宾客饮酒，大笑说："羌虏怎么敢再来侵犯我！告诉狄道县令，回到自己衙门去，实在是害怕，可以躲在床下！"之后秩序恢复正常，一郡皆服。

8 刘秀下诏："边关官吏，力不足以战则守，追击敌人，自己评估敌情，不必拘泥于逗留法。"（逗留法规定：军行逗留畏惧者斩。刘秀的诏书意思是，追击敌人追多远，自己衡量敌情来决定进退，不必拘泥于逗留法，非要直取胜敌。）

9 山桑节侯王常、牟平烈侯耿况、东光成侯耿纯都在这一年薨逝。耿况病重时，刘秀乘舆数次探视，又任命耿弇的弟弟耿广、耿举为中郎将。耿弇兄弟六人，都戴着青紫色绶带（都是高官），侍奉医药，当世引以为荣。

10 卢芳与匈奴、乌桓连兵，数次进攻边境。刘秀派骠骑大将军杜茂等人率兵镇守北边，修治飞狐道，筑建亭障、烽火台，与匈奴、乌桓打了大小数百战，始终不能取胜。

11 刘秀下诏，命窦融与五郡太守一起入朝。窦融等人奉诏而行，官属宾客相随，车队一千余辆，马、牛、羊漫山遍野。到了洛阳，窦融趋赴城门，缴还印绶（窦融身兼属国都尉、凉州牧、安丰侯）。刘秀下诏，派使者将安丰侯印绶还给窦融，并接见窦融，赏赐恩宠，倾动京师。之后，拜窦融为冀州牧，又任命梁统为太中大夫、姑臧县令孔奋为武都郡丞。姑臧在河西最为富饶，当时天下未定，官吏们都没什么节操，做县令的上任几个月，就能聚集大量财富。孔奋在职四年，力行清廉，为众人耻笑，说他泡在油脂里面，都不能让自己润肤。那些跟从窦融一起入朝的郡守县令，都是带着一车又一车的财货，恨不得把当地山川河流都搜刮干净全部带走。只有孔奋没有什么资财，就一辆车上路，所以刘秀特别奖赏他。

【华杉讲透】

窦融有雄才大略，但没有野心，既不妄想当皇帝，也不非要做地方势力，只想保一家平安，或者有一点富贵，能再做点事就做点事。所以在一开始归顺刘秀时，就主动要交出地盘和权力，但当时时机并不合适，隗嚣未破，刘秀也还需要他。如今天下已定，刘秀实际上要将他和当地势力全部连根拔起，他也二话不说，带着整个凉州上层势力，各自带着家财，就交出了权力。

窦融这种态度，可谓"圣之时者"，无可无不可，好人一生平安。不过，平安也不是一劳永逸，需要不断获取，我们往后看，窦融要全家平安也不容易。

刘秀任命睢阳县令任延为武威太守，临行亲自接见，告诫他说："好好侍奉你的上司，不要失了名誉。"任延说："臣听说，忠臣不和，和臣不忠。履正奉公，是臣子之节。如果上下雷同，不是陛下之福。善事上司，臣不敢奉诏。"刘秀叹息说："你说得对。"

建武十三年（丁酉，公元37年）

1 春，正月初一，大司徒侯霸薨逝。

2 正月二十九日，刘秀下诏说："郡国进献山珍海味，请太官（御膳房）不要接受！远方送来祭祀宗庙的饮食，可以照旧制办理。"

当时异国有献来名马的，日行千里，又进献宝剑，价值百金。刘秀下诏，宝剑赐给骑士，千里马用来拉鼓车（乘舆法驾后仪仗队大鼓的车辆）。刘秀的性格，不喜欢听音乐，手里也不拿珠玉。曾经出城打猎，车驾夜还，从东门进城。门侯、汝南人郅恽拒绝开门。刘秀令随从上前隔着门缝相见，郅恽说："灯火太远，看不清你是谁。"于是不受诏。刘秀被迫转回，从东边中门进城。第二天，郅恽上书说："之前文王不敢沉迷于游猎，恭恭敬敬操劳政事。而陛下远猎山林，夜以继日，把宗庙社稷放在哪里呢！"奏书呈上去，刘秀赏赐郅恽布一百匹，将东中门侯贬为参封县县尉。

【华杉讲透】

郅恽说："昔文王不敢槃于游田，以万民惟正之供。"典故出自《尚书·无逸》：

> 周公曰："呜呼！君子所，其无逸。先知稼穑之艰难，乃逸，则知小人之依。相小人，厥父母勤劳稼穑，厥子乃不知稼穑之艰难，乃逸乃谚。既诞，否则侮厥父母，曰：'昔之人无闻知。'"

> 周公说："啊！君子居其位，不要贪图安逸。先知道农业的艰辛，知道庶民的苦衷。贪图安逸呢，就知道小人之所依念。看那些小人，父母勤劳耕作，儿子却不知道稼穑之艰难，贪图享乐，粗鄙荒诞，以至于还瞧不起父母，说什么：'你们从前的人没有见识。'"

> 周公曰："呜呼！厥亦惟我周太王、王季，克自抑畏。文王卑服，即康功田功。徽柔懿恭，怀保小民，惠鲜鳏寡。自朝至于日中昃，不遑暇食，用咸和万民。文王不敢盘于游田，以庶

邦惟正之供。文王受命惟中身，厥享国五十年。"

周公说："啊！只有我周太王、王季，克制自己，保持敬畏，恭敬慎重。文王有条不紊地成就了安定人民和开垦土地的事业。善仁谦恭，安抚庶民，施德孤寡。从早晨到中午，以至于太阳偏西，都没有工夫吃饭，全用于和谐万民。文王不敢逗留于游猎，恭恭敬敬操劳政事。文王中年即诸侯之位，在位五十年。"

周公曰："呜呼！继自今嗣王，则其无淫于观、于逸、于游、于田，以万民惟正之供。无皇曰：'今日耽乐。'乃非民攸训，非天攸若，时人丕则有愆。无若殷王受之迷乱，酗于酒德哉！"

周公说："啊！今后继承王位的，就不能放纵自己，不能过分贪图欢乐，贪图安逸，贪图游玩，贪图游猎。要为万民的事尽心尽力。比方说：'今日痛快玩一次吧。'那不是在教民，也不是在顺天。这样的人是有过失的。不要像纣王那样废于迷乱，喝酒没有节制啊！"

<u>作为一个领导者，不能有太多"兴趣爱好"，你的兴趣爱好应该就只有治国理政，只有工作学习。</u>如果你沉迷于所谓兴趣爱好，所谓生活品位，就会玩物丧志，就会吸引来一大堆陪你玩的玩家弄臣，在玩的道路上越走越远，玩的水平越来越高，玩的成就感越来越大，这样就把正事荒废了。

<u>所有的成就都是时间积累，要注意自己的时间管理和分配。</u>刘秀已经很好，不爱音乐舞蹈，不爱珠宝珍玩，也不讲究美食，但是，还有一项爱好，喜欢打猎，天黑了还意犹未尽，不愿意罢手，所以郅恽谏止他。

3 二月，遣捕虏将军马武屯驻滹沱河以防备匈奴。

4 卢芳攻打云中，久久不能攻下，其部将随昱留守九原，想挟持卢芳投降。卢芳得到消息，与十余骑逃亡入匈奴，其部众全部归顺随昱，随昱于是亲自到洛阳宫门前投降。刘秀拜随昱为五原太守，封镌胡侯。

5 朱祜上奏说："古代人臣受封，不加王爵。"二月二十七日，刘秀下诏：长沙王刘兴、真定王刘得、河间王刘邵、中山王刘茂皆降爵为侯。二月二十八日，改封赵王刘良为赵公，太原王刘章为齐公，鲁王刘兴为鲁公。当时，宗室及封国被撤销而后裔得到封侯的，有一百三十七人。

富平侯张纯，是张安世四世孙，经历王莽时期，因为敦厚谨慎，得以保全之前的封爵。建武初年，刘秀登基，他最先来归附，所以侯爵如故。这回有司上奏："列侯不是宗室子弟的不得复国。"刘秀说："张纯担任宿卫十几年，不要废除他的封国！"改封为武始侯，采邑大小只有之前富平县的一半。

6 庚午日（二月无此日），封绍嘉公孔安为宋公，承休公姬常为卫公。

7 三月十二日，擢升沛郡太守韩歆为大司徒。

8 三月十七日，代理大司空马成恢复旧职为扬武将军。

9 吴汉从蜀振旅而还，经过宛县，刘秀下诏，特许他回乡上坟，赏赐谷米两万斛。夏，四月，吴汉率军回到京师，于是犒赏将士，功臣加封增邑的共有三百六十五人，其他外戚和加恩受封的四十五人。邓禹受封为高密侯，食邑四个县；李通为固始侯；贾复为胶东侯，食邑六个县；其他各有等差。已经死亡的加封其子孙，或者改封其他旁支庶子。

刘秀在军旅中时间久了，厌倦武事，而且知道天下疲耗，大家都希望得到休养生息，所以自从陇、蜀平定后，只要不是紧急事变，不再轻言军旅。皇太子曾经向他请教攻战之事，刘秀说："当年卫灵公问军阵之事，孔子不回答（《论语》：卫灵公问阵于孔子，孔子回答说：祭祀的事，我听说过；军旅之事，我没学过）。这不是你所能胜任的。"

邓禹、贾复知道刘秀一心要偃干戈，修文德，更不想让功臣在京师拥有重兵，于是交出军权，一心修养儒学。刘秀也希望保全功臣爵位和封地，不要让他们担任官职，然后因为过失而被剥夺爵邑，于是撤销左、右将军官职。耿弇等人也上缴大将军、将军印绶，只保留列侯爵位，回到自己家宅，朝会时以"特进"身份出席。

邓禹品行敦厚完备，有十三个儿子，让他们每人至少精通一部儒经，休整闺门，教养子孙，都能够成为后世表率。家中资财用度，只收取封国中的税收，不从事生产营利（不与民争利）。

贾复为人刚毅方直，有大节，回到私邸，阖家修养威重。朱祐等人举荐贾复为宰相。刘秀正以吏事督责三公，对功臣都不予任用。当时，列侯中只有邓禹、李通、贾复三人与公卿参议国家大事，恩遇甚厚。刘秀虽然制御功臣，但是也能包容保护他们，原谅他们一些小的过失。远方进贡的山珍海味，一定先遍赐诸侯，以至于御膳房都没有多余的。所以功臣们都能保全他们的爵禄，没有被诛杀或贬谪的。

【华杉讲透】

都知道赵匡胤杯酒释兵权，却不知道光武帝早已垂范在先。王夫之说："三代以下，君臣交尽其美，唯东汉为盛焉。"

10 益州传送公孙述朝廷的乐师、郊庙乐器、葆车（葆，指合聚五彩羽毛；葆车，是用五彩羽毛编篷盖的车辆）、舆辇（人力车，帝王或后妃乘坐），于是皇家礼器法物，才开始齐备。当时兵革既息，天下少事，文书、征调、徭役，一切从简，到了现在，也才恢复过去的十分之一而已。

【柏杨曰】

自从新王朝末年群雄并起，到东汉王朝扫灭群雄，再度统一中原，20年的战乱，人民死亡1000余万。根据公元2年的统计，全国户数1323

万，人口5959万。而公元104年统计，全国户数999万，人口4915万。户数减少300余万，人口减少1000多万，100年都不能恢复。而本年的户数和人口，当然更少。

11 四月二十六日，任命冀州牧窦融为大司空。窦融认为自己并非旧臣，一旦入朝，地位还居于功臣之上，所以每次朝会觐见，容貌辞气，都非常谦卑恭敬，刘秀因此对他更加亲厚。窦融的性格，小心谨慎，始终不能自安，数次请辞爵位，上书说："臣有一个儿子，朝夕教导他以儒家经术，不让他观天文，识图谶，就是希望他能恭敬严肃，心怀畏惧，恂恂守道，不愿意他有什么才能，更何况还要将连城广土的封邑传给他，让他享有过去诸侯王的封国呢！"于是又反复请求单独觐见，刘秀不许。之后一次朝会结束，窦融不走，在座席后逡巡磨叽，刘秀知道他又要辞让，命左右传旨把他撵走。他日朝见，进宫时让使者迎面事先传诏给他，说："那天知道你又要辞让官职，交还封邑，所以告诉你天气太热，请你出去凉快凉快。今天相见，有别的事情要谈，你不要再提让职还土的事！"窦融于是不敢再提。

【华杉讲透】

窦融有点过了，不中庸了。做人趋利避害，但也不能有利必趋，有害必避。这世上没有绝对的安全，安全也不能一劳永逸地获得，而是需要不断地获取。我们需要规避风险，但不能彻底消灭风险，要和风险共存，带着风险前进。彻底消灭风险，本身是不可能的，而且还可能制造出更大的风险。再则，不能过度为子孙做主，不要认为自己能塑造自己的儿子。要教导儿子，就把自己的智慧和本事传给他，而不是让他不要管这些事，要他做老实人。这样他没有学到父亲的智慧，却天生有自己人性的欲望，结局将适得其反。

刘秀让皇太子不要了解军事，窦融不愿儿子有才能，都是一种"父亲的傲慢"，儿子得不到父亲最起码的尊重，他怎么会听父亲的话？窦融的儿子，就长成了一个骄纵不法的狂徒，让他自己都没能保全晚节，更不用说子孙之福了。

12 五月,匈奴进攻河东。

建武十四年(戊戌,公元38年)

1 邛谷王任贵遣使呈上三年的计簿,当即被任命为越嶲郡太守。

2 秋,会稽郡发生重大的传染病疫情。

3 莎车王贤、鄯善王安皆遣使奉献,说西域苦于匈奴剥削,都希望做汉朝的属国,请求汉朝廷恢复设置西域都尉。刘秀因为中原刚刚安定,不同意。

4 太中大夫梁统上书说:"臣见元帝初元五年,死罪减刑的有三十四件,哀帝建平元年,死罪减刑的有八十一件,其中四十二件是亲手杀人,也获得减刑免死。从此之后,成为惯例。所以人民轻于犯法,官吏轻易杀人。臣听说立君之道,仁义为主,仁者爱人,义者正理。爱人以除暴为务,正理以去乱为心。刑罚的关键在于适中,而不在于从轻。当初高帝承受天命,制定政令法律,都很恰当。文帝仅仅是去除了肉刑和连坐之法,其余的都依高帝旧制。哀帝、平帝时期,在位时间较短,判决案例不多。到了王嘉担任丞相的时候,穿凿附会,擅自改变先帝旧约成律,数年之间,一百余案,或者不合于理,或者不得民心。我将其中尤其有害政体的挑选出来,做一报告。愿陛下宣诏于有司,详细研究选择法律条文,选择好的,定为不易之典!"

事情交给公卿们讨论,光禄勋杜林上奏说:"大汉初兴之时,去除苛政,海内欢欣。到了后来,法令越来越繁苛,以至于送一点水果蔬菜,也成为行贿的赃物,小小的过错,无伤大义,也被判死刑。以至于法不能禁，令不能止，上下互相掩护，弊病更深。臣以为宜如旧制，不宜更改。"

梁统又上书回复说："臣之所奏，并非要严刑峻法。《尚书》说：'爰制百姓，于刑之衷。'治理百姓，刑法要衷，衷就是中，不轻不重的意思。从高祖到孝宣皇帝，海内都称颂其治，到了初元和建平年间，盗贼越来越多，都是因为刑罚不中，愚人轻易犯法所致。由此看来，刑罚越轻，反而生大患，恩惠加之于奸恶之人，而祸害及于良善百姓。"

事情被搁置，不再讨论。

建武十五年（己亥，公元39年）

1 春，正月二十三日，大司徒韩歆被免职。韩歆性格耿直，说话直来直去，毫无顾忌，刘秀时常不能容忍。韩歆在刘秀面前预言将要发生饥荒，指天画地，言辞刚切，所以被免职回家。刘秀还不解恨，又遣使宣诏斥责他。韩歆及儿子韩婴皆自杀。韩歆一向有重名，无罪被逼死，众人心中都不服。刘秀于是又追赐钱谷，以完整的礼仪安葬。

【司马光曰】

当初殷商高宗（武丁）对宰相傅说说："如果药吃了不让人头昏眼花，就治不了病。"痛切直言，并不能给说话的臣子什么好处，而是国家之福。所以人君日夜求之，生怕得不到。可惜呀！在光武之世，竟有韩歆因直谏而死，也有损光武的仁明吧！

【华杉讲透】

刘秀绝非暴君，韩歆也不能简单地说是"直谏亡身"。他已经不是直谏，而是经常毫无必要地侮辱激怒皇上，指天画地，言辞刚切。皇上又不是要干什么祸国殃民的坏事，至于指天画地吗？韩歆抢占道德高地，自以为绝对正确，绝对正义，这本身就是一种傲慢，而不是忠诚，最终陷刘秀于"激情杀人"，自己父子丢了性命，也让刘秀留下历史污点。

儒家思想，一向鼓励人臣直谏，但人臣要直，也要有礼，有"人臣之礼"。韩歆已经超过了"直"，成了一种语言暴力，挑战君王的忍耐极限。君王不是圣人，他也是普通人，而且有生杀大权。身怀利器，杀心自起，激起他杀无罪之人，本身也是一种罪。用所谓"忠心"对君王进行道德绑架，成就自己的直谏美名，给君王带来杀忠臣的恶名。这件事，是刘秀的污点，又何尝不是韩歆的污点？

历朝历代都有这种直谏杀身成名的人，历史的"判决"似乎总是对君王不利，但为人臣者也该扪心自问，自己真的是忠心的"纯臣"吗？

2 正月二十九日，昴星之旁出现孛星。

3 以汝南太守欧阳歙为大司徒。

4 匈奴入寇抢掠越来越严重，州郡不能禁止。二月，朝廷派吴汉率马成、马武等人北击匈奴，迁徙雁门、代郡、上谷吏民六万余口，安置在居庸关、常山关以东，以避胡寇。匈奴左部于是进入边塞之内居住。朝廷为此忧患，增派边防部队，每部各有数千人。

5 夏，四月十一日，封皇子刘辅为右翊公，刘英为楚公，刘阳为东海公，刘康为济南公，刘苍为东平公，刘延为淮阳公，刘荆为山阳公，刘衡为临淮公，刘焉为左翊公，刘京为琅琊公。四月十七日，追谥兄长刘縯为齐武公，兄长刘仲为鲁哀公。刘秀感伤刘縯功业未成，抚育他的两个儿子刘章、刘兴，恩爱笃厚，他们很小就获得了尊贵的地位，又安排他们熟悉政事，让刘章做平阴县令，刘兴做缑氏县令，其后擢升刘章为梁郡太守，刘兴为弘农太守。

6 刘秀认为全国上报的垦田面积，很多都不确实，而且户口人数每年各有增减，下诏让各州郡检核查实。于是刺史、太守大多弄虚作假，乘机牟利，以量度田土为名，将百姓聚集在田土中间，房屋里弄，一寸一寸地都要计算在田土面积之内，人民奔走道路，啼哭呼号。而对豪强大姓，却加以优待，专门苛待贫弱百姓。

当时诸郡都遣使上京汇报，刘秀看见陈留郡的公文上夹了一张便条，一看，上面写着："颍川、弘农可问，河南、南阳不可问。"刘秀诘问来人，什么意思？那官员不肯承认，只说："在长寿街上捡来的。"刘秀怒。当时东海公刘阳年仅十二岁，在帷幄后说："这是郡守对信差的指令，要他打听其他郡县田土测量情况，来做一比较罢了。"刘秀问："既然如此，为什么河南、南阳不可问？"答："河南是京师，多近臣，南阳是皇帝家乡，多近亲，田宅都超过规定，所以没有参考价值。"刘秀令虎贲武士诘问那官员，他才如实承认，和刘阳说的一样。刘秀于是对这个儿子大为欣赏喜爱（为立刘阳为太子埋下伏笔）。

派谒者考核查实二千石官吏徇私枉法者。冬，十一月初一，大司徒欧阳歙被控之前在汝南太守任上时，量度田土不实，收受贿赂一千多万，被逮捕下狱。欧阳歙之前教授《尚书》，家族八代人都是博士，他们的门生到宫门前为他求情的有一千多人，以至于有自处髡刑（剃光头发）的。平原人礼震，当年十七岁，请求代欧阳歙而死。刘秀始终没有赦免，欧阳歙死在狱中。

7 十二月二十七日，任命关内侯戴涉为大司徒。

8 十二月，卢芳从匈奴南下，又入居高柳。

9 这一年，骠骑大将军杜茂被控指使军吏杀人，被免职。派扬武将军马成替代杜茂职务，修缮亭障要塞，每隔十里设置一个瞭望烽火台，以防备匈奴。派骑都尉张堪率领杜茂部队，击破匈奴于高柳。拜张堪为渔阳太守。张堪视事八年，匈奴不敢侵犯边塞，劝导百姓农耕，以至殷实富足。百姓编歌谣唱诵说："桑无附枝，麦秀两歧。张君为政，乐不可支！"（采桑之后修剪掉枝条，来年可以长得更加茂盛。小麦长出两个麦穗，是吉祥的征兆。）

10 安平侯盖延薨逝。

11 交趾郡麓泠县雒将（部族首领）的女儿徵侧，十分雄勇。交趾太守苏定用法律制裁她。徵侧忿怨。

建武十六年（庚子，公元40年）

1 春，二月，徵侧与其妹徵贰造反，九真、日南、合浦等郡蛮夷响应，占领城池六十五座，自立为王，定都麓泠。交趾刺史及诸郡太守仅能闭城自守，不能反击。

2 三月三十日，发生日食。

3 秋，九月，河南尹张伋以及诸郡太守十余人皆被控量度田土舞弊，下狱死。后来，刘秀神色自若地对虎贲中郎将马援说："我后悔之前杀郡守和封国宰相太多了。"马援说："死得其罪，何多之有！只是死者已死，不可复生了。"刘秀大笑。

4 郡国群盗处处并起，郡县追讨。官兵一到，贼众就鸟散，官兵一走，他们又聚集起来，青州、徐州、幽州、冀州尤其严重。冬，十月，遣使者下郡国，发布文告，让盗贼们相互举报攻击，五人共斩一人后来降的，免罪。官吏们过去逗留回避或故意放跑盗贼的，都不追究，允许他们戴罪立功。州牧、郡守、县令等之前因境内有盗贼而不收捕的，或者畏惧懦弱，弃城而逃的，都不问罪，以抓获盗贼的人数多少为考核排名。只有窝藏盗贼的才问罪。于是盗贼们互相追捕，全部瓦解。将盗贼头目迁移到其他郡县，发给田土，让他们安居乐业。于是全部平定，牛马放牧都不用赶回棚厩，城门夜间不用关闭。

5 卢芳与闵堪遣使请降，刘秀立卢芳为代王，闵堪为代相，赏赐绸缎两万匹，并要他们和匈奴媾和。卢芳上书谢恩，自陈希望到京师朝见。刘秀下诏，让他明年正月入朝。

当初，匈奴听说汉朝悬赏缉捕卢芳，贪得财帛，所以故意派卢芳请降。没想到卢芳以自己投降为功劳，绝口不提是匈奴派他来的。单于耻于说出自己之前的计策，于是得不到赏赐，由此大为怀恨，对边境地区的攻击，更加深入。

【华杉讲透】

单于是应该对自己的智商感到羞耻，如果贪图赏赐，那就自己把卢芳抓来，哪有派人去投降的。卢芳知道匈奴已经不支持他，自然会自己投降汉朝，换取交换条件，哪能把自己卖了，让单于数钱呢？

6 马援上奏，应该恢复五铢钱（王莽始建国元年废除五铢钱）。刘秀采纳，五铢钱发行，天下人都感到便利。

7 卢芳入朝，走到昌平。刘秀下诏，让他停止，明年再来。

建武十七年（辛丑，公元41年）

1 春，正月，赵孝公刘良薨逝。当初，怀县大姓李子春的两个孙儿杀人，怀县县令赵憙深入查究，二孙自杀。赵憙又将李子春逮捕。京师贵戚为之求情的有数十人，赵憙始终不听。等到刘良病重，刘秀亲自探视，问他有什么遗言。刘良说："我一向与李子春关系亲厚，如今他犯罪，县令赵憙要杀他，我希望能为他乞得一命！"刘秀说："官吏依法办事，我也不能徇私枉法。您还有其他什么愿望吗？"刘良不再说话。等到刘良薨逝,刘秀追思他,于是赦免李子春,擢升赵憙为平原太守。

2 二月三十日,发生日食。

3 夏,四月初二,刘秀前往章陵。五月二十一日,返回洛阳。

4 六月二十九日,临淮怀公刘衡薨逝。

5 妖贼李广攻陷皖城,刘秀派虎贲中郎将马援、骠骑将军段志讨伐。秋,九月,攻破皖城,斩杀李广。

6 郭皇后宠衰,不断抱怨,刘秀怒。冬,十月十九日,废郭皇后,立阴丽华为皇后,下诏说:"异常之事,不是国家之福,不得庆贺祝福。"郅恽对刘秀说:"夫妻之间的事,就是父亲也不能干涉儿子,何况臣子还能议论君王吗?所以臣也不敢言。不过,愿陛下自己知道什么事情可以做,什么事情不可以做,不要让天下人议论国家社稷。"刘秀说:"郅恽善于换位思考,知道我不会有所偏倚而轻视天下人的反应!"刘秀加封郭皇后的儿子、右翊公刘辅为中山王,把常山郡也划归中山国,郭皇后为中山太后,其余九位皇子,都从公爵加封为封国国王。

【华杉讲透】

郅恽进言说:"愿陛下念其可否之计,无令天下有议社稷而已。"似乎是暗指太子之事。皇后被废,自然就危及太子废立。刘秀说:"我必不有所左右而轻天下也。"表示他知道轻重。

两人说话,都点到为止。太子暂时没事,不过事态还会发展。

7 十月二十二日,刘秀到章陵,修缮墓园祭庙,在旧宅祭祀,观览田园庐舍,置酒作乐,赏赐乡里。当时宗室前辈伯母、舅母、姑母、婶娘们酒至半酣,高兴地议论说:"文叔(刘秀别名)年轻的时候谨慎守信，跟人从不敷衍，不过率直柔和而已，没想到能有今天！"刘秀听到了，大笑，说："我治天下，也要以柔道行之！"十二月，刘秀从章陵回京。

8 这一年，莎车王贤又遣使奉献，请封西域都护。刘秀赐给贤西域都护印绶和车旗、黄金、锦缎。敦煌太守裴遵上奏说："夷狄不可授以大权，而且给了莎车，又让其他诸国失望。"刘秀于是下诏，收还西域都护印绶，另外赐给贤"汉大将军"印绶。莎车使者不肯给，裴遵强行夺回。贤于是对汉朝怀恨，而仍然诈称大都护，移书西域诸国，诸国也都服从归属他。

9 匈奴、鲜卑、赤山乌桓连兵入塞，杀掠吏民。刘秀下诏，拜襄贲县令祭肜为辽东太守。祭肜有勇力，敌人每次进犯，他都身先士卒，冲在最前面，数次击破敌军。祭肜，是祭遵的堂弟。

10 徵侧等寇乱连年。刘秀下诏，命长沙、合浦、交趾等郡，建造车船，修建路桥，凿通山谷，储备粮秣。拜马援为伏波将军，以扶乐侯刘隆为副将，南击交趾。

建武十八年（壬寅，公元42年）

1 二月，蜀郡守将史歆造反，攻太守张穆。张穆翻城墙逃走。宕渠人杨伟等起兵响应史歆。刘秀派吴汉等率一万余人讨伐。

2 二月甲寅（二月无此日），刘秀抵达长安。三月，到蒲坂，祭祀后土。

3 马援沿着海滨进军，顺着山势开道一千余里，抵达浪泊，与徵侧等交战，大破之，追击到禁溪。徵侧军溃散逃走。

4 夏，四月十五日，刘秀车驾回宫。

5 戊申日（四月无此日），刘秀巡幸河内郡，四月二十九日，回宫。

6 五月，发生旱灾。

7 卢芳从昌平回去后，心中疑惧，于是再度叛变，与闵堪相互攻打数月。匈奴派数百骑兵迎接卢芳出塞。卢芳留在匈奴十几年，病死。

8 吴汉征发广汉、巴、蜀三郡士兵，包围成都一百余日，秋，七月，攻破成都，斩杀史歆等。汉军于是乘竹筏沿江而下，直取巴郡，杨伟等人惶恐解散。吴汉诛杀叛军首领，将其他党羽数百家迁移到南郡、长沙，然后班师。

9 冬，十月二十四日，刘秀巡幸宜城。回程祭祀章陵。十二月，车驾回宫。

10 这一年，撤销州牧，设置刺史。（州牧是地方最高军政长官，刺史是代表朝廷监察地方的官员。撤销州牧，设置刺史，是为加强朝廷集权的措施。）

11 五官中郎将张纯与太仆朱浮奏议："按照礼制，为人之子，当尊奉大宗，降低自己亲生父亲的规格。如今，应该撤销章陵陛下父祖的四座亲庙，替代以立先帝四庙。"大司徒戴涉等上奏："应立元帝、成帝、哀帝、平帝四座祭庙。"刘秀自己认为，按照昭穆次序，他是元帝的堂侄，应该是元帝的后人。

建武十九年（癸卯，公元43年）

1 春，正月十五日，追尊宣帝为中宗，开始在太庙祭祀昭帝、元帝，在长安祭祀成帝、哀帝、平帝，在章陵祭祀舂陵节侯以下。长安、章陵的祭祀，由当地太守或县令、长吏陪同祭祀。

【胡三省曰】

光武帝虽然是汉朝第十二任皇帝，但是从辈分来讲，和成帝是同辈兄弟，比哀帝高一辈，比平帝高两辈，都不能做他们的后代继承人。所以上继元帝而为第九代。

在长安、章陵的宗庙，皇上派使者去祭祀，不能由当地宗室祭祀，因为诸侯不能以天子为祖先。皇上使者前来祭祀时，就由当地地方官陪同祭祀。

2 马援斩徵侧、徵贰。

3 妖贼单臣、傅镇等人相聚入原武城，自称将军。刘秀下诏，命太中大夫臧宫等人率兵包围，数攻不下，士卒死伤。皇帝召公卿、诸侯王问方略，都说："应该重金悬赏。"唯独东海王刘阳说："这些人在神棍巫师的裹挟下造反，不可能持久，其中一定有后悔想逃跑的，只是外面包围太紧，跑不掉而已。应该放松包围，让他们逃亡。而逃亡之中，一个亭长就足以把他们抓捕了。"刘秀同意，马上命令臧宫撤除包围，贼众即刻瓦解分散。夏，四月，攻陷原武城，斩单臣、傅镇等人。

【华杉讲透】

刘阳讲的道理，《孙子兵法》里叫"围师必阙"。阙，同缺。意思是，包围敌人要给他们留一个缺口，放一条生路给他们跑。《司马法》说："围其三面，阙其一面，以示生路也。"这里的意图，是不要让他们置之死地而后生，人人死战。而是让他跑，在跑的过程中再设伏兵击他们。最好是在他们的归路上多设伏兵，跑一段，吃他们一口；再跑一段，又一支伏兵吃他们一口，多吃几口就消化完了。

刘阳本年十六岁，就有如此见识，难怪刘秀越来越喜欢他了。

4 马援进击徵侧余党都阳等，追击到居风县，都阳投降。马援与越人申明旧制，恢复施行之前的制度，从此以后，南越土著一直遵行马将军的规定。

5 闰四月二十五日，加封赵公刘栩、齐公刘章、鲁公刘兴为王。

6 郭皇后既废，太子刘强心怀恐惧，不能自安。郅恽对太子说："久处疑位，上违孝道，下近危殆，不如辞位以奉养母亲。"太子听从，数次通过左右近臣和其他亲王向刘秀诚恳地表明心迹，愿意做一藩国诸侯。刘秀心中不忍，拖延了数年也没有回复。这年六月二十六日，刘秀下诏："《春秋》之义，立子以贵。东海王刘阳，是皇后之子，应该继承大统。皇太子刘强，崇执谦退，愿备藩国。以父子之情，我也不愿长久地违背他的心愿。所以，封刘强为东海王，立刘阳为皇太子，改名刘庄。"

【东晋史学家袁宏曰】

国家册立太子，是为了尊重正统，统一民心，只要没有大恶于天下，是不可以撤换的。始祖中兴汉业，正应该遵守正道，为后世建立表率。如今太子之德，并没有任何亏损，而光武帝自己内宠太多，以至于嫡长子失去了他的地位，这真是光武帝的过失了。所幸的是，刘强回归藩国之后，谦恭之心更加笃实，汉明帝继承大统之后呢，对兄长的友爱之情也更加亲密，虽然长幼易位，一兴一废，但是父子兄弟之间，仍然毫无芥蒂。就算以三代之道来处理，也不过如此吧！

7 刘秀任命太子舅舅阴识代理执金吾，阴兴为卫尉，辅导太子。

阴识性情忠厚，在朝中虽然积极参议朝政，但回家与宾客谈话，从不谈论政事。刘秀非常敬重他，经常指着阴识告诫贵戚，激励左右。阴兴虽然礼贤好施，但门客中没有游侠，与同郡人张宗、上谷人鲜于褒关系不好，但是知道他们有才能，仍然称赞他们的长处而举荐他们。与张汜、杜禽是好朋友，但是知道他们华而不实，只是私下给他们财物资助，从来不为他们说话求官职。所以世人都称颂阴兴的忠诚。

刘秀任命沛国人桓荣为议郎，负责传授太子儒经。刘秀车驾驾幸太学，正看见博士们辩论于前，桓荣辨明经义，都是以礼让服人，而不以言辞之长取胜，儒者没有一个赶得上他的。刘秀对他特别加以赏赐，又下诏让诸生奏乐雅歌，一直到晚上才结束。

刘秀派中郎将、汝南人钟兴传授皇太子及宗室诸侯《春秋》，赐爵关内侯。钟兴辞让，说自己没有功劳。刘秀说："先生教导训练太子及诸王、列侯，不是大功吗？"钟兴说："臣的学问，来自少府丁恭。"于是刘秀再封丁恭，而钟兴始终坚辞不受。

【华杉讲透】

阴氏家风，可见一斑。阴丽华数次辞让皇后之位，阴识、阴兴也能忠诚谨慎。阴丽华的儿子刘阳，从小聪明睿达，最终也成为一代明君，谥号为孝明皇帝。

桓荣辨而不辩，学问之道，博学、慎思、审问、明辨、笃行，是辨析的辨，而不是辩论的辩。辨明经义，是大家一起讨论，朝着共同的目标，一起合作，把真理辨明。而辩论呢，则是对抗比赛，是为了压倒对方，为了争胜，这就会变成"屡变以求胜"，每个人都没有固定观点，变换各种角度攻击，以让对方词穷为目标。而且在辩论中，每个人会自己绑架自己的面子和权位，不断加码，最终都是为了自己私利，而不是对真理和国家利益的忠诚。

君子不辩，辩是对抗，辨才是合作。学者当熟玩焉！

8 陈留人董宣为洛阳县令。胡阳公主（刘黄，刘秀的姐姐）的家奴白天杀人,因为藏匿在公主家里,官吏不能将他逮捕。等到公主出行,由那个家奴陪坐乘车,董宣在夏门(洛阳北面西头城门)外万寿亭等着,拦住公主车队,以刀划地,大声指责公主过失,呵斥那奴仆下车,当场格杀。公主即刻还宫,向刘秀投诉。刘秀大怒,召董宣,准备刑杖打死。董宣叩头说:"希望说句话再死。"刘秀问:"你有何话说?"董宣说:"陛下圣德中兴,而纵奴杀人,将何以治天下?臣不愿被刑杖,请得自杀!"即刻以头撞柱,血流满面。刘秀命小黄门宦官抓住他,要他叩头向公主道歉。董宣坚决不从,宦官强迫把他往下按。董宣两手撑地,始终不肯趴下去。公主说:"文叔做百姓的时候,藏匿逃亡的死刑犯,官吏都不敢上门,如今做了天子,反而下一个命令的威风都没有了吗?"刘秀笑道:"做天子和做百姓不是一回事。"于是下令:"硬脖子县令出去!"赏赐董宣钱三十万。董宣全部分给手下小吏。从此更能搏击豪强,京师贵戚无不震骇畏惧。

【华杉讲透】

董宣一案,青史留名,刘秀说董宣是"硬脖子",历代也都称颂他不畏权贵,殊不知那只是他的性格而已。他拦下公主车队,没有跪伏在地上,给公主面子,让手下去干那拖拽抓捕杀人犯的活,而是以刀划地,呵斥公主,然后强行抓人,当场格杀。事后在皇帝面前,皇帝给他台阶,让他给公主一个面子,他也决不妥协。他就是那种不怕天,不怕地,只要自己畅快的人。把他安排在这个位置上的上级,才是真正老谋深算的"硬脖子"。洛阳是首都,满城都是皇亲国戚、三公九卿,多少权贵子弟,桀骜狂奴。选拔洛阳的县令,如果脖子稍微软一点,这京师就乱了套了。所以只有找到董宣这样的"硬脖子""一根筋",才当得了这个县令,京师才能成为全国首善之都,否则就是首恶之城了。

刘黄在朝堂上、百官面前称呼刘秀,不称"陛下",而称呼刘秀小名"文叔",那是她自己还没有完成从革命者到统治者的身份意识转换,而董宣和他背后的官僚阶层、孔子门生,就要教会他们如何做一个统治者。

9 九月二十一日，刘秀到南阳，然后又到汝南郡南顿县馆舍，设酒会，赏赐吏民，免除南顿县田租一年。南顿父老上前叩头说："皇考在此居住时间很长，陛下也熟悉这里官府衙门（刘秀父亲曾任南顿县令），希望陛下开恩，给我们免税十年。"刘秀说："天下重器，我都唯恐自己不能胜任，过一天是一天，哪敢说十年的事？"吏民们都说："陛下舍不得罢了，何必这么谦虚呢？"刘秀大笑，又增加一年免税，接着又巡视了淮阳、梁国、沛国。

10 西南夷栋蚕部落造反，杀死地方官。刘秀下诏，命武威将军刘尚征讨。大军过境越嶲郡，邛谷王任贵担心刘尚平定南边，朝廷的法律推行后，自己就不能为所欲为了，于是秘密集结部队，又准备大量毒酒，准备先慰劳刘尚军队，用毒酒把全军放倒，然后袭击刘尚。刘尚收到情报，即刻分兵先袭取邛都，突击任贵，将他斩杀。

建武二十年（甲辰，公元44年）

1 春，二月初十，刘秀车驾还宫。

2 夏，四月初三，大司徒戴涉被控故意陷害前任太仓令（掌国家粮库）奚涉，下狱，死。刘秀认为三公职责相连，于是又下诏将大司空窦融免职。

3 广平忠侯吴汉病重，刘秀车驾亲临探视，问他有什么遗言。吴汉说："臣愚钝，没有什么知识，唯愿陛下谨慎，不要随意赦免罪犯而已。"五月初四，吴汉薨逝。刘秀下诏，葬礼规格参照当年大将军霍光先例。

吴汉性格坚强，每次跟从刘秀出征，只要刘秀还没安顿好，他就小心翼翼地侍立一旁。诸将见到战事不利，往往惊慌失措，吴汉则意气自若,整顿军械,激励将士。刘秀有时派人去看大司马在干什么,回来都说正在修治攻战之具。刘秀赞叹说:"吴公基本上还能让我满意,他的威望抵得上一国军队。"每次出征,吴汉早上接到命令,晚上就出发,行装都不收拾。在朝廷的时候,一举一动,谨慎质朴,形于体貌。有一次,吴汉出征,妻子在后方买田置宅,吴汉回来,责备她说:"军队在外,将士们都用度不足,咱们还在家里买田买房吗?"于是将田宅全部分给自己兄弟和妻子家族。所以吴汉能享功名以善终。

【华杉讲透】

刘秀说吴汉"隐若一敌国矣",这是将道。《吴起兵法》说:"出门如见敌。"出了门,就像所见一切人皆敌人,要保持警惕,随时严阵以待。《论语》里孔子说:"出门如见大宾。"出了门,就像所见所有人都是尊贵的客人,要保持热情和尊敬,这都是一样的道理。

每次出征,早上接到命令,晚上就出发,行装都不收拾。这是臣礼,叫"急趋君命"。《论语》里孔子说:"君命召,不俟驾行矣。"国君有事召见,传命一来,都不等车驾准备好,马上就走,步行急趋。步行,难道比车还快吗?为什么不等车呢?这是礼!家人自会准备好车驾追上来,再上车。所谓急趋君命,出行而车驾随之。所以吴汉不是不要行装,而是先去执行任务,行装由家人随后收拾好送来。

4 匈奴进攻上党、天水,逼近扶风。

5 刘秀苦于风眩症(高血压),病得很厉害,命阴兴兼任侍中,到云台广室接受临终遗言。后来,恰好病好了,召见阴兴,希望他接替吴汉的大司马职务。阴兴叩头流涕,坚决辞让,说:"臣不敢爱惜自己身体,只是我实在才德都配不上这样的高位,怕有损陛下的圣德!"至诚之情,发自内心,感动左右,刘秀于是听从了他的意见。

太子太傅张湛,自从郭皇后被废,就称病不朝。刘秀强迫他出山,想任命他为大司徒。张湛坚决以生病为由,不肯再上朝任事。刘秀于是将他免职。

六月十四日，任命广汉太守、河内人蔡茂为大司徒，太仆朱浮为大司空。十六日，任命左中郎将刘隆为骠骑将军，代理大司马职权。

6 六月十九日，中山王刘辅改封为沛王。以郭况为大鸿胪，刘秀数次到他家做客，赏赐金帛，丰盛无比，京师的人都把郭况家称为"金穴"（郭况是郭皇后弟弟，刘秀补偿被废的皇后家族）。

7 秋，九月，马援从交趾回来，平陵人孟冀迎接慰劳他。马援说："方今匈奴、乌桓还在侵扰北边，我想自告奋勇，前往征讨。男儿当死于边野，马革裹尸还葬而已，怎么能躺在床上，死在儿女身边呢？"孟冀说："对！烈士就应该这样！"

【华杉讲透】

这就是"马革裹尸"成语的由来，马援因为这四个字，千古留名，但是，这恰恰违背了将道。战士当不怕死，但不能轻视死亡，不能有必死之心。这是一种非常危险的性格，一种高风险偏好。《孙子兵法》说：

> 故将有五危：必死，可杀也；必生，可虏也；忿速，可侮也；廉洁，可辱也；爱民，可烦也。凡此五者，将之过也，用兵之灾也。覆军杀将，必以五危，不可不察也。

将领有五种性格缺陷，是最危险的：

一、不怕死，一味死拼，就会被敌人所杀。

二、贪生怕死，一心求生，又会被俘虏。

三、愤怒急躁，经不起刺激，会中人激将计，愤而出战送死。

四、廉洁，爱惜名誉，经不起污辱，会为了维护自己的名誉，洗清别人泼到自己身上的脏水，而不顾性命地出战，从而中计。

五、爱护居民，也会被人利用，或让他为掩护居民而烦劳，或驱使人民为炮灰，让他不忍作战，而敌人就藏在里面。

领导力，很大程度上是一种性格。反之，领导者的灾难，往往也是一种性格缺陷。这五种性格缺陷，都是将领的过错，用兵的灾害。军队覆灭，将领身死，都是由于这五种危险造成的，不可不警惕！

马援就占了第一条，他最后的灾难性结局也是因为这一条，他死不要紧，他带的士兵却也要白白跟他送死。孙子一定不愿意战死疆场，他一定要安安稳稳死在床上。再引用一句巴顿将军的讲话："士兵们！我不要你们为国捐躯。为国捐躯，那是敌人的事。"

8 冬，十月二十日，刘秀巡视鲁国、东海国、楚国、沛国。

9 十二月，匈奴进攻天水、扶风、上党。

10 十二月二十八日，刘秀车驾还宫。

11 马援自请出击匈奴，刘秀批准，派他出兵屯驻襄国县，下诏命百官送行。马援对黄门郎梁松、窦固说："大凡人得了富贵，还可能又归于贫贱。卿等如果不想再贫贱，居于高位，就要好好把持住自己，经常想想我今天的话！"梁松，是梁统之子；窦固，是窦友之子（都是马援晚辈）。

12 刘尚进兵栋蚕，连战连捷，将他们击破。

建武二十一年（乙巳，公元45年）

1 春，正月，刘尚追击到不韦县，斩栋蚕部落酋长，西南夷全部平定。

2 乌桓与匈奴联军侵犯边境，代郡以东地区受乌桓摧残尤为深重。乌桓基地接近边塞，早上出发，傍晚就抵达边塞城下，沿边五郡民众，家家户户都深受其害，以至于郡县损坏，百姓流亡，边陲萧条，没有人烟。秋，八月，刘秀派马援与谒者分别修筑堡垒要塞，重新整顿郡县，或者先任命郡守、县令和地方官长，召还人民。乌桓居住在上谷塞外白山的部落是其中最强悍的，马援率领三千骑兵前往攻打，无功而返。

3 鲜卑一万余骑兵侵犯辽东，太守祭肜率数千人迎击，亲自披甲，冲锋陷阵，鲜卑大败奔逃，投水淹死者过半。祭肜穷追出塞，鲜卑人急于奔命，都抛弃兵器奔散而走。从此鲜卑震怖，畏惧祭肜，再也不敢来了。

4 冬，匈奴进攻上谷、中山。

5 莎车王贤逐渐骄横，想要兼并西域，数次攻打其他诸国，勒索赋税。诸国愁惧，车师前王、鄯善、焉耆等十八国都派遣儿子入侍汉朝，献上珍宝，等到接见时，都叩头流涕，请求得到西域都护保护。刘秀认为中原初定，北部边境还没有宾服，把他们送来做人质的王子再送回去，只是厚厚赏赐。诸国听说汉朝拒绝设置西域都护，并且将王子们都送还，大为忧恐，送信给敦煌太守说："希望把王子们留下，以示莎车，就说王子们都留下了，西域都护将要出塞，让莎车停止军事行动。"裴遵汇报上来，刘秀同意。

建武二十二年（丙午，公元46年）

1 春，闰正月十九日，刘秀巡幸长安。二月己巳日（二月无此日），返回洛阳。

2 夏，五月三十日，发生日食。

3 秋，九月初五，发生地震。

4 冬，十月十九日，大司空朱浮被免职，二十日，任命光禄勋（总领宫内事务，宿卫宫殿门户）杜林为大司空。

当初，陈留人刘昆为江陵县令，县里发生火灾，刘昆对着火叩头，火一会儿就灭了。后来，升任弘农太守，老虎都背着幼虎渡河跟着去。刘秀听说后，深为惊异，征召刘昆接替杜林为光禄勋。刘秀问刘昆："之前你在江陵，转变风向灭火；后来到弘农，老虎都渡河跟着你去。你是行的什么德政，得到这样的感应？"刘昆说："偶然而已。"左右皆笑，刘秀叹道："这真是长者之言！"下令旁边的史官把这件事载入史册。

【华杉讲透】

董仲舒建立了天人感应的学说，君王行仁政德政，天就以祥瑞鼓励；君王行暴政或有过失，天就以灾异惩戒。这一年，从《资治通鉴》记载上看，前有日食、地震，后有蝗灾。一般情况下，都要朝议自检自纠哪里做错了，朝臣往往也借机谏劝君王，或将天变感应栽在政敌身上，打击政治对手。而刘昆却用"偶然耳"三个字，将自己身上的祥瑞轻轻拂去，大有意味。

5 这一年，青州发生蝗灾。

6 匈奴单于舆去世，子左贤王乌达鞮侯即位，没多久又死了，其弟左贤王蒲奴即位。匈奴境内连年旱灾蝗灾，赤地数千里，人畜饥饿，再加上瘟疫，死亡超过三分之二。单于畏惧汉朝乘人之危来攻打，派使者到渔阳，请求和亲。刘秀派中郎将李茂回访匈奴。

7 乌桓乘着匈奴虚弱，击破之。匈奴向北迁徙数千里。瀚海沙漠以南成为无人区。刘秀下诏，撤除诸边郡亭障侦察兵及边防官兵，以财帛招降乌桓。

8 西域诸国王子久留敦煌，都愁思家乡，想要逃回去。莎车王贤知道汉朝没有设置西域都护的意思，于是击破鄯善，又攻杀龟兹王。鄯善王安上书说："希望再派王子入侍朝廷，并请求设置西域都护。如果汉朝不设都护，我们只能跟从匈奴了。"刘秀回复说："我国的使者军队都无法派出，如果诸国力不从心，东西南北，你们愿意归附谁，都自己决定。"于是鄯善、车师都归附匈奴。

【班固曰】

汉武帝时代，一心想要制伏匈奴，担心他兼并西域，联盟南羌，于是在河西地区设置四郡（武威、张掖、酒泉、敦煌），开玉门关以通西域，截断西域右臂，隔绝南羌、月氏。单于失去外援，于是远遁，瀚海沙漠以南，不再有匈奴王庭。那时候，正是文景之后，从高祖、孝惠帝、吕后、文帝、景帝，人民休养生息已经经历五世，财力有余，士马强盛，所以，看见犀牛、玳瑁，就建立珠崖七郡；想到蒟酱（一种胡椒科植物做的酱）、竹杖，就开辟牂柯、越嶲；听说天马、葡萄，就打通大宛、安息，从此之后，远方珍奇异物，四面而至。于是修治园囿，扩建宫室，盛张帷帐，美服珍玩，酒池肉林，招待四夷宾客，做鱼龙、角抵的游戏，以供观赏娱乐。至于赏赐赠予，万里相送，师旅之费，不可胜计。结果国用不足，就垄断酒类专卖、食盐专卖、铁器专卖，又改换货币，铸百金币、皮币，税收之密，一车一船都要交税，马、牛、羊、猪、狗、鸡都要交租。民力用尽，财用枯竭，再加上凶年，寇盗并起，道路不通，就开始派出钦差使者，穿着绣衣，拿着斧钺，断斩于郡国，才镇压下去。所以，在汉武帝末年，才决定放弃轮台屯田，并下达哀痛罪己之诏，这不就是仁圣之君，也有了悔意吗？

况且，要通西域，近有龙堆，远有葱岭、身热、头痛、悬度等险恶地势，淮南王刘安、杜钦、扬雄等人的议论，都认为这正是天地用来分界地域，隔绝内外的安排。西域诸国，各有君长，兵众分散弱小，不能统一，虽然他们归属匈奴，但是并不亲附。匈奴能得到他们的马匹、牲畜、毡子、毯子，但是并不能真正统率他们，与之共进退。西域与汉朝隔绝，道路又远，得之不为益，弃之不为损，盛德在我，不需要到西域去取。所以，自从光武帝登基以来，西域思念汉朝的威德，都希望归附，数次遣使，送来王子做人质，希望派出西域都护统治他们。圣上远览古今，因时制宜，辞而不许。当年大禹善待西戎，周公拒收白稚，太宗不接受千里马，他们的远见卓识，光武帝都兼而有之了。

【柏杨曰】

大禹善待西戎部落，不是为了压制他们，贪图贡物，而是为了谋求和平。南方越棠部落给周成王进献白色野鸡，周成王问周公。周公说："恩德没有加在他们身上，就不应该接受他们的献礼。政令没有到达他们那里，就不应该接受他们为臣属。"太宗刘恒不接受千里马，参见公元前179年记述。

【华杉讲透】

西域并非不愿独立，非要做汉朝臣子，他们是要汉朝提供军事保护，替他们和匈奴作战罢了。刘秀刚刚建国，百废待兴，加上他的性格，本身没有那么大征服欲，在建国大业中，仗也打够了，厌倦了军旅之事，只想休养生息。到了下一代，就又有资本征伐了。班固西域之论："得之不为益，弃之不为损，盛德在我，无取于彼。"墨迹未干，他的弟弟班超，就要在西域建功立业，名垂青史了。

三千年历史，无非此一时，彼一时。俱往矣，经验属于过去，教训还看今朝。

卷第四十四　汉纪三十六

（公元47年—公元60年，共14年）

主要历史事件

汉朝接受匈奴八部大人为藩属　040

马援征讨失利，病逝后控诉不断　043

南单于派儿子入汉为质　050

刘秀用诏书回绝马武北征建议　051

班彪奏书《奏议答北匈奴》回绝和亲　056

刘秀以图谶决断　062

光武帝崩，太子刘庄即位，是为汉明帝　064

汉明帝举行大射礼　067

主要学习点

不珍惜生命的人，不是合格的将帅　046

不议论他人长短，不如爱憎分明　048

要想着把事情做好，而不是做大做强　052

世祖光武皇帝下

建武二十三年（丁未，公元47年）

1 春，正月，南郡蛮夷反叛，遣武威将军刘尚征讨，将之击破。

2 夏，五月初八，大司徒蔡茂薨逝。

3 秋，八月丙戌日（八月无此日），大司空杜林薨逝。

4 九月十三日，任命陈留人玉况为大司徒。

5 冬，十月初九，任命太仆张纯为大司空。

6 武陵蛮夷酋长单程等人造反，朝廷派遣刘尚征发一万余士兵逆沅水入武溪攻打。刘尚轻敌深入，蛮夷据险迎击，刘尚全军覆没。

7 当初，匈奴单于舆的弟弟、右谷蠡王知牙师按次序当为左贤王，而左贤王就是储君，当继任下一任单于。舆想传位给他的儿子，于是杀知牙师。乌珠留单于有一个儿子名叫比，为右薁鞬日逐王，领地在南边八部。比见知牙师死，出怨言说："如果兄终弟及，右谷蠡王应该即位为单于；如果是父传子，那我是前单于的长子，应该是我即位！"于是内怀猜惧，也很少来单于王庭出席庭会。单于怀疑他，于是派遣两位骨都侯来兼领比所部军队。等到舆的儿子蒲奴即位，比更加怨恨，于是秘密派遣汉人郭衡带着匈奴地图，找到西河太守，要求归附汉朝。两位骨都侯察觉比的意图，在匈奴诸王每年五月在龙城祭祀的时候，劝单于诛杀比。比的弟弟渐将王在单于帐下，听到消息，飞驰向比报告。比于是聚集八部兵共四五万人，准备等两位骨都侯回来，就将他们杀死。骨都侯将到，知道了他的计划，逃亡而去。单于派一万骑兵进击，见比兵多，不敢进攻，还师。

8 这一年，鬲侯朱祜薨逝。朱祜为人质朴正直，崇尚儒学，做将领时经常接受地方投降，以攻克平定城邑为目的，不追求斩杀多少首级的功劳，又禁止士卒掳掠百姓。当兵的喜欢放纵，因此都怨恨他。

建武二十四年（戊申，公元48年）

1 春，正月十九日，赦天下。

2 匈奴八部大人一起商议立日逐王比为呼韩邪单于，派人前往五原塞，表示愿意永为藩属，抵御北虏。事情交给公卿们讨论，大家都认为："天下初定，国内空虚，夷狄真伪难辨，不可许。"唯独五官中郎将耿国认为："应该按孝宣皇帝当年先例，接受他们，令他们东御鲜卑，北拒匈奴，为四方蛮夷做一表率，让北部边境恢复平静。"刘秀同意。

3 秋七月，武陵蛮夷部落进攻临沅，刘秀派遣谒者李嵩、中山太守马成前往征讨，未能取胜。马援自告奋勇，刘秀怜悯他年纪已老，不批准。马援说："臣尚能披甲上马。"刘秀让他试试，马援骑在马上，举目四顾，以示可用。刘秀笑道："好一个精神矍铄的老翁！"于是派马援率中郎将马武、耿舒等率四万余人征讨五溪。马援对友人杜愔说："我受皇上厚恩，年纪老了，剩下的日子越来越少，经常担心不能死于国事，如今得偿所愿，甘心瞑目。不过，左右从事很多都是军中权贵子弟，恐怕难以调度，这是我唯一的一点担心罢了。"（耿舒是耿况之子，就是马援所指的"长者家儿"，权贵子弟了。）

4 冬，十月，匈奴日逐王比自立为南单于，遣使到洛阳奉藩称臣，刘秀问郎陵侯臧宫意见。臧宫说："匈奴正是饥荒、瘟疫、内讧之时，臣愿得五千骑以立功。"刘秀笑道："还是不要跟常胜将军讨论敌情，我自己想想吧！"

建武二十五年（己酉，公元49年）

1 春，正月，辽东郡塞外的貊部落入寇，太守祭肜将他们招降。祭肜又以财利抚纳鲜卑大都护偏何，让他招降其他民族部落。各部落纷至沓来，祭肜说："要想立功，应该回击匈奴，斩首送来，才能取信于朝廷。"偏何等人即刻攻击匈奴，斩首两千余级，拿着敌人头颅到辽东交账。其后年年相攻，送来首级，接受赏赐。从此匈奴衰弱，边无寇警。鲜卑、乌桓都入朝进贡。祭肜为人质朴厚重，以恩信抚慰夷狄，所以夷狄都对他又怕又爱，愿意为他效死力。

2 南单于派他的弟弟左贤王莫，率领万余士兵攻击北单于的弟弟薁鞬左贤王，将他生擒。北单于震怖，退却一千余里。北部薁鞬骨都侯与右骨都侯率部众三万余人归降南单于。三月，南单于再次遣使到洛阳进贡，请求朝廷派使者监护，派儿子入侍为质，重修宣帝时期的和亲旧约。

3 三月二十九日，发生日食。

4 马援大军抵达临乡，击破蛮兵，斩获两千余人。

当初，马援生病，虎贲中郎将梁松来探视，在床前叩拜，马援也不答礼。梁松走后，马援的儿子们问："梁松是皇上的女婿，显贵于朝廷，公卿以下无不忌惮他，父亲您为什么连礼都不回？"马援说："我和梁松的父亲是好友，他的身份虽然尊贵，我怎么能乱了辈分？"

马援哥哥的儿子马严、马敦都喜欢讥议他人，又和游侠交往。马援之前在交趾，写信告诫他们说："我希望你们听到别人的过失，就像听到父母的名字一样，耳朵可以听，嘴巴不可以说。议论他人的长短，妄议时政，这是我最厌恶的，宁死也不愿意子孙有这种行为。龙伯高敦厚谨慎，从不说错一句话，谦逊节俭，廉洁奉公而有威严，我非常敬爱敬重他，希望你们能效法他。杜季良豪侠好义，忧人之忧，乐人之乐，他父亲去世的时候，几个郡的人全都来送丧。我也敬爱敬重他，但是却不希望你们效法他。为什么呢？学习伯高不成功，也不失为一个谨慎严正之人，所谓'刻鹄不成尚类鹜'，想雕刻一只鹄，雕得不像，至少也和鹜差不多。学习季良失败呢，那就成了天下轻薄子，所谓'画虎不成反类犬'了。"

龙伯高，就是山都县令龙述。杜季良，是越骑司马（越骑校尉属官。越骑校尉，领内附越人骑士，戍卫京师，兼任征伐）杜保，都是京兆人。

后来，遇上杜保的仇人上书，指控"杜保行为轻浮浅薄，乱群惑众，伏波将军万里传书以告诫侄子们，而梁松、窦固却与他交结，助长他的轻薄和虚伪，败乱华夏民风"。奏书递上去，刘秀召见并斥责了梁松、窦固，把弹劾杜保的奏书和马援的家书给他们传阅，梁松、窦固叩头流血，才得以免罪。刘秀下诏，将杜保免官，擢升龙述为零陵太守。梁松由此深恨马援。

等到马援征讨武陵蛮，大军抵达下隽县，有两条道可以进兵，一条路走壶头，路途较近，但是水路十分险要；另一条路走充县，路途平坦，但是路远，补给线长。耿舒希望走充县，马援则认为花费时间太长，又费粮食，不如从壶头深入，扼住敌人咽喉，充县之敌自然瓦解。两个方案都送给朝廷，刘秀采纳了马援的方案。于是进军壶头，蛮夷居高临下，据守险要地形，水势湍急，船上不去，又加上暑热，军中暴发瘟疫，死了很多士卒，马援也病倒了，于是在河岸挖掘石窟窑洞以避暑热。蛮夷每每乘险鼓噪，马援就挣扎起来观察敌情，左右的人哀怜他的壮志，莫不为之流涕。

耿舒给哥哥、好畤侯耿弇写信说："之前我上书建议先打充县，粮食运输虽然有些困难，但至少兵马能够施展，数万军人，个个都能奋勇争先。如今困在这壶头，寸步难行，大军在这里忧郁等死，实在是让人痛惜！之前在临乡，贼众无故自至，如果当时发动夜袭，已经将他们全歼了。马援就像一个西域商人，走到哪儿都要停留，以致失利。如今果然发生瘟疫，就和我当初预言的一样。"

耿弇把书信给刘秀看，刘秀就派梁松为使，乘驿车去责问马援，并担任监军。

正在此时，马援逝世。梁松由此构陷马援。刘秀怒，追缴马援的新息侯印绶。

当初，马援在交趾，经常吃薏米，认为能轻身益气，防备瘴气。大军还师的时候，装载了一车薏米回来。等他死后，有人上书诬陷说，之前载的一车都是珍珠和有纹理的犀牛角。刘秀更加愤怒。

马援的妻子儿子们惊惶恐惧，都不敢将马援遗体运回家族墓地举行葬礼，就在城西草草下葬。宾客故人，没有一个敢来吊丧的。马严和马援的妻子用草绳将自己绑在一起，到宫门前请罪。刘秀将梁松的上书给他们看，他们才知道马援到底被指控了什么罪。于是上书诉冤，前后六次，言辞甚为哀切。

前云阳县令、扶风人朱勃，到宫门前上书说："我看见伏波将军马援，起于西州，钦慕圣义，历尽险难，触冒万死，经营陇西、冀州，谋如泉涌,势如转规,兵动有功,师进则克。诛锄先零之战,流箭射穿他的小腿;出征交趾之时,又和妻子生死诀别。之前又再南征武陵,即刻在临乡取得胜利,已经取得胜利的基础,只是未能完成而身死。士卒虽然暴发瘟疫,马援自己也没有生还!战争策略,各有选择,或者久而立功,或者速而致败,深入未必就对,不进未必就错,马援也是人,人之常情,难道他自己愿意屯驻在绝地不能生还吗?马援为朝廷奋战二十二年,北出沙漠,南渡江海,在军中感染瘟疫而死,就身败名裂,侯爵被褫夺,不能传封地于子孙。举国不知道他到底犯了什么错,百姓也没有听到到底指控他什么罪名,家属紧闭门户,遗体不能归葬,怨仇并兴,宗族亲属恐怖战栗,死者不能为自己辩护,生者也没人替他说话,臣深深为他感到悲哀!明主重于用赏,慎于用刑,高祖曾经给陈平四万金,让他去收买离间楚军,而从来不要他报账,难道还疑心他会从中取利吗?希望陛下请公卿们廷议,对马援是功是罪给一个明确的结论,并决定他的爵位和封地,到底是褫夺还是传续,以符合天下人的期望!"

刘秀的怒气稍微得到宽解。

当初,朱勃十二岁,就能背诵《诗经》《尚书》,经常去拜望马援的哥哥马况,言辞沉静高雅。那时马援才开始读书,见了他,不免觉得自卑。马况看出马援心思,酌酒安慰他说:"朱勃小器速成,他的智慧也就到这儿了,终究还是他接受你的教诲,你不用担心。"

朱勃还不到二十岁,右扶风郡就试用他做渭城县宰。等到马援做了将军封了侯,朱勃的地位还是一个县令。马援的地位越来越尊贵,时常仗着自己对朱勃的旧恩而卑侮他,而朱勃则更加亲近马援。如今马援被谗言所陷,唯有朱勃能对他始终如一。

谒者、南阳人宗均为马援部队监军,马援死后,军士瘟疫而死者超过三分之二,蛮夷也饥饿穷困。宗均于是与诸将商议说:"如今道路遥远,军士疫病,不可以战,我想矫诏招降他们,如何?"诸将都跪伏在地上,不敢答话。宗均说:"忠臣出境,如果有可以安定国家的计策,就可以自己决断。"于是矫诏调伏波司马吕种为沅陵县长,命吕种带着诏书进入蛮夷营地,向他们宣告朝廷的恩信,又勒兵跟随在吕种身后威慑。蛮夷震怖，冬，十月，共斩其大帅投降。宗均等人进入贼营，遣散其部众，让他们各自回到本郡故乡，为他们设置官吏而回。群蛮于是平定。

宗均在班师路上，先上书弹劾自己矫诏之罪，刘秀嘉奖他的功劳，派人迎接，赐给他金帛，并下令他回京途中，可以顺道回家乡上坟。（按制度规定，奉旨出使，回来必须先到朝廷交接任务，才能回家。刘秀特许宗均顺道先回老家上坟，是一种特别的恩宠。）

【王夫之曰】

光武帝对功臣，恩德至重，给他们崇高地位，让他们身家平安，名誉永存，唯独对马援刻薄寡恩，也是马援自取其辱吧！

殚精竭虑，为君上造就国家，却遭到罪谴的，无非是两个原因：要么是自己太强，引起君王忌惮；要么是骄傲不逊，引起君王愤怒。而马援两者都不是，他是为光武帝所厌恶而已。老子不仅是一个懂得大道的人，他对人的身世命运，也有见地。他有一句话说："功成，名遂，身退。"这就是洞察阴阳屈伸之数以知进退之言。平陇下蜀，北御匈奴，南定交趾，马援还不知止吗？武陵蛮之乱，皇帝怜悯他年老，不批准他前往，马援却固执要去。天下已定，功名已著，就该保全自己的身体，以侍奉双亲；保全自己的禄位，以爱戴君上。为什么一定要以马革裹尸为快呢？光武帝由此知道马援不自爱，不自贵。不自贵的人，就是明主所厌恶的。于是就会有人认为：他如果不是贪图战利品，怎么会老于戎马而不知止呢？说他拉回来的一车薏米，其实是珍珠，这样的毁谤就是他自己招来的了。年纪已老，却贪得无厌，役人甲兵以逞其志，实在是太让人讨厌了。所以说身死名辱，家族几乎不保，违背四季衰亡、寒暑进退的自然规律，好战乐杀，而忘掉自己的正命，这不正是"逆天之道"吗？老子的话，岂会骗人？

【华杉讲透】

王夫之议论精当，算是给马援盖棺论定。评述历史人物是非功过，主要的目的在于代入自己，如果我在那种情况下，我是要学习他，还是不学习他？比如俗世都称颂马援的"马革裹尸"，我们代入自己，知行合一，我要不要像他那样去做呢？如果我自己也会那样做，那就是真的、发自内心的称颂；如果我自己不会那样去做，而是鼓励、要求别人那样去做，那就是包藏祸心，把别人往火坑里推，该学习一下"己所不欲，勿施于人"了。

至少我们知道，刘秀对他的马革裹尸是深为厌恶和痛恨的。王夫之对他的马革裹尸，也是完全否定。

马革裹尸，实乃马援之罪。在之前他留下"马革裹尸"这千古名言的时候，我们就评论过，这是违背了《孙子兵法》的将道，"必死，可杀"。不珍惜生命的人，不是合格的将帅。

马援坚持要走险恶的水路，是一种侥幸心理，是军事冒险。他为什么要冒险，因为他不怕死；他为什么不怕死，因为他想死；他为什么想死，因为他老了，本来就要死了，他不想死在儿女身边，想要死在战场上，成就马革裹尸之名。人老了，风险偏好会增大，因为"我已经老了，无所谓了"。你老了无所谓，但是你还带着四万多年轻人啊！最后疫病死亡三分之二，也就是说，有两万多人被马援的侥幸害死。所以刘秀心痛，恨马援，也恨自己为什么会让他去，恨自己在耿舒和马援的方案竞争中为什么支持了马援。刘秀要惩罚马援，他知道马援求名，他就要让马援自取其辱。

> 孔子曰："君子有三戒：少之时，血气未定，戒之在色；及其壮也，血气方刚，戒之在斗；及其老也，血气既衰，戒之在得。"

得，就是贪。人到了老年，就要戒得戒贪，不要贪得无厌。王夫之说马援贪得无厌，一语中的，这是马援的"五十九岁现象"，他贪的不是财，而是功和名。国家不是非你不可，而是马援要和年轻人抢机会，你已经封侯了，别人还需要这战功来封侯，你非要抢这个任务，谁不恨你呢？不是国家需要马援，是马援需要国家，马援自己搞错了。王夫之说马援乐战好杀，把他的虚荣给扒光了，乐战好杀，不是仁义之人。

《孙子兵法》讲将道：

> 进不求名，退不避罪，唯人是保，而利合于主。

这些马援全部都违背了。他的进，就是为了求名。他也没有唯人是保，没有想到保全他的部众，而是拿他们的生命冒险。他也没有利合于主，他所做的，不符合主上的利益。恰恰是宗均做到了退不避罪，他矫诏招降，其他将领不敢承担责任，连一起承担责任都不敢，只是"诸将皆伏地不敢应"。宗均一个人承担了责任，做到"进不求名，退不避罪，唯人是保，而利合于主"。

马援的不自爱，不自重，不自贵，也是刘秀所深恨的。不仅刘秀恨，君臣上下，所有人都恨。为什么呢？因为他破坏了社会生态，搞坏了游戏规则。游戏规则就是，建功封侯，安享富贵，这是人主用来驾驭群臣的重器，你这个人什么都不要，就愿意去打仗杀敌，皇上也不知道拿什么来回报你。其他人呢？他们征战一生，现在得以富贵，无上光荣了，给你一比，他们都变成不够爱国了，谁不恨你呢？

春秋时期，鲁国有一条法律，如果在国外遇见鲁国人被卖为奴的，你出钱把他赎回来，官府给你报销。子贡是鲁国首富，他在国外赎回鲁国奴隶，他就不去报销，因为他有钱，他不缺钱，他说："这是我应该做的。"孔子就说："子贡啊，以后鲁国奴隶都是你害死的。"子贡惊问为何？孔子说："以后鲁国人在外遇见同胞遭难，再也不会出手相救了。因为你的做派，谁都不好意思再去找官府报销。自己出钱，那就不会去救，都留给子贡去救吧！你救得了吗？"

马援的破坏性，就和子贡这件事差不多。

至于马援留下的背后不要议论他人长短的教诲，也是讽刺。因为他在家信中说杜保坏话，而家信竟然传到皇上手中，皇上又把这家信给梁松看，以至于梁松对马援切齿痛恨，最终必欲毁他全家而后快。马援说背后不要议论他人长短，不就是为了不要得罪人招祸吗？最终他却得罪了所有人，给自己家族招来毫无必要的奇祸。可见对这一条，他并未知行合一，只是留下一些名言警句，还是求名而已。

议论他人长短，本身是一种社会信用机制。如果你绝口不议论，不过是在这社会信用机制中搭便车而已，风险让别人去担，谁有多少"信用点"我同样可以免费查阅。

不议论他人长短，不如立场鲜明，爱憎分明，我心光明。

马援一生戎马，百战百胜，但是，兵法云：

百战百胜，非善之善者也。

因为一次就能败光，求胜，不如求不败。马援就一次败光了。

马援害了跟他的士兵，害了国家，害了皇上，害了群臣，害了家族。一人求名，破军亡家，千秋功罪，求名是一大罪。

5 这一年，辽西乌桓部落酋长郝旦等人率众归附朝廷，刘秀下诏，封乌桓各渠帅为侯、王、君长等共八十一人，让他们居住在塞内，分布在沿边各郡，让他们招来同族人民，由官府给其衣食，做汉朝的侦探，协助攻击匈奴、鲜卑。司徒班彪上言说："乌桓天性轻率狡黠，好为贼寇，如果长期放纵而没有总领之人，一定会旧病复发，掳掠当地百姓，仅仅靠一些临时负责招降工作的低级官员，恐怕不能制伏他们。臣建议，重新设置乌桓校尉，这样有利于归附统治，减轻国家边防压力。"刘秀听从，于是在上谷郡宁城设乌桓校尉，开营府，负责处理对鲜卑的赏赐及接受人质，以及每年定期的双方贸易市集。

建武二十六年（庚戌，公元50年）

1 正月，刘秀下诏增加百官俸禄，一千石以上官员，调整结果比西汉时期略低，六百石以下的，调整到比西汉时期略高。

2 开始修建寿陵。刘秀说:"古代帝王之葬,都用陶人、瓦器、木车、茅马,让后世找不到坟墓在什么地方。太宗(文帝刘恒)能识终始之义,景帝能遵守孝道,到了天下大乱的时候,唯有霸陵(刘恒墓)能完受其福,岂不美哉!(赤眉入长安,皇帝陵墓全部被挖掘,吕后尸体还被侮辱,唯有刘恒的墓没人动,因为知道里面没东西。)如今,我的陵墓,规划用地不过两三顷,不用堆土起山陵,只要不积水就行了。在改朝换代之后,让我与山陇一体。"

3 下诏派中郎将段彬、副校尉王郁出使南匈奴,帮助单于建立王庭,离五原西部边塞八十里。使者令单于拜伏受诏,单于迟疑一番,还是拜伏称臣。拜完之后,让翻译告诉使者说:"单于刚刚即位,在左右大臣面前行跪拜之礼,感到羞愧。希望使者不要再当着众臣屈折单于。"刘秀下诏,命单于移居云中郡,设置匈奴中郎将,率军保护单于。

【华杉讲透】

段彬、王郁让单于跪拜受诏,实在是缺乏政治智慧。匈奴分裂,如今两个单于,汉朝要支持南单于,那就要让他贵重有威信,汉朝越尊敬南单于,匈奴人心就更加向南。如今北单于是一国之君,南单于却要向汉使跪拜称臣,那他的威信就没了。之后奠鞬左贤王和五骨都侯的反叛,不能说和这事没有关系。

宣帝时期,匈奴呼韩邪单于请降来朝,汉朝君臣朝议朝见之礼,最后采纳了萧望之的意见,说:"应以客人之礼相待,令单于位次在各诸侯王之上,谒见时称臣,但不必报上姓名。"以宣帝当年汉朝之强盛,尚且如此,如今东汉初创,刘秀根本不愿意匈奴生事,使者何必要在那里立威呢?使者当有折冲樽俎之任,段彬、王郁却反而激发祸起萧墙。代表国家,身当大任,一言一行,一举一动,都牵涉财产万千,人命关天,是非曲直,毁誉忠奸,能不戒慎恐惧吗?

4 夏,南单于之前所俘虏的北部奠鞬左贤王率领其部众,以及南部五位骨都侯，共三万余人反叛，向北到距北庭三百余里处，自立为单于。过了一个多月，又爆发内争，日夜互相攻击，五位骨都侯皆死，左贤王自杀。诸骨都侯的儿子们各自拥兵自守。

5 秋，南单于派儿子入朝为质，刘秀下诏，赐给单于冠带、玺绶、车马、金帛、盔甲、兵器、生活用具。又从河东郡转运粮食两万五千斛，牛羊三万六千头，赈济匈奴。令中郎将率领由五十位减刑囚犯组成的卫队，跟随单于所居处，协助处理诉讼案件，并侦察匈奴动静。

单于每到岁末则遣使奉奏，送侍子入朝。汉朝则派谒者护送上一位侍子回单于庭，赐给单于及阏氏、左右贤王以下布匹绸缎一万匹。这成为每年的惯例。于是云中、五原、朔方、北地、定襄、雁门、上谷、代郡等八郡百姓都回归本土。又派谒者分别率减刑犯修治城郭，号召之前逃到内地的边民都回归本土各县，由官府发给衣装、旅费，转给粮食。这时边境城郭都为废墟，要清理重建，刘秀这才后悔之前将人民迁徙走的决策。（十一年前的建武十五年，即公元39年，匈奴寇钞日盛，州郡不能禁。二月，遣吴汉率马成、马武等北击匈奴。徙雁门、代郡、上谷吏民六万余口置居庸、常山关以东，以避胡寇。）

6 冬，南匈奴五位骨都侯的儿子们，又率领其部众三千人归降南部，北单于派骑兵追击，将他们全部俘获。南单于派兵攻击，作战不利。于是刘秀下诏，让南单于迁居西河郡美稷县，派段彬、王郁留在西河保护他，又派西河郡长史（相当于郡官府秘书长）每年率骑兵两千、减刑犯五百人协助中郎将护卫单于，冬天屯驻，夏天撤回，成为每年惯例。南单于移居西河之后，也部署诸部王，协助汉朝防御北地、朔方、五原、云中、定襄、雁门、代郡，都各领部众，为郡县侦察巡逻。北单于惶恐，送还不少之前掳掠的汉民，以示善意。突击部队每次南下，经过汉军亭障碉堡，都抱歉说："是讨伐叛徒奠鞬日逐王而已，不敢侵犯汉朝边民。"

建武二十七年（辛亥，公元51年）

1 夏，四月二十一日，大司徒玉况薨逝。

2 五月十一日，朝廷下诏将大司徒、大司空官职都去掉"大"字，改大司马为太尉。骠骑大将军代理大司马刘隆即日罢免，任命太仆赵熹为太尉，大司农冯勤为司徒。

3 北匈奴遣使求和亲，刘秀召公卿廷议，不能决定。皇太子说："南单于新附，北单于恐惧被伐，所以倾耳而听，争相归义而已。如今未能出兵，反而交通北虏，臣恐南单于将有二心，北虏中欲降者也不再来了。"刘秀认同，告诉武威太守，不接受他的使者。

4 郎陵侯臧宫、扬虚侯马武上书说："匈奴贪利，无有礼信，穷则稽首称臣，安则寇边侵盗。如今他们人畜因瘟疫而死，旱灾蝗灾交加，赤地千里，疲困乏力，实力不如中原一个郡，虽在万里之外，他们的生死，全在陛下手中。机不可失，福不再来，岂能固守文德，而荒废武事！今当任命大将，军临边塞，厚悬重赏，谕告高句丽、乌桓、鲜卑攻其东，征发河西四郡、天水、陇西羌、胡击其西，如此，北虏之灭，不过数年。臣恐陛下仁恩不忍，谋臣狐疑，令万世刻石之功不利于圣世！"

刘秀下诏回复说："《黄石公记》说：'柔能制刚，弱能制强。'舍近谋远者，劳而无功；舍远谋近者，逸而有终。所以说，务求扩张土地者，得到一片荒芜；务求扩大仁德者，实现天下富强。珍惜他已有的人，一生平安；贪图他人所有者，终将残破。残灭他人的战略，即使成功，也终将归于失败。孔子说：'吾恐季孙之忧，不在颛臾。'况且北狄尚强，而我们的屯田警备，所传闻之事，很多失实。如果真能殄灭大寇，就算消耗一半国力，我也愿意！但现在并不是这样的时机，不如让人民休养生息。"

【华杉讲透】

黄石公是秦朝时的道家，《黄石公记》就是他送给张良的那本书。

所引用孔子的话出自《论语》。季孙氏要攻伐颛臾。冉有和季路辅佐季孙氏，心里不踏实，去找老师请教。孔子说：

> 远人不服，则修文德以来之。既来之，则安之……吾恐季孙之忧，不在颛臾，而在萧墙之内也。

这也是"祸起萧墙"成语的由来。季孙氏后来果然被孔子言中，他的家臣阳虎叛乱，祸起萧墙。

臧宫、马武之论，说不要错过万世刻石之功。刻石记功，是秦始皇、汉武帝最喜欢干的事，立块石头在那里，刻上自己的功绩，满足自己的征服欲。但是，然后呢？战胜之后怎么办？有什么安排？能不能有效统治？能不能为万世开太平？

刘秀正式用诏书回答，这篇诏书，光耀史册，让他堪称仁君圣主，我们每个人都值得反复诵读他说的道理：

> 舍近谋远者，劳而无功；舍远谋近者，逸而有终。故曰：务广地者荒，务广德者强，有其有者安，贪人有者残。残灭之政，虽成必败！

每个人，都要怀有仁爱之心，多想想自己到底能为社会、为他人做点什么，不要成为自己征服欲的奴隶，一心只求刻石记功。就像我们做企业，个个都想"做大"，然后又有老师教训说，不要想着"做大"，要想着"做强"。但是，从来没人说要"做好"。你多想想你到底能把什么事情做好，做大做强的事，留给命运和运气吧。

5 刘秀问赵憙有什么长久之计。赵憙说，应该将所有封王的皇子，都遣送到他们的封国。这年冬天，刘秀开始命鲁王刘兴、齐王刘石各自到自己封国。

6 这一年，刘秀的舅舅寿张恭侯樊宏薨逝。樊宏为人谦柔谨慎，始终保持敬畏之心，每当朝会，一定早早先到，俯伏听命。所上的奏章都亲自书写，并将草稿毁掉。刘秀询问他事情，从不敢当众回答。宗族在他的感染教化下，没有一个犯法的。刘秀非常敬重他。等到临终病重，下令子孙将他薄葬，什么殉葬品都不用。他认为棺材下葬一年之后，就不宜再让子孙看见，因为如果有腐败，会让子孙看见伤心。所以又嘱咐后人，他和他的妻子虽然使用同一个坟墓，但是分开用两个墓穴。刘秀对他的遗嘱，十分欣赏，令百官传阅，说："如果不顺从寿张侯的心意，就不能彰显他的品德。我万岁之后，也将效仿他的做法。"

【胡三省曰】
夫妻合葬的习俗，生则同室，死则同穴。同坟异穴，从樊宏开始。

建武二十八年（壬子，公元52年）

1 春，正月己巳日（正月无此日）改封鲁王刘兴为北海王，鲁国并入东海国。刘秀因为东海王刘强去就有礼，所以优之以大封，食邑二十九个县，并赐以虎贲武士、旄头仪仗、钟磬乐器，比照天子。

【华杉讲透】
刘强皇太子位被废，能毫无怨言就位于藩王，并持藩臣之礼，所以刘秀说他去就有礼，内心对他无过被废也有愧疚，所以赐给天子仪仗。不过，我认为刘强不应该接受，天子之位都没了，要仪仗来干啥？一来没有什么用；二来父皇愿意给，未来的新君不一定愿意；三来让子孙们强化本来皇位应该归我们家的心态，也容易让他们骄纵不平，他们未必能做到去就有礼。

刘强早逝，继皇帝位的弟弟刘庄也是好人，所以刘强成为历史上少有的主动退居藩王而得善终的太子，但这真的是小概率事件。

2 夏，六月，沛国太后郭氏（刘强的母亲郭圣通）薨逝。

3 当初，马援哥哥的女婿王磐是平阿侯王仁（王凤第三弟王谭之子，是王莽家族成员）的儿子。王莽败亡后，王磐仗着财富，为游侠，闻名于江淮之间。后来又周游京师，结交贵戚。马援对姐姐的儿子曹训说："王氏，是已经被废的家族，王磐应该闭门自守保平安才对，却反而交游京师权贵，又意气用事，得罪那么多人，他必败无疑。"后来过了一年多，王磐犯罪被处死。他的儿子王肃继续出入王侯宅邸。当时新朝初创，禁忌还不多，诸王都在京师，相互攀比名誉，招揽游士宾客。马援对司马吕种说："建武之初，可以说是国家重建，自今往后，海内将越来越安定。以前的规矩，诸侯王不能交通宾客，现在皇子们都在青壮年，而老规矩还没立起来，如果皇子们个个都招贤纳士，恐怕要兴起大狱了，你一定要戒慎啊！"

这时，有人上书举报，说王肃等人被国家刑罚诛戮的家族，子弟却为诸王宾客，恐怕因事生乱。正好更始帝之子、寿光侯刘鲤得到沛王刘辅宠信支持，怨恨刘盆子杀死他的父亲，结交宾客，杀死了前式侯刘恭（刘盆子的哥哥）。刘秀怒，沛王被逮捕关进诏狱，关了三天才放出来。于是刘秀下诏，收捕诸王宾客，互相牵连，死者以千计，吕种也在其中，临刑前叹息说："马将军真是神人也！"

【华杉讲透】

马将军真是神人吗？他留下的神预言和神教诲太多了！但是他规劝别人时，洞若观火，对自己呢，却走向覆灭而浑然不觉。这一方面是知行合一之难，马援没有真正知行合一；另一方面，和马革裹尸一样，也是求名，他的家信能传到皇帝手里，又让群臣传阅学习，还有那么多他教诲这个、教诲那个的话，都是他希望写进史册的罢了。

4 秋，八月十九日，东海王刘强、沛王刘辅、楚王刘英、济南王刘康、淮阳王刘延各自前往自己封国。

5 刘秀大会群臣，问："谁可以做太子师父呢？"群臣揣摩皇上的意思，都说："太子舅舅、执金吾、原鹿侯阴识可以！"博士张佚正色说："如今陛下立太子，是为天下立呢，还是为阴氏立？如果是为阴氏，则阴侯可。如果是为天下，则当用天下之贤才。"刘秀称善，说："为太子设傅，是为了辅佐太子，如今博士您连我都可以归正，何况太子呢！"当即拜张佚为太子太傅，以博士桓荣为太子少傅，赐以车马。桓荣回去，大会他的全体门生，将车马、印绶陈列出来，说："我能有今日，都是因为学习古书，你们能不勉励自己，努力学习吗？"

6 北匈奴遣使进贡马匹及皮裘，又乞求和亲，并请求教授汉朝音乐，又要求率领西域诸国使节一同进贡。刘秀让三府（太尉、司徒、司空）商议如何酬答。司徒掾班彪说："臣听说，当初孝宣皇帝嘱咐边郡守尉说：'匈奴大国，多变诈，在交往中如果能把握住他们的实情，就能让他自己打消兴兵来犯的念头；反之，如果应对中掉入他们的圈套，那反而被他们轻视欺辱。'如今北单于见南单于来附，害怕我们对他不利，所以数次乞求和亲，远远地驱赶牛马要和汉朝通商贸易，派出身份贵重的大臣，多多地进贡，都是向我们展示他的富强，虚张声势而已。我看他们进贡的物品有多贵重，就知道他的国内有多虚弱；请求和亲的次数越多，内心的恐惧越大。不过，如今我们既然并未获得南匈奴多大的助益，也不宜与北匈奴绝交。要牵制他们，也不能不答礼。我认为，可以对北匈奴加以赏赐，财物就和他进贡的相当就行；回答他们的国书，言辞要恰当，我起草了一篇，陛下看看是否恰当。"

班彪起草的国书说：

"单于不忘旧恩，追念先祖旧约，欲修和亲，以辅身安国，计议甚高，朝廷深为嘉许！之前匈奴内乱，呼韩邪、郅支两位单于互相仇恨攻杀，蒙孝宣皇帝垂恩救护，所以都派遣儿子入朝为质，自称藩国，为汉朝保卫边塞。其后，郅支单于自绝于皇恩，而呼韩邪单于更加亲附，忠孝更加显著，所以汉朝诛灭郅支，让呼韩邪单于保国传嗣，子孙相继。

"如今南单于携众向南，到我边塞归附，自陈是呼韩邪单于嫡长子，按次序应该立为单于，却被侵夺失位，猜疑背离，于是数次向汉朝请求派兵遣将，要扫除北庭。其策谋纷纭，无所不至。但是，朝廷认为，这件事也不能偏听一方，况且北单于也连年进贡，欲修和亲，所以对南单于的要求，拒而未许，以成就北单于忠孝之义。

"汉朝秉持威信，总率万国，日月所照，皆为臣妾，对于风俗各不相同的百蛮各族，并无亲疏之别。顺服的就褒赏，叛逆的就诛罚，为善还是为恶的结局，在呼韩邪、郅支两位单于身上，至为明显！如今单于你要修和亲，你的诚意已经到位了，何必要率领西域诸国一起来进献呢？西域诸国是归属匈奴，还是归属汉朝，又有什么区别？单于数年兵乱，国内虚耗，贡物能表达礼节心意就可以了，何必献上马匹皮裘！现在，赐给单于绸缎五百匹，弓套箭匣一套，箭四支。对献上马匹的左骨都侯、右谷蠡王，赐给绸缎四百匹，斩马剑各一。单于之前说：'先帝时所赐呼韩邪单于的竽、瑟、箜篌都已损坏，希望再赐给一套。'朝廷考虑到单于国内尚未安定，正是厉兵秣马之时，以攻战为务，竽、瑟之类乐器，不如良弓、利剑有用，所以没有给你准备。真不是爱惜这些小物件，只是根据单于的实际需要来安排，现在，派翻译向你传达我的意见。"

刘秀全部采纳。

【华杉讲透】

班彪所写的国书，精彩至极，可谓上兵伐谋、折冲樽俎的千古雄文。上兵伐谋，是指不用动刀兵，直接伐掉他的念想计谋；折冲樽俎，是在酒杯交错之间，就退敌于千里之外。

宣帝教诲说，对匈奴"交接得其情，则却敌折冲；应对入其数，则反为轻欺"。班彪做到了，北匈奴要和亲，是为了对抗南匈奴，汉朝当然不能支持他。要乐器，那礼乐代表政权，代表正统，当然不能给。

至于率西域诸国一起来朝,那西域诸国还是他的属国,不是汉朝属国,是他率领着来,不是各国自己来,这是给他长脸,当然不能接受。并且说,西域诸国归匈奴还是归汉有何区别?表示我们不感兴趣。说你现在国内那么困难,干吗送马匹皮裘啊?表示我们知道你的窘迫。回礼也不多,和送来的相当,也不让你占便宜,拼命再送东西来。举例呼韩邪和郅支的不同结局,毫不客气地威胁他。这就是"交接得其情,则却敌折冲"。

反之,如果同意了和亲,或者送给他乐器,或者让他声势浩大地率领西域诸国来朝,那就是"应对入其数",掉进了他的圈套,"则反为轻欺",让他轻视欺负我们,而南单于也难受了。

建武二十九年(癸丑,公元53年)

1 春,二月初一,发生日食。

建武三十年(甲寅,公元54年)

1 春,二月,刘秀车驾东巡,群臣上言:"即位三十年,宜封禅泰山。"刘秀下诏说:"即位三十年,百姓怨气满腹,我要欺骗谁?欺骗上天吗?'曾谓泰山不如林放乎!'为什么要我玷污七十二代君王的光辉记录呢?如果远方郡县派来官吏祝寿,歌功颂德,我一定给他们处以髡刑,剃光头发,送去边疆屯田。"于是群臣不敢再说。

二月十三日,刘秀巡幸鲁县、济南。闰三月初三,返回洛阳。

【华杉讲透】

刘秀引用孔子的话"曾谓泰山不如林放乎",出自《论语》。

季氏旅于泰山,子谓冉有曰:"女弗能救与?"对曰:"不能。"子曰:"呜呼!曾谓泰山不如林放乎?"

季氏旅于泰山。旅,是祭告。季孙氏去祭泰山。

祭泰山,这是不得了的事。按规矩,天子祭天地,诸侯祭境内山川。要祭泰山,鲁国国君才有资格,而季氏是大夫,他去祭泰山,这就是僭越。泰山地位特殊,后世皇上如果没有安邦定国的盖世大功勋,都不敢去祭。所以季氏不仅僭越鲁君,甚至僭越周天子。

孔子就问冉有:"你不能劝阻他吗?"(冉有是孔子的弟子,也是季氏的家臣。)

冉有说:"他主意已定,我劝不了。"

孔子说:"天哪!难道泰山之神还不如林放吗?"

林放也是孔子弟子,曾经和孔子讨论礼之本,说过"不是你的神,你不要拜"。泰山是五岳之尊,你若是信泰山之神,必知他聪明正直,他必知道,你不该来,也不配来祭泰山。这道理林放都明白,泰山之神还不如林放吗?他能享用你的祭礼吗?他能护佑你吗?

刘秀的意思就是说,要祭泰山,我还不配。我来祭,就玷污了传说中之前祭过泰山的七十二位贤君圣主。

刘秀谦逊,毫不虚荣,也是体恤民众,因为要祭一次泰山,那花费不得了。

2 紫宫星座旁出现孛星。

3 夏,四月初九,改封左翊王刘焉为中山王。

4 五月,大水。

5 秋,七月丁酉日(七月无此日),还宫。

6 胶东刚侯贾复薨逝。贾复从军作战，从无败绩，数次与诸将突围救困，身上受伤十二处。刘秀认为贾复敢于深入，很少派他远征，又很器重欣赏他的勇敢，所以常把他带在身边，所以贾复很少有独当一面的功勋。诸将每次谈论各自的战功时，贾复都不说话。刘秀就替他说："贾君之功，我自知之。"

【华杉讲透】

"帝以复敢深入，希令远征。"贾复敢于深入，为什么反而不派他远征呢？因为他的风险偏好太高，不怕死，义无反顾在前面猛打猛冲，这样的性格就不适合做独当一面的大将，必须有一个人管住他。所以刘秀把他带在身边，既能让他保护刘秀，刘秀也能节制保护他。

建武三十一年（乙卯，公元55年）

1 夏，五月，发生水灾。

2 五月三十日，发生日食。

3 发生蝗灾。

4 京兆掾第五伦（复姓第五，名伦），掌管长安市场，公平廉洁，市无奸妄。每次阅读刘秀诏书，常叹息说："这真是圣主啊！如果能见他一次，就能决定大事！"同僚朋友嘲笑他说："你那一套，就是跟一个州将说，也不能说服他，还能说服皇上吗？"第五伦说："那是还没有遇到知己，道不同罢了。"后来，第五伦被推举为孝廉，任淮阳王医工长（掌医药）。

中元元年（丙辰，公元56年）

1 春，正月，淮阳王入朝，第五伦作为随从官属，得以参加会见。刘秀问以政事，第五伦一一应对，刘秀大悦。第二天，又特别召第五伦觐见，一直谈到黄昏时分。刘秀问第五伦说："听说你做官，曾经答打你的岳父。到自己堂兄家里，从不留下吃饭，有这回事吗？"第五伦说："臣曾经三次娶妻，她们的父亲都已经去世。我从小遭遇战乱饥饿，实在不敢随便留在别人家吃饭。众人都认为我愚蔽，所以有这些谣言罢了。"刘秀大笑，任命第五伦为扶夷县令。第五伦还走在就职路上，钦差又追上来，拜其为会稽太守。第五伦为政清廉惠民，百姓爱之。

2 刘秀读到《河图会昌符》说："赤刘之九，会命岱宗。"有些心动，于是下诏让虎贲中郎将梁松等人考证《河图洛书》中的谶文，查出上面说第九代应该封禅的有三十六处。于是张纯等人又奏请封禅，刘秀批准。下诏让有司考察元封年间汉武帝封禅的仪式礼节，说是要用"方石再累"（方形巨石叠垒起来）、"玉检"（帝王封禅告天用的文书，称为玉牒文，玉检是玉牒文的封箧）、"金泥"（以水银和金粉为泥，做封印之用）。刘秀认为石头太难找了，想用当初汉武帝使用过的石头，将玉牒置放其中就行了。梁松等人争论，认为不可。于是命石匠采取完整的青石，但不必去找那五彩的石头了。

正月二十八日，刘秀车驾东巡，二月初十，抵达鲁县。二月二十二日，早晨举行燎祭（把玉帛、牺牲放在柴堆上焚烧祭天），祭天于泰山下南方，群神配祀。使用的礼乐和南郊郊祀一样。燎祭完毕，早餐之后天子御辇登山。中午稍后，到山上，更衣。晡时（午后三点到五点），登上祭坛，面向北方，尚书令奉上玉牒检，天子用一寸二分的御玺亲自密封。之后，太常命骑士两千多人，抬起台上方石，尚书令将玉牒放在下面，再将巨石盖上。尚书令用五寸印章盖在石检上。事毕，天子再拜。群臣称万岁，再从原路下山。过了午夜，刘秀才抵达山下，百官走到第二天早上才全部下山。

二月二十五日，刘秀在梁阴祭地，以吕后配祭，山川群神从祭，跟元始年间北郊祭祀一样。

【华杉讲透】

刘秀仁爱谦逊，但是迷信谶言，大概和他认为自己就是因有谶言而得天下有关。所以最终还是因为《河图洛书》之类谶言，封禅泰山，不过，他也是尽量节俭地把封禅的任务完成了。

3 三月三十日，司空张纯薨逝。

4 夏，四月初五，刘秀车驾还宫。
四月十一日，赦天下，更改年号（改为中元元年）。

5 刘秀行幸长安，五月二十八日，回到洛阳。

6 六月二十四日，朝廷任命太仆冯鲂为司空。

7 六月二十八日，司徒冯勤薨逝。

8 京师醴泉（泉水的味道像薄酒的，叫醴泉水，又叫甘泉）涌出，又有赤草（一种红色瑞草，王者有盛德则此草生，为祥瑞之物，又名朱草、朱英）生于水边，群臣上奏说："祥瑞不断降临，应该让太史记录下来，以传来世。"刘秀没有采纳。刘秀自谦，说自己没有什么盛德，郡国汇报什么祥瑞上来，都坚称不敢当，所以史官这方面的记录很少。

9 秋，有三个郡国发生蝗灾。

10 冬，十月初六，朝廷任命司隶校尉、东莱人李䜣为司徒。

11 十月十九日，朝廷派司空告祭高庙，上薄太后（汉文帝生母）尊号为高皇后，配祀地神。将吕后牌位由祭庙迁到墓园，仍保留四时上祭的惯例。

12 十一月二十九日，发生日食。

13 这一年，兴建明堂（皇家大礼堂）、灵台（天文台）、辟雍（学校），将图谶预言宣告天下。

当初，刘秀认为自己是应验了《赤伏符》的预言而登上皇帝位，由此相信谶文，有疑难困惑，多以图谶决断。给事中桓谭上书进谏说："人之常情，疏忽于平常之事，而贵于奇谈异闻。但是，我们看看先王的记述，都是以仁义正道为本，没有什么奇怪虚诞之事。因为天、道、性、命，这些事圣人也很难说清楚，从子贡以来，就听不到圣人说这些事，更何况后世浅陋俗儒，岂能通晓呢？如今那些小聪明的法师之类，在图书上添枝加叶，妄称谶记，以欺惑贪邪，误导人主，难道不应该抑制远离他们吗？臣桓谭听说陛下拆穿那些方士的炼金骗术，甚为英明；却采纳所谓谶记预言，又是何等错误！那些预言之事，虽然有时候也能说中，但不过像卜卦的奇数偶数一样，都是偶然。陛下应该垂明听，发圣意，摒弃群小之歪理邪说，记述五经之正义。"

奏书递上去，刘秀不悦。后来，朝廷会议，讨论灵台选址，刘秀对桓谭说："我想以图谶来决定，如何？"桓谭默然，良久，说："臣不读谶书。"刘秀问他缘故。桓谭又极力陈说谶言的荒诞不经。刘秀大怒说："桓谭非议圣人，无法无天，拿下！斩首！"桓谭叩头流血，好长时间，刘秀才息怒，贬桓谭为六安郡郡丞。桓谭死在就任的路上。

【范晔曰】

桓谭因为反对谶文而被流放，死于道路。郑兴当初也是跟刘秀说他不懂谶言而惹恼刘秀，但他赶紧解释说自己不是反对谶言，而是不懂，得以免罪。贾逵呢，在汉明帝时期，以图谶证明刘氏为尧的后代，得以显贵。人主以这样的标准来对待学问，悲哀啊！

贾逵，是扶风人。

【华杉讲透】

桓谭引用了《论语》的典故：

> 子贡曰："夫子之文章，可得而闻也；夫子之言性与天道，不可得而闻也。"

所谓"子不语怪力乱神"，孔子不说这些事，因为孔子的态度，是"知之为知之，不知为不知，是知也"。没有实证的事，即便不否定它，也不讨论它。

儒家思想，就是日用常行，在应事、接物、待人中，格物、致知、诚意、正心、修身、齐家、治国、平天下。但是，"人情忽于见事而贵于异闻"，人之常情，平常事他看不见，也看不起。一听到奇谈怪论，他没听过的，就兴奋，就佩服，就上当，就受骗，觉得这个老师讲得好！有新东西！其他地方听不到！这个毛病，儒家叫"索隐行怪"，探求隐秘之事，推崇怪异之行。

这是人性的弱点，不光中国如此，全世界都一样，那么多关于世界末日的预言，不是一直都有市场吗？

14 南单于比逝世，弟左贤王莫即位，为丘浮尤鞮单于。刘秀派使者带着玺书，拜授玺绶，赐以衣冠及绸缎，以后这就成为惯例。

中元二年（丁巳，公元57年）

1 春，正月初八，在北郊建立祭坛，祭祀后土。

2 二月初五，刘秀在南宫前殿崩逝，享年六十二岁。刘秀每天早晨上朝，中午以后才下班，不断接见公、卿、郎、将，讲经论理，半夜才睡觉。皇太子见刘秀勤劳不怠，找机会劝谏说："陛下有禹汤之明，却没有黄老养性之福，希望陛下能颐养精神，悠游自宁。"刘秀说："我自己愿意这样，乐此不疲。"刘秀虽然以征伐成就建国大业，在天下既定之后，又屏退功臣，进用文吏，明慎政体，总揽朝纲，量时度力，不去做办不到的事，所以能让国家恢复元气，在其有生之年实现天下太平。

太尉赵憙主持国丧。当时经历王莽之乱，礼仪旧典都没有保存下来，皇太子与诸王都同起同坐，藩国官属随意出入宫禁，与朝廷百官没有区别。赵憙一脸严肃，横剑立于殿阶，将诸王扶到台阶之下，以明尊卑，又奏请派谒者将封国官属全部送到其他县里去，诸王也各自回到自己宅邸，只有早晚规定的时间能入宫哭灵，整顿礼仪，严格门卫，内外肃然。

3 太子即皇帝位，尊皇后为皇太后。

4 山阳王刘荆哭临不哀，反而写了一封匿名信，令他的奴仆诈称是大鸿胪郭况派他送信给东海王刘强，说他无罪被废，郭皇后被罢黜，劝令他东归以取天下，并且说："高祖起于亭长，陛下兴于白水乡，何况您本身高居王位，又是陛下长子，前任太子！当为秋霜，肃杀于物，莫为栏中之羊，受制于人。人主崩亡，街间小子都乘机起而为盗贼，何况您还是大王呢！"刘强接到书信，惊慌恐怖，当即将送信人捆了，封上书信，一起解送京师。汉明帝因为刘荆是他同母弟弟，秘而不宣，仅命刘荆出居河南宫。

5 三月初五，葬光武皇帝于原陵。

6 夏，四月二十四日，明帝下诏说："方今上无天子，下无方伯，就像渡河没有舟楫。我年纪尚小，思虑轻率，而负万乘之重，实在需要德高望重的长辈，给我帮助。高密侯邓禹，是元功之首；东平王刘苍，宽博有谋。现在，任命邓禹为太傅，刘苍为骠骑将军。"

刘苍恳切推辞，皇帝不许。又下诏让骠骑将军建立官属，编制四十人，位在三公之上。刘苍曾经举荐西曹掾（汉制，丞相、太尉属吏分曹治事，有西曹。吏员正者称掾，副者称属。初主领百官奏事，后改为主府内官吏署用）、齐国人吴良，皇帝说："荐贤助国，正是宰相职责。萧何举荐韩信，设坛拜将，并不需要考试，如今，就任命吴良为议郎。"

【华杉讲透】

刘苍是汉明帝的弟弟，明帝实际上给了他"副皇帝"的地位，他也善始善终，辅政作出贡献。刘秀一家，堪称帝王家族修身、齐家、治国、平天下的表率，也是中国民间价值观念——家和万事兴的体现。刘秀有仁爱自守之心，无虚荣征服之欲。阴丽华及其家族都谦逊退让。刘强被废，欣然就藩，不复怨望。刘庄对废太子也关爱有加。除了一个不懂事的二愣子刘荆，弥天大罪，也轻轻一笔带过。三千年帝王家，刘秀家族，算一个异数了。

7 当初，烧当羌部落酋长滇良击破先零，夺取了先零土地。滇良死后，儿子滇吾即位，部众日益强盛。秋，滇吾与弟弟滇岸率众入寇陇西，在允街打败太守刘盱，于是驻守边塞的羌族士兵全部叛变。皇帝下诏，派谒者张鸿领诸郡兵马征讨，战于允吾县，张鸿全军覆没。冬，十一月，派遣中郎将窦固、监督捕虏将军马武等两位将军，率军四万人出征。

8 这一年，南单于莫死，弟汗即位，为伊伐于虑鞮单于。

显宗孝明皇帝上

永平元年（戊午，公元58年）

1 春，正月，皇帝率领公卿以下在原陵朝会，就跟元会（皇帝于元旦朝会群臣）的礼仪一样。皇帝先在先帝神位前跪拜，然后退下，在东厢落座。侍卫官在神座后侍立，太官奉上食物，太常奏乐，各郡国上交计簿的官吏依次上前，面对先帝神位，汇报所在地粮价及民生疾苦。之后，这就成为每年惯例。

【华杉讲透】
孔子说孝，事死如事生，父亲死了，侍奉他就像他活着的时候一样。

2 夏，五月，高密元侯邓禹薨逝。

3 东海王刘强病，皇上遣使者、太医乘驿车前去给他看病，络绎不绝，又下诏让沛王刘辅、济南王刘康、淮阳王刘延到鲁县探视。刘强薨逝。临终前上书谢恩，说："我不幸短命，留下孤儿，又给皇太后、陛下添忧，真是既悲痛，又羞愧。我的儿子刘政，还是一个幼童，本当勉强继承我的爵位和封地，但这恐怕不是保全他的办法，我希望能把东海郡交还。如今天下刚刚经历大丧，希望陛下加倍留意供养皇太后，劝她进餐。臣刘强困劣，言不能尽意，在此一并向诸王致谢，想不到永远不能再相见了。"

皇帝览书悲恸，和太后一起，出城到津门亭，为刘强举哀，派大司空持节前往治丧，赠送以高规格的丧仪，又下诏让楚王刘英、赵王刘栩、北海王刘兴及京师亲戚都前往参加葬礼。皇帝追念刘强坚持谦恭节俭，不想要厚葬以违背他的遗愿，于是特别下诏说："殉葬之物，务从俭省，衣服足以遮蔽身体就行，其他茅车瓦器，都降低规格，以彰明大王卓尔独行之志。"将作大匠（职掌宫室、宗庙、陵寝及其他土木营建的官员）留下，为刘强兴建陵庙。

4 秋，七月，马武等人攻击烧当羌，大破之，余众都投降或奔散。

5 山阳王刘荆私自聘请星象家，与之谋议，希望天下有变。皇帝听闻后，将刘荆改封广陵王，遣送他到广陵。

6 辽东太守祭肜派偏何征讨赤山乌桓部落，大破之，斩其魁帅。塞外震恐，西至武威，东至玄菟，皆来归附，野无风尘，于是全部撤销沿边屯兵。

7 东平王刘苍认为，中兴三十余年，四方无事，宜修礼乐，于是与公卿一起，制定南北郊祀的冠冕、车服制度，以及光武庙登歌（祭典时，乐师登堂所奏的歌）、八佾编舞（天子歌舞八佾，方块队形，八八六十四人），上奏皇上。

8 好畤愍侯耿弇薨逝。

永平二年（己未，公元59年）

1 春，正月十九日，在明堂祭祀光武帝，皇帝和公卿列侯，第一次身穿正式礼服冠冕，佩戴玉佩出席，礼毕，登上灵台，观察天象。赦天下。

2 三月，皇上行幸辟雍（国立大学），第一次举行大射礼（射箭比赛）。

冬，十月初五，皇上再次行幸辟雍，第一次举行养老礼，以李躬为三老，桓荣为五更（选择年老退休的官员，天子以父兄养之，示天下以孝悌也。三老五更，指老人更知三德五事，三德是正直、刚毅、柔和；五事是貌、言、视、听、思）。三老身穿麻布大袍，戴着进贤冠，手扶玉杖。五更穿着也一样，只是不扶手杖。皇上乘舆抵达辟雍礼殿，御坐东厢，派使者以安车迎三老、五更于太学讲堂，天子在门口迎接，相互行礼，天子在前引导，三老从宾阶（主人在阶梯东侧迎接，客人走西侧，西侧为宾阶）上堂。三老到了阶梯前，皇上作揖行礼。三老登上阶梯，面向东方，三公摆设几案，九卿将鞋子摆正，天子亲自挽起袖子，分割祭肉，连同蘸酱，一起送到三老跟前，又举杯敬酒，祝鲠在前，祝饐在后（帝王敬老、养老的表示，请年老致仕者饮酒吃饭，设置专人祷祝他们不哽不噎，同"祝哽祝噎"）。五更则面朝东方，由三公负责进贡，礼仪和侍奉三老一样。

礼毕，引导桓荣及其弟子升堂，皇上亲自讲说，诸儒手持儒经，在前提问。从讲堂内到门外，以及环绕辟雍水系桥上和园门外的观礼者，冠盖云集，数以万计。于是下诏，封桓荣为关内侯。三老、五更，都以二千石俸禄赡养终身。又赏赐天下三老（各乡村教育官）每人酒一石，肉四十斤。

皇上在做太子时，就跟从桓荣学习《尚书》，即皇帝位之后，仍然尊桓荣以师礼。曾经行幸太常府，令桓荣面东而坐，设几杖，大会百官及桓荣门生数百人。皇上亲自拿着儒经，诸生中有人向皇上提问，皇上就谦逊地说："太师在此，哪里轮得到我讲？"会后，将太官所供应的器具全部赐给太常家。桓荣每次生病，皇上都派使者探问，太官、太医来来往往，相望于道路。桓荣病重，上书谢恩，让还封爵封土。皇帝行幸其家，问候起居，到了他家所住的那条街，下车，拿着儒经步行，抚摸着桓荣，流下眼泪，又赐给床褥、帷帐、刀剑、衣被，待了好久才离去。从此，诸侯王、将军、大夫前往探病的，没有一个人敢乘车到门口，全都步行到床榻前拜见。桓荣死后，皇帝亲自改穿丧服，临丧送葬，在首山之南赐给墓地。儿子桓郁为继承人，桓郁要让给哥哥的儿子桓汎，皇帝不许。桓郁这才受封，但是，把封地租赋收入，全部给桓汎。皇帝任命桓郁为侍中。

3 皇上因为中山王刘焉是郭太后的小儿子，太后尤其喜爱他，所以留他在京师，这一年，才送他和其他诸王一样，到自己藩国。并赐给虎贲武士、护驾骑兵，恩宠尤厚，并且特许他往来京师。皇帝对待阴太后和郭太后所生的儿子，都一视同仁，诸王经常得到赏赐，恩宠优渥。

4 十月十七日，皇上行幸长安。十一月初七，派使者以中牢祭祀萧何、霍光。皇帝每次经过他们的墓园，都在车上俯身致敬。
皇上进幸河东，十一月二十六日，返回洛阳宫中。

5 十二月，护羌校尉窦林被控欺罔及贪赃枉法，下狱死。窦林是窦融堂兄的儿子。当时，窦氏一门有一公、两侯，娶了三个公主，并有四个二千石级别官员，从祖辈到孙辈，官府宅邸相望于京师，在皇亲国戚和功臣中，都没人比得了。等到窦林被诛，皇上数次下诏切责窦融，窦融惶恐，请求退休，皇上下诏，命他回家养病。

6 这一年，首次举行"五郊迎气"大典。（立春之日，迎春于东郊，祭祀青帝、句芒；立夏之日，迎夏于南郊，祭祀赤帝、祝融；立秋之前十八天，迎黄灵于中兆，祭祀黄帝、后土；立秋之日，迎秋于西郊，祭祀白帝、蓐收；立冬之日，迎冬于北郊，祭祀黑帝、玄冥。）

7 新阳侯阴就的儿子阴丰娶了郦邑公主（刘秀的女儿），公主骄纵嫉妒，阴丰杀了她，阴丰被诛，阴就夫妇二人也自杀。

8 南匈奴单于汗死，单于比之子适即位，为䤈僮尸逐侯鞮单于。

永平三年（庚申，公元60年）

1 春，二月初九，太尉赵憙、司徒李䜣被免职。二月十一日，皇上任命左冯翊郭丹为司徒，十四日，任命南阳太守虞延为太尉。

2 二月十九日，立贵人马氏为皇后，皇子刘炟为太子。

皇后是马援之女，光武帝时选入太子宫，能奉承阴太后，和同辈相处和睦，礼数周到，上上下下都喜欢她，所以得到宠幸，到刘庄即位，为贵人。当时，马贵人的异母姐姐的女儿，也被选入太子宫，生下皇子刘炟。刘庄因为皇后无子，下令将刘炟交给皇后抚养，说："人未必自己一定会生儿子，只要爱护养育到位就可以了。"皇后于是尽心抚育，辛劳憔悴，付出还超过对自己亲生的。太子也孝性淳笃，母子慈爱，没有丝毫嫌隙。皇后因为皇子不多，把身边女子都推荐给皇上，唯恐不够。后宫有得到皇上临幸的，她就接见慰问，如果有人被皇上数次召宠，她就加以隆重的礼遇。

到了有司奏立皇后，皇帝还没说话，皇太后就说："马贵人德冠后宫，就是她了！"马皇后于是正位宫闱，而愈加谦逊肃静，好读书，时常穿着宽大的丝绸衣服，裙子也不加边。每月初一、十五，诸姬妾、公主朝请觐见的时候，看见皇后袍衣粗疏，以为是特制有皱纹丝绸，走近一看，都笑。皇后说："这种丝料特别适合染色，所以用它罢了。"群臣奏事，有难以决定的，皇帝数次用来试探皇后的才智，皇后则分解分析，无不合情合理，但是，从来不为自己家族干预政事。皇帝由此对她更加宠敬，自始至终都没有改变。

3 皇帝思念中兴功臣，于是图画二十八将于南宫云台，以邓禹为首，其下依次是马成、吴汉、王梁、贾复、陈俊、耿弇、杜茂、寇恂、傅俊、岑彭、坚镡、冯异、王霸、朱祐、任光、祭遵、李忠、景丹、万脩、盖延、邳彤、铫期、刘植、耿纯、臧宫、马武、刘隆，又加上王常、李通、窦融、卓茂，一共三十二人。马援因为是皇后之父，唯独他不在这些人里面。

4 夏，四月十七日，封皇子刘建为千乘王，刘羡为广平王。

5 六月二十四日，天船星北出现孛星。

6 皇帝大兴土木，修建北宫。当时天旱，尚书仆射、会稽人钟离意，前往宫门，脱下帽子，上书说："当年成汤遭旱，以六件事自责说：'是施政不恰当吗？是役使人民太过吗？是宫室营建太多吗？是女宠、宦官干预政事吗？是贿赂盛行吗？是进谗言的小人太多吗？'我看见北宫大兴土木，而人民失去农时。自古不担心宫室狭小，只患人民不得安宁，希望立即停止，以应天心！"皇帝下诏回复说："成汤所说的六件事，罪都在一个人。你赶紧戴回帽子穿上鞋，不用谢罪！"又下令将作大匠停止建筑工程，并减少其他不必要的开支。下诏给公卿百僚，承认自己错误。上天应时降雨。

钟离意举荐全椒县令刘平，皇上下诏，拜刘平为议郎。刘平在全椒，政有恩惠，人民有的增报财产，就为了多交赋税；或者少报年龄，希望为官府差役。刺史、太守下来巡查，发现监狱里空空的都没有囚犯，人人自得其所。刺史、太守无事可问，只好宣读诏书而去。

皇帝的性格，喜欢听人打小报告，以耳目洞察别人的隐私为明察秋毫。公卿大臣们多次被诋毁，近臣尚书以下甚至被他殴打。经常因事迁怒于郎官药崧，用手杖来撞击他。有一次，药崧被打得躲到床下。皇帝暴怒，大声呵斥："你给我出来！"药崧在床底下说："天子穆穆，诸侯皇皇，未闻人君，自起撞郎。"皇帝才赦免他。（药崧引用《礼记》的话，穆穆、皇皇，都是容貌进退美盛之状，哪有皇帝殴打郎官的呢？毫无体统。）

当时朝中大臣无不惊惧，争相比赛苛刻，以躲避诛责，唯独钟离意敢于谏争，数次将皇上诏书封还，拒不受诏。其他大臣有过失，他就出手解救。赶上接连有天变，就上书说："陛下敬畏鬼神，忧虑体恤百姓，但是天气未能和顺，寒暑反常，究其原因，在于群臣不能宣化朝廷的恩德，不能坚守自己的职责，而以苛刻为风气，百官之间没有相亲之心，官吏百姓之间没有祥和之风，以至于冲撞天地和气，以致天灾。百姓可以德胜，难以力服。《诗经·鹿鸣》总是讴歌宴乐之事，就是认为人神之心和洽，则天气和顺。希望陛下垂圣听，缓刑罚，顺时气以调阴阳。"皇帝虽然不能采纳他的建议，但是知道他一片至诚，所以始终对他加以厚爱。

【王夫之曰】

明帝英敏有余，而底蕴不足。

【张居正曰】

自古君德，贵在明，不在察。明，如日月在天，普照万物；察，如持着火把照物，费了很多力气，却始终有照不到的阴影。但是人主自恃聪明，必流于察。人主喜欢苛察，则必然急切。上面的人越急切，下面的人就越欺骗。人人不知所措，就上下相互欺骗蒙蔽。又或者乐于宽大之名，悠游姑息，以至于长恶容奸，废时失事，那也不是明。古话说："宽猛相济，政是以和。"只有真正的明君，才能掌握这个尺度。

7 秋，八月二十五日，皇帝下诏将太乐官名改为太予，这是根据谶文改的。

【胡三省曰】

《尚书·璇玑钤》上说："有帝汉出，德洽作乐，名予。"

8 八月二十九日，发生日食。

皇帝下诏说："当年楚庄王的时候，没有天灾，以至于他感到戒慎恐惧。鲁哀公的时候，政治上祸事连连，天象却没有降下任何变异谴责。如今我们遭遇天变，这表示我们还有救。请有司反思自己什么地方失职,并且匡正我无德之处。"

【胡三省曰】

《说苑》记载:楚庄王见天不见妖,地不出孽,焦虑说:"天把我忘了吗?"如此希望得到上天警戒的人,必定不会拒绝臣下的劝谏啊!

鲁哀公的时候,政治混乱,但是一次日食都没有发生,这看来是上天都觉得他无可救药,谴责他也没什么用,放弃他了。

9 冬,十月二十二日,车驾从皇太后行幸章陵县(光武建武六年,即公元30年,将舂陵乡改为章陵县)。荆州刺史郭贺,有特别优异的政绩。皇上赐给他三公的服装,黼黻(绣有华美花纹的礼服)、冕旒(有垂缨的冠帽),又让他撤去座车前的帘帐,让百姓能看到他的面容和尊贵服饰,以彰显他的品德。

十月二十六日,皇帝从章陵返回洛阳。

10 这一年,京师及七个郡国发生洪灾。

11 莎车王贤,以兵威逼夺于阗、大宛、妫塞三个王国,并派大将镇守。于阗人杀死了他的将领君德,拥立本族休莫霸为王。贤率诸国兵数万攻击,被休莫霸打得大败,脱身逃回。休莫霸进兵包围莎车,被流箭射死。于阗人又立他哥哥的儿子广德为王,广德派他的弟弟仁攻打贤。广德的父亲之前被拘押在莎车,贤于是归还他的父亲,又把女儿嫁给他,与他和亲。

卷第四十五 汉纪三十七

（公元61年—公元75年，共15年）

主要历史事件

梁松被控怨恨朝廷，下狱死 077

楚王刘英信佛，佛教开始在中原传播 082

广陵王刘荆意图弑君被诛 084

刘英被举报谋反，牵扯千人冤狱 088

寒朗冒死向皇帝陈述冤狱情况 090

窦固、耿忠率兵讨伐北匈奴 093

班超出使西域 093

汉明帝崩，太子刘炟即位，是为汉章帝 098

焉耆、龟兹联军进攻，车师叛变 100

主要学习点

坚持原则方能我心光明 078

不要试图解决所有问题 081

遵循"不市恩"的原则 101

显宗孝明皇帝下

永平四年（辛酉，公元61年）

1 春，皇帝出宫，视察洛阳城市建设情况，随后想到河内郡打猎。东平王刘苍上书进谏，皇帝看了奏书，即刻还宫。

2 秋，九月十二日，千乘哀王刘建薨逝，没有儿子，封国撤除。

3 冬，十月十九日，司徒郭丹、司空冯鲂被免职。任命河南尹、沛国人范迁为司徒，太仆伏恭为司空。伏恭，是伏湛兄长的儿子。

4 陵乡侯梁松被控怨恨朝廷，并写匿名信诽谤，下狱死。

当初，皇帝做太子的时候，太中大夫郑兴的儿子郑众以通晓儒经闻名，太子及山阳王刘荆通过梁松送绸缎给他，邀请他。郑众说："太子是储君，不可私自跟臣下结交。汉朝过去就有严格的规定，藩王不得私自招揽宾客。"梁松说:"大人物的心意,不可违逆。"郑众说:"犯禁触罪,不如守正而死。"于是拒绝前往。等到梁松倒台,宾客们大多被牵连获罪,唯有郑众,没有一个人的口供涉及他。

【华杉讲透】

"犯禁触罪,不如守正而死。"郑众这句话,学者当仔细体味,知行合一。人们时常不能坚持原则,都说:"没办法呀!"所谓"没办法",无非是自己趋利避害,或贪图那利益,或躲避那害处。但是,是福是祸,你其实都躲不过,不归你控制。唯有坚持原则,只凭着是非原则行事,方能我心光明,勇往直前。倘若坚持原则也没有好结果,那也坦然接受,子曰:"求仁得仁,又何怨?"郑众并非预见到要出事,他只是坚持原则而已。

什么叫正义?就是守正行义。守正,是坚守正道;行义,义者,宜也,该怎么办就怎么办,这就洒脱了。

5 于阗王广德率诸国兵三万人攻打莎车,设计诱杀了莎车王贤,吞并了莎车国。匈奴发诸国兵包围于阗,广德请降。匈奴立贤之前在匈奴做人质的儿子不居徵为莎车王,广德又将他攻杀,改立其弟齐黎为莎车王。

6 东平王刘苍,以皇上至亲兄弟的身份辅政,声望日隆,心中不能自安,数次上书说:"自从汉兴以来,宗室子弟没有身居公卿之位的,我请求交回骠骑将军印绶,退居藩国。"奏书言辞甚为恳切。皇帝于是允许刘苍归国,但不接受他交还骠骑将军印绶。

永平五年(壬戌,公元62年)

1 春,二月,刘苍去职回到自己藩国。皇帝任命骠骑将军长史为东平太傅,掾为中大夫,令史为王府郎官,加赐东平王钱五千万,布十万匹。

2 冬，十月，皇上行幸邺县。当月还宫。

3 十一月，北匈奴侵犯五原；十二月，侵犯云中。南匈奴单于将之击退。

4 这一年，遣返在内地的边民，每人赐给治装费用两万钱。

5 安丰侯窦融年老，子孙放纵荒诞，多行不法之事。长子窦穆娶了内黄公主，矫称阴太后诏，命六安侯刘盱休掉发妻，把自己的女儿嫁给他。刘盱妻子家上书告状，皇帝大怒，将窦穆等全部免官，窦氏家族为官者，全部带家属遣返故乡，只留窦融一个人在京师。窦融紧接着就去世了。后来又过了几年，窦穆等又获罪，与儿子窦勋、窦宣等都被下狱处死。很久之后，皇帝才下诏允许窦融夫人和小孙子还居洛阳。

永平六年（癸亥，公元63年）

1 春，二月，在王雒山挖出了宝鼎，地方进献上来。夏，四月初七，皇帝下诏说："祥瑞降临，是有事相应，如今政治乖张，有什么应得上的呢？《易经》说，鼎象征着三公，估计是因为公卿们奉职得理吧！现在，赏赐给三公绸缎各五十匹，九卿及二千石以上官员每人二十五匹。先帝曾经下诏，禁止上书者称皇上为'圣'，而如今奏章中虚浮之辞甚多，从今天开始，再有对我过分称颂和虚浮称誉的，尚书应该拒绝接收，以示我不愿被谄媚之人欺骗嘲弄！"

2 冬，十月，皇上行幸鲁县。十二月，回程中行幸阳城。十二月二十九日，车驾还宫。

3 这一年，南匈奴单于适去世，单于莫之子苏即位，即丘除车林鞮单于。数月之后，苏也去世，单于适的弟弟长即位，即湖邪尸逐侯鞮单于。

永平七年（甲子，公元64年）

1 春，正月二十日，皇太后阴丽华薨逝。二月初八，安葬，谥号光烈皇后。

2 北匈奴仍然强盛，数次侵犯边境，又遣使请求恢复边境市场贸易。皇上希望通过通商手段，减轻边境冲突，于是同意。

3 任命东海国国相宗均为尚书令。当初，宗均任九江太守，每五天才处理一次政事，其他一律交给属下掾、史处理，也从不派督邮下县乡督察，属县平安无事，百姓安居乐业。

九江之前多有虎豹出没，官府常常招募猎人，设置捕兽陷阱栅栏，但是猛虎仍然造成很多伤害。宗均下令下属各县说："江淮之间有猛兽，就像北方有鸡有猪一样，而如今猛兽成为人民的祸害，咎在官吏的残酷，让人民劳苦辛勤，张网抓捕，不是忧心体恤人民之本。官府只管黜退奸邪贪官，进用忠心良善，应除去所有捕兽的栅栏陷阱，削减田赋捐税。"自此之后，九江再也没有虎患了。

皇帝听到宗均的名声，所以委托他以枢机之任。宗均对人说："国家喜欢法规、廉吏，以为这样能够制止奸邪。但是，文史喜欢欺瞒，而廉吏只关心突显自己的清廉，不能阻止百姓流亡，盗贼为害。我将向皇上叩头力争，虽然一时不能改变现状，等时间长了，自己受了苦，我说的话才能被接受。"

宗均还没来得及进言，又被擢升为司隶校尉。不过后来皇帝听到了他这番言论，表示赞许。

【华杉讲透】

宗均"闭督邮府内",把督邮留在郡府,不放他们出去。督邮是什么官呢?督邮是郡的属吏,代表太守督察县乡,宣达教令,兼司狱讼捕亡。《三国演义》里张飞怒鞭督邮,打的就是这个官。督邮的职责是下县乡督察,宗均却不许他们下去,怕他们侵扰属县,反而生事。

宗均的智慧,懂得要与问题共存,带着问题前进,不要试图解决所有问题,因为,你解决问题的举措,可能会制造出更大更严重的问题。比如那县府里的官员可能有点小问题,而督邮的职责就是查他的问题,督邮可能以权谋私,公报私仇,也可能为了做出"成绩",拿着显微镜找问题,搞得基层官员鸡犬不宁,或者无心办事。你不信任基层官员,又如何能信任督邮呢?都是问题。

虎豹之患,由朝廷去抓捕,抓捕就要兴差役,就要有费用,就有奸吏耍滑弄奸的空间,最后的结果就是"苛政猛于虎"。这事朝廷可以不管,那虎患的地方,当地人民也不是小孩,他们自己知道想办法。朝廷不管,就没人汇报虎患了。

汉明帝听到宗均的话表示赞赏,赞赏也只是赞赏而已,他并不能知行合一,不会按宗均的意见做。每个人都有自己的性格,宗均的做法他也学不会。

有的领导宽,有的领导猛,人人都懂得要宽猛相济,但是很难有人能做到。历史选择的结果,往往是宽猛交替,一个宽厚的领导去职,就会换上来一个严猛的,下次再交替,因为下一任总是看到上一任的问题,就会矫枉必过正,这也算一个历史规律。

永平八年(乙丑,公元65年)

1 春,正月初二,司徒范迁薨逝。

2 三月辛卯日(三月无此日),任命太尉虞延为司徒,卫尉赵憙代理太尉职务。

3 越骑司马郑众出使北匈奴，北匈奴单于想下令郑众跪拜，郑众坚决不屈。单于将他的帐篷包围，不给水，不给生火。郑众拔刀立誓，宁死不跪。单于害怕了，不再强求，于是派使节跟着郑众回到京师洛阳。

当初，大司农耿国上言："应该派度辽将军屯驻五原，以防南匈奴逃亡。"朝廷没有采纳他的意见。南匈奴须卜骨都侯等知道汉朝与北匈奴交换使节，内怀怨愤，想要叛变，秘密派人到北匈奴，要求派兵来迎接他们。郑众出塞，感觉有异，于是派人严密侦察，果然抓到了须卜的使者。于是上书建议："应该重新设置大将，以防南北匈奴交通往来。"由此设置度辽营，以中郎将吴棠代理度辽将军。率领驻扎在黎阳的虎牙营，屯驻五原郡曼柏县。

4 秋，十四个郡国发生洪灾。

5 冬，十月，北宫落成。（之前有记载皇帝兴建北宫，钟离意上书谏止，皇帝纳谏停工。这年突然又完工了。看来是纳谏时记入史册，重新开工时没记。就像历史上经常有减税记录，然后又减税，一看减完之后比以前还高，那是因为中间加税的时候没有记录。）

6 十月初四，招募死囚犯到度辽营，有逃亡中的罪犯，愿意到度辽营当兵的，依照时间长短，减轻或赦免原来的罪行。

楚王刘英奉送黄色、白色的细绢给他的封国宰相，说："托身于藩国，累积了太多过错恶行，为了感激大恩，奉送丝绸绢帛，赎我的罪。"国相报告到朝廷。皇上下诏回复说："楚王诵读黄、老之言，崇尚佛家的仁慈，洁身斋戒三月，向神立誓，有什么嫌疑需要悔过自责呢？把丝绸绢帛还给他，帮他为受戒及出家的人摆设招待的盛宴！"

当初，皇帝听说西域有神，名字叫佛，就遣使到天竺求道，得到佛经和沙门一起返回中原。佛教的经书，大抵以虚无为宗旨，崇尚仁慈，不杀生。认为人死之后，精神不灭，可以投胎转世，再来人间。生前的行为善恶，都有报应，所以，贵在修炼精神，以至成佛。佛家善讲宏阔盛大之言，以劝诱愚昧的俗人。精于佛教者，被称为沙门。于是佛教开始在中原传播，画出佛像，而王公贵人之中，楚王刘英最先信佛。

7 十月三十日，日全食。皇上下诏让各部门勤修职事，直言无讳。于是在职官员都呈上亲启密奏，各言政事得失。皇上览奏，深为自责，把大家呈上来的奏章展示给百官传阅，下诏说："群臣所言，都是我的过错。民间的冤狱得不到平反，狡猾的官吏得不到禁止，又轻率地使用民力，修建宫殿，出入无节，喜怒无常。看到自己过去的过失，悚然惊惧，只是恐怕我的德薄，时间一长，又懈怠了。"

【华杉讲透】

汉明帝此言，算是相当恳切了。钟离意谏止他修建北宫的时候，他纳谏停工。后来还是想要那新宫殿，又开工了。现在看到日全食，认识到自己的错误。再想想自己以后呢？能不能不犯错呢？对自己也没信心。这就像我们普通人，小时候每周五都要下决心：下周一开始刻苦学习！到下周一呢，又贪玩了。次数多了之后，再立志时自己都不信。

8 北匈奴虽然遣使入贡，但仍然不停地侵犯抢掠。边境城市，白天都紧闭城门。皇上廷议要派使臣到北匈奴报聘，郑众上书进谏说："臣听说，北单于之所以要求我国派出使节，是为了离间南单于部众，坚定西域三十六国归附北匈奴的信心，又夸耀汉朝和他和亲，让西域想要归化中原的人狐疑不定，让怀念中原的人绝望。汉使一到，他们就傲慢狂妄。如果我们再次向他们派出使节，他们必定认为我们落入了他们的圈套，如此，南单于王庭动摇，而乌桓也生离心。南单于久居汉地，了解国内形势，如果他分崩离析，马上就会成为我们边境的一大祸害。如今，幸有度辽营扬威北陲，就是我们不给他派出使节，他也不敢怎么样。"

皇帝不听，直接就派郑众出使。

郑众又上书说："臣之前奉使，拒绝向单于下拜。单于愤怒怨恨，派兵包围臣。如今又派我去，一定被他折辱欺凌。臣不忍心持着大汉符节，对着皮裘毛毡跪拜。如果匈奴将臣制伏，将有损大汉国威。"

皇帝不听。郑众不得已，起行，在路上还不断接连上书固争。皇帝下诏斥责郑众，将他追回，逮捕关押在廷尉监狱，正赶上大赦，释放回家。其后皇帝接见从北匈奴来的人，听说了当初郑众和北单于争礼的情况，于是又重新征召郑众，任命他为军司马。

永平九年（丙寅，公元66年）

1 夏，四月甲辰日（四月无此日），皇帝下诏：司隶校尉、部刺史，每年就县令以上官员，任职三年以上，考绩优异的，每州推荐一人，和上交计簿的人一起进京觐见。考绩最劣等的，也要上报让皇帝知道。

2 这一年，是"大有年"（大丰收）。

3 赐皇子刘恭称号为灵寿王，刘党称号为重熹王，但是没有封国。

4 皇帝崇尚儒学，从皇太子、诸王侯到大臣子弟、功臣子孙，无不学习儒经。又为外戚樊氏、郭氏、阴氏、马氏诸子弟立学于南宫，号称"四姓小侯"。设置五经教师，搜选学问最高的老师来教授。期门、羽林武士，也要求通晓《孝经》章句。匈奴也派子弟来入学。

5 广陵王刘荆对来看相的术士说："我相貌长得像先帝，先帝三十岁得天下，我今年也三十岁，可以起兵了吧？"看相的赶紧跑到官府举报。刘荆惶恐，把自己捆了，前去投案。皇帝加恩，不予追查，只是下诏令刘荆不得有臣属吏民，封国租税还是归他享用。命封国国相及中尉谨慎宿卫。

刘荆又指使巫师祭祀，诅咒。皇上下诏，让长水校尉樊鯈负责查办。樊鯈将事情调查清楚后，奏请皇上判死刑。皇帝怒道："你们认为他只是我的弟弟，就判死刑。如果他是我儿子，你们敢判他死刑吗？"樊鯈说："天下，是高帝的天下，不是陛下的天下。《春秋》之义，不得有弑君之事，如果有弑君之谋，就必须诛杀。臣等因为刘荆为陛下同母弟弟，陛下有恻隐之心，所以向陛下请示。如果是陛下儿子，臣等不必请示，直接诛杀了。"

皇帝叹息，认为樊鯈说得对。樊鯈，是樊宏的儿子。

永平十年（丁卯，公元67年）

1 春，二月，广陵思王刘荆自杀，封国撤销。

2 夏，四月二十四日，赦天下。

3 闰十月初三，皇上行幸南阳，召集地方学校学生，一起演奏雅乐。演奏《诗经·鹿鸣》时，皇帝亲自吹奏埙（陶制吹奏乐器）和篪（竹制乐器，类似笛，有八个孔），以娱嘉宾。回程行幸南顿。冬，十二月初四，还宫。

4 当初，陵阳侯丁綝去世，儿子丁鸿应当继承。丁鸿上书称病，把封国让给弟弟丁盛。朝廷不予理会。父亲下葬后，丁鸿将丧服挂在守墓的小屋里，自己逃去。他的朋友、九江人鲍骏在东海郡遇到他，责备他说："你是学伯夷和吴季扎让国吗？他们当年，是身处乱世，权宜之行，所以能够伸张自己的志向。《春秋》之义，不以家事废王事，如今你因为兄弟之间的私恩，而断绝了父亲奠定的基业，这样做，可以吗？"丁鸿感悟垂涕，于是回到自己的封国。鲍骏就此上书举荐丁鸿通晓儒经，行为高洁，皇上征召丁鸿为侍中。

【华杉讲透】

丁鸿此举，或者说是读书读坏了脑子，又或者说是求名而忘记了大义。丁鸿想效仿伯夷和吴季扎，而他的情况和伯夷、吴季扎完全不同。伯夷是商朝末期孤竹国王的长子，他知道他的父亲想把王位传给三弟，所以主动逃走避让。吴季扎的情况则相反，吴季扎是春秋时吴国公子，他排行第四，父王希望传位给他，而他认为理应长子继承，不愿坏了规矩，所以拒绝。

鲍骏说，伯夷和吴季扎都是乱世权宜之计，所谓乱世，就是当时诸侯国在继承问题上完全可以自主，不用听朝廷的。而对于丁鸿来说，他继承还是不继承，自己根本无权决定。上书朝廷，朝廷没有批复，他跑掉了也没用。他不继承，朝廷可能就把他家封国给撤除了，也不一定给他弟弟。所以鲍骏说他将要断绝父亲的基业。

丁鸿要照顾弟弟，非常简单，自己继承侯爵爵位，把封国租税收入全部给弟弟，这就没问题了，而且有先例。他放着简单的不做，偏要去做那难的，那正是"舍其易者而不行，究其难者以求名"。

永平十一年（戊辰，公元68年）

1 春，正月，东平王刘苍与诸王都来朝见，待了一个多月才回自己的封国。皇帝送别之后，回到宫中，凄然怀思，于是亲笔手诏，派使者送给东平国中傅，诏书说："辞别之后，独坐不乐。乘车而归，扶着车前横木，感伤吟哦，瞻望永怀，实劳我心。诵及《诗经·采菽》篇章，以增叹息。日前我问东平王：'处家何等最乐？'王言：'为善最乐。'其言甚大，简直超过了他的腰围（刘苍心广体胖，腰围巨大），现在，送上列侯印十九枚，诸王子年五岁以上，能进趋跪拜的，都让他们带上。"

永平十二年（己巳，公元69年）

1 春，哀牢王柳貌率领他的民众五万余户归附汉朝，以其地设置哀牢、博南二县，开始修建道路，打通博南山，横跨澜沧江。行人看见工程艰苦，作歌说："汉德广大，开辟荒蛮。修桥横跨澜沧，只为他人作嫁。"

2 当初平帝时，黄河、汴河先后决堤，久而不修。建武十年，光武帝准备动工，浚仪县令乐俊上书说，人民刚刚遭遇兵革之灾，不宜再兴徭役，于是停止。其后汴河泛滥区向东扩展，兖州、豫州百姓怨叹，认为官府其他徭役很多，却不能急人民所急。正好有人举荐乐浪人王景能治水。夏，四月，皇上下诏，征发士卒数十万，派王景与将作谒者王吴负责修建汴河河堤，从荥阳东至千乘入海口，绵延一千余里。每隔十里，设置一个水门，使之能互相调节，不再有溃漏之患。王景虽然努力减省役费，但费用还是以百亿计。

3 秋，七月二十四日，司空伏恭被罢免。乙未日（七月无此日），任命大司农牟融为司空。

4 这一时期，天下安平，人无徭役，连年丰收，百姓殷富，粟米每斛只值三十钱，牛羊遍野。

【华杉讲透】

人们常感叹历史多灾多难，其实是一种错觉，因为只有灾难才有历史，幸福生活没有历史，"天下安平"四个字就说完了。你看前文好几年，基本上都无事可记。

永平十三年（庚午，公元70年）

1 夏，四月，汴河疏浚工程完工，黄河、汴河分流，恢复到旧河道。四月初四，皇帝行幸荥阳，巡行河渠，然后渡河，登太行山，巡幸上党郡。四月二十五日，车驾还宫。

2 冬，十月三十日，日食。

3 楚王刘英与方士做金龟、玉鹤，刻文字为符瑞。男子燕广举报刘英与渔阳人王平、颜忠等伪造图谶，蓄谋造反。事情交给有司调查核实。有司奏报："刘英大逆不道，请诛杀。"皇帝因为刘英是异母兄弟，不忍诛杀。十一月，废刘英王位，流放到丹阳郡泾县，赐给汤沐邑五百户。他的儿子女儿做侯爵或翁主的，食邑如故。他的母亲许太后也不必上缴玺绶，仍然留驻在楚王宫。

之前，有人将刘英逆谋告诉司徒虞延，虞延认为不可能，不信。等到刘英事发，皇上下诏斥责虞延。

永平十四年（辛未，公元71年）

1 春，三月初三，虞延自杀。任命太常周泽代理司徒职务，不久，周泽仍专任太常。

夏，四月十六日，任命巨鹿太守、南阳人邢穆为司徒。

2 楚王刘英到丹阳，自杀。皇帝下诏以诸侯王葬仪规格葬于泾县。封燕广为折奸侯。

当时，为彻底查办楚王谋反案，持续了好几年。口供相互牵连，从京师亲戚、诸侯、州郡豪杰以及被负责查案的官吏陷害而牵扯进来被诛杀和流放的，数以千计，而关在牢里没判决的，还有数千人。

当初，樊鯈的弟弟樊鲔，曾为他的儿子樊赏求娶楚王刘英的女儿。樊鯈听说后，制止他说："建武年间，我们家族备受荣宠，出了五个侯爵。当时父亲位居特进，他曾说一句话，女儿就可以嫁给诸侯王，儿子就可以娶公主。但是，因为觉得贵宠过盛，就是祸患，所以没有这样做。如今你就一个儿子，何必把他交给楚王呢？"樊鲔不听。等到楚王事败，樊鯈已经去世。皇上追念樊鯈能恪守谨慎，所以他的儿子们都没有被牵连。

刘英将天下名士，秘密地写在一个册子上，皇上得到了这本名录，其中有吴郡太守尹兴的名字，于是下令尹兴与下属掾史五百余人到廷尉监狱接受拷问。司法官员刑讯逼供，折磨死了一大半，唯有门下掾陆续、主簿梁宏、功曹史驷勋，备受五毒（胡三省注：五种酷刑：鞭打、棍打、烧红的铁棒灼烙、细绳捆绑、悬吊），身上肌肉全都溃烂了，仍坚持原来的口供，不肯更改。陆续的母亲从吴郡来洛阳，做了食物，送进监狱里去。陆续虽然被严刑拷打，神色从来不变，而对着食物，却悲泣不能自胜。狱吏问他："为何？"他说："母亲来了，却不能相见，所以悲伤。"狱吏再问："你怎么知道母亲来了？"他说："母亲切肉，一定是方方正正，切葱每一根都是一寸，所以我知道这是母亲来了。"使者将这件事告诉皇上，皇上于是赦免了尹兴等人，但终生不得做官。

【华杉讲透】

这一段记述，触目惊心。中国历史，对冤狱习以为常，甚至认为冤狱是必要的，以致形成"哪个庙里没有冤死的鬼"这样的说法。刘英自己写了一个人才备忘录，被他写进去的人根本就不知道自己被他惦记了。但是，他为什么会惦记你呢？你肯定有问题！尹兴被抓进去，他的下属竟然被一起抓进去五百人！然后被严刑拷打死了一大半。至于"五毒"酷刑的记述，更是令人心惊肉跳。

陆续幸运，因为母亲切肉方正被赦免。这是读书救了他。大家都读《论语》，孔子说："割不正，不食。"肉一定要切割方正。所以使者同情他，认为他出自诗书世家，不会有谋逆之事，皇上的内心柔软处也被打动了。更何况本来人人都知道这五百人——包括尹兴——大概率都是冤枉的，只是先打死三百个人看看，万一有人招供出来，他们中间还真有坏人呢？现在放过一个陆续，也不是什么大事。

当冤狱成为一种文化，就会有人说："你不要觉得你冤！"当自己被冤枉，还不觉得冤，就被称赞为有"大智慧"了。

悲哉！

颜忠、王平的口供，牵扯出隧乡侯耿建、郎陵侯臧信、濩泽侯邓鲤、曲成侯刘建。耿建等人说从未与颜忠、王平见过面。当时，皇上怒气正大，官吏们都非常惶恐，只要口供中提到的人，全部逮捕，没有敢以实情宽恕的。侍御史寒朗心伤其冤，试着单独审问颜忠、王平，问他们耿建等人的容貌形状，二人匆促之间，无法应对。寒朗于是知道其中有诈，上言说："耿建等人无辜，是被颜忠、王平诬陷，我疑心天下无辜之人，大多如此。"皇帝说："既然如此，颜忠、王平怎么会诬陷他们呢？"寒朗说："颜忠、王平知道自己犯下大逆不道之罪，所以尽量牵扯，希望以此表明自己清白。"皇帝说："既是如此，何不早奏？"寒朗说："臣担心还有别的人告发他们的奸恶，所以证实一下。"皇帝怒道："你两头耍滑！"催促把寒朗拖出去打。左右正要把寒朗拖走，寒朗说："希望说一句话再死！"皇帝说："谁跟你一起写的这奏章？"寒朗说："我单独写的。"皇帝说："为什么不和三府（司徒府、司空府、太尉府）商议？"寒朗说："臣自知是族灭之罪，不敢牵扯别人。"皇上说："为什么是族灭之罪？"寒朗说："臣查此案，已经一年，不能穷尽奸状，反而为犯人喊冤，所以知道要被族灭。但是臣之所以还是要说，是希望陛下觉悟。臣看到审案的官吏们都高喊妖恶大案，每个人都应该嫉恶如仇，与其给他免罪，不如让他入罪，这样自己可以没有责任。所以，拷问一个人，就牵进去十个人，拷问十个人，就牵进去一百个人。而公卿朝会之时，陛下问案子查得怎么样，都长跪说：'旧制，大罪祸及九族，陛下大恩，只诛杀罪犯一人，天下幸甚！'而散朝回家之后，口虽不言，而仰望着屋顶叹息，莫不知其多冤，但是没有一个人敢跟陛下说。臣今天坦陈其言，死而无悔。"皇帝怒气稍解，命寒朗退下。

后来又过了两天，皇上车驾亲自到洛阳监狱，审察案犯是否有冤情，一时间释放了一千多人。当时天旱，即刻降下大雨。马皇后也认为楚王一案滥杀无辜太多，找机会向皇上进言，皇帝恻然感悟，夜起彷徨，这之后对囚犯们才多有赦免。

任城县令、汝南人袁安升任楚郡太守，到了楚郡，也不到郡府，直接先去监狱，审察楚王刘英一案牵连的囚犯，理出其中没有确凿证据的，条列上报，要将他们释放。府丞、掾史都叩头力争，说："阿附反贼，按法律，与谋反者同罪，不可！"袁安说："如果有不当之处，我一人承担，和你们无关！"于是分别具奏。皇帝感悟，即刻批准，得以释放的有四百余家人。

【华杉讲透】

寒朗所论，说出了本质。在当时，对于审案官员来说，制造冤狱，本身是一种"政治正确"。即使错杀一千，他们也不用承担任何责任，但是如果放过一个，他们就要与谋反者同罪。楚郡官吏们面对的就是这种形势。

3 夏，五月，封已故广陵王刘荆的儿子刘元寿为广陵侯，享食邑六个县。又封窦融的孙子窦嘉为安丰侯。

4 开始为皇帝预建陵墓，皇帝下诏说："只要把排水系统修好就可以了，不要堆山起坟。我死之后，扫地而祭，只要清水、干肉、干饭就可以，过了百日，每年祭奠四次，设置守墓吏卒数人，供给洒扫即可。胆敢扩建陵园的，以擅议宗庙法论罪！"

永平十五年（壬申，公元72年）

1 春，二月初四，皇上东巡。二月二十七日，皇上在下邳亲自耕田。三月，到鲁县，行幸孔子故居，在孔府讲堂亲自主持学习会，令皇太子与诸王讲说经书，又行幸东平、大梁。夏，四月初五，车驾还宫。

2 封皇子刘恭为巨鹿王，刘党为乐成王，刘衍为下邳王，刘畅为汝南王，刘昞为常山王，刘长为淮阴王。皇上亲自为他们划定封国疆域，让各封国面积只有之前楚王、淮阳王的一半。马皇后说："孩子们的采邑才几个县而已，和之前的制度不符，太少了吧？"皇帝说："我的儿子怎能和先帝的儿子相比？一年有两千万钱收入就足够了！"

3 四月初十，赦天下。

4 谒者仆射耿秉数次上言请击北匈奴，皇上因为显亲侯窦固曾经跟从他的伯父窦融在河西，明习边境事务，于是让耿秉、窦固与太仆祭肜、虎贲中郎将马廖、下博侯刘张、好畤侯耿忠等一起商议。耿秉说："之前匈奴得到各蛮夷部落的臣服和援助，所以不能制伏。孝武皇帝得到河西四郡和居延、朔方之后，匈奴失去了肥饶养兵之地，羌族和匈奴的联系也被切断，势力范围唯有西域，而之后西域也归附中原，所以呼韩邪单于叩塞门而请求归附，乃是大势所趋。如今有南单于，和当年形势相似。但是，西域还没有归附，北匈奴也还没有可乘之机。臣愚以为，应该先攻击白山，夺取伊吾，然后击破车师，通使乌孙诸国以断其右臂，伊吾有匈奴南呼衍一部，击破南呼衍，等于折断匈奴左角，然后匈奴可击也。"皇上对他的建议表示赞许。商议的大臣中有人认为："如今进攻白山，匈奴必定集合部队救援，我们还应当在东方分散匈奴的兵力。"皇上听从。十二月，以耿秉为驸马都尉，窦固为奉车都尉，以骑都尉秦彭为耿秉副将，耿忠为窦固副将，都设置从事、司马，出兵屯驻凉州。耿秉，是耿国之子。耿忠，是耿弇之子。马廖，是马援之子。

永平十六年（癸酉，公元73年）

1 春，二月，派祭肜与度辽将军吴棠率领河东、西河羌族、胡人及南单于的部队共一万一千骑兵出高阙塞；窦固、耿忠率领酒泉、敦煌、张掖甲卒及卢水羌族、胡人骑兵共一万二千出酒泉塞；耿秉、秦彭率领武威、陇西、天水三郡招募的兵士和羌族、胡人共一万骑兵出张掖居延塞；骑都尉来苗、护乌桓校尉文穆率领太原、雁门、代郡、上谷、渔阳、右北平、定襄郡士兵以及乌桓、鲜卑一共一万一千骑兵出平城塞，讨伐北匈奴。

窦固、耿忠到达天山，击呼衍王，斩首一千余级，追击到蒲类海，攻取伊吾卢，设置宜禾都尉，留吏士屯田伊吾卢城。耿秉、秦彭进攻匈林王，横越瀚海沙漠六百余里，抵达三木楼山而还。来苗、文穆挺进到匈河水畔，北匈奴部众全都溃散逃跑，没有斩获。祭肜与南匈奴左贤王信不和，出高阙塞九百余里，到了一座小山，信妄言说这是涿邪山，没有看见敌人，无功而返。祭肜与吴棠因此被控逗留畏懦，被捕下狱，免职。祭肜自恨无功，出狱数日之后，吐血而死。临终对儿子说："我蒙受国家厚恩，奉使出征，却不能称职，身死之后，仍然惭愧含恨，义不当无功受赏。我死之后，你将过去皇上赏赐给我的东西，列上清单，全部上缴，自己到前线军营去，效死前行，以了却我的心愿！"祭肜死后，其子祭逢上书，汇报父亲的遗言。皇帝一向敬重祭肜，正想再次任用，听到消息，大惊，嗟叹良久。乌桓、鲜卑每次朝贺京师，时常到祭肜坟前拜谒，仰天号泣。辽东吏民为他建筑祭庙，四时奉祭。唯独窦固有功，加位特进（朝会在三公之下，侯爵之上）。

窦固派假司马（官职前加"假"，为副职，假司马即副司马）班超与从事郭恂一起出使西域。班超一行抵达鄯善，鄯善王广，开始时对班超礼敬非常周到，后来突然疏远懈怠了。班超对他的官属说："你们是不是觉得广的礼数变薄了？"官属们说："胡人行事无常性，没有其他什么原因。"班超说："一定是北匈奴也有使团来，他犹疑不定，不知道该跟谁交好。明智的人能够洞察还没有萌发的事，更何况这已经如此明显呢！"于是把负责接待服务的鄯善侍者叫来，诈他说："北匈奴使者来了几天了？现在住在哪里呢？"侍者惶恐说："已经到三天了，驻地距此三十里。"班超于是将那位侍者关起来，集合使团全体吏士三十六人，一起饮酒，酒至半酣，激怒他们说："卿等与我俱在绝域，如今北匈奴使团才到了几天，鄯善王广对我们就不讲究礼节了。假如鄯善王将我们抓捕送给北匈奴，我们的骸骨就只能喂狼了。我们该怎么办？"官属们都说："如今身处危亡之地，死生都听司马的！"班超说："不入虎穴，焉得虎子。当今之计，唯有乘夜火攻北匈奴使团，他不知道我们有多少人，一定大为震怖，可以将他们一网打尽。灭了北匈奴使团，鄯善王就吓破了胆，我们可以功成事立。"大家都说："这事要和从事商议。"班超怒道："吉凶决于今日！如果和文官商议，他一定害怕，计划也泄露了，我们将死得不明不白，这不是壮士所为！"于是大家说："好！"

夜幕刚刚降下，班超率领吏士奔向北匈奴使团驻地，正赶上大风天气，班超令十个人持鼓在匈奴人营帐后面，约定说："见到火起，即擂鼓大呼。"其他人手持兵器，在营门两旁埋伏。班超于是顺风纵火，前后鼓噪，匈奴人惊乱，班超亲手格杀三人，吏兵斩其使者及随从三十余人，剩下一百余人全部烧死。第二天回来，才告诉郭恂。郭恂大惊，继而神情异样，班超知道他的意思，举手说："从事虽然没有参加行动，但是班超怎能单独居功！"郭恂这才高兴了。

班超于是将鄯善王广召来，将北匈奴使者头颅展示给他，鄯善全国震怖。班超晓谕汉朝威德，说："从今往后，不得再与北匈奴通使！"广叩头说："愿属汉，无二心。"于是纳子为质。班超回去，向窦固汇报。窦固大喜，向朝廷汇报班超功绩，并请求另选使节出使西域。皇帝说："有班超这样的使节，不派他出使，还选别人吗？现任命班超为军司马，让他继续完成他前面的功业。"

窦固再派班超出使于阗，要给他增加兵马。班超还是只要他当初的三十六人，说："于阗国大而道远，如今我如果带几百人去，无益于显示强大，如果有什么事变，反而是拖累。"当时，于阗王广德，正是南道霸主，顾盼自雄，而北匈奴也派出使者监护于阗。班超到了于阗，广德非常冷淡。而且于阗风俗，迷信巫师。巫师说："神怒，问何故要归附汉朝。汉使有一匹黑嘴黄马，把马要来祭祀我！"广德派国相私来比来找班超要马。班超已经知道是什么缘故，一口答应，但是要求巫师自己来取。过了一会儿，巫师到，班超当场将他斩首，又逮捕私来比，鞭笞数百，将巫师首级送给广德，斥责他。广德之前就听说班超在鄯善诛灭北匈奴使团，大为惶恐，即刻杀北匈奴使者而降。班超重重赏赐于阗王及以下大臣，就在于阗驻扎，镇抚西域诸国。于是诸国都遣子入侍，西域与汉朝隔绝六十五年，至此才恢复藩属关系。

班超，是班彪之子。

【华杉讲透】

班超所为，是标准的"杀使伐交"战术。《孙子兵法》说"上兵伐谋，其次伐交"，在之前寇恂征讨高峻一战，我们已经解读过"上兵伐谋"的战例。"其次伐交"，是伐掉他的外交。而杀使伐交，就是对方在投靠我还是投靠敌人之间犹疑不定的时候，杀掉敌方的使者，让他不得不与我们的敌方绝交，与我结盟。

2 淮阳王刘延，性格骄奢，对属下严酷。有人上书举报说："刘延与他姬妾的哥哥谢弇及姐夫韩光招揽狡猾之徒，做图谶，诅咒皇上。"事情被查实。五月二十五日，谢弇、韩光及司徒邢穆都被处死，被牵连而死或流放的人很多。

3 五月三十日，日食。

4 六月初八，任命大司农、西河人王敏为司徒。

5 有司奏请诛淮阳王刘延。皇上认为刘延的罪行比刘英轻，秋，七月，改封刘延为阜陵王，食邑两个县。

6 这一年，北匈奴大举入侵云中郡。云中太守廉范率军抵御。官吏们认为本郡兵少，想送信给邻郡求救，廉范不许。到了晚上，廉范令军士们将两支火把交叉捆绑成十字形，一端手持，另外三端燃火，在营中星罗棋布。匈奴人看见，以为汉军援兵到了，大惊，准备明早退兵。廉范令军中早起，就在原地就餐（不集合吃饭），清晨奔赴敌营，斩首数百级，匈奴人惊乱，互相踩踏又死了一千多。从此，北匈奴再也不敢来云中了。

廉范，是廉丹（王莽手下将领）的孙子。

永平十七年（甲戌，公元74年）

1 春，正月，皇上准备拜祭原陵，一天晚上，梦见和先帝、太后一起，就像生前一样欢乐，夜里梦醒，悲伤不能复眠，一查日历，第二天就是吉日，于是率百官到原陵上坟。这一天，甘露降于原陵树上。皇帝令百官收集甘露，作为祭品。祭礼完毕，皇帝在席前俯视御床，看着太后身前的梳妆用具，感动悲涕，命补充更换脂泽用品。左右都埋头哭泣，不能仰视。

2 北海王刘睦薨逝。刘睦少时好学，光武帝和明帝都喜爱他。刘睦曾经派中大夫到京师朝贺，临行前召见他，问："假如朝廷问寡人情况，大夫您怎么说？"使者说："大王忠孝慈仁，敬贤乐士，臣敢不实话实说！"刘睦说："吁！你这就是害我了！这是少年时代的我！你就说，我自从继承王位以来，意志懈怠，沉迷于声色犬马，这才是爱护我！"

刘睦的智虑畏慎，大抵如此。

3 二月乙巳日（二月无此日），司徒王敏薨逝。

4 三月二十九日，任命汝南太守鲍昱为司徒。鲍昱，是鲍永之子。

5 益州刺史、梁国人朱辅,宣示汉德,威怀远夷。自汶山以西,汉代人从来没有去过的,也没有实行汉代历法的地方,白狼、槃木等一百余国,都举国称臣奉贡。白狼王唐菆作诗三章,歌颂汉德。朱辅派犍为郡掾由恭翻译成汉文,献给朝廷。

6 当初,龟兹王建是匈奴所立,倚仗匈奴的国威,占据北道,攻杀疏勒王,立自己的臣下兜题为疏勒王。班超从小路到疏勒,在离兜题所居住的槃橐城九十里处扎营。班超派属吏田虑先去招降,并嘱咐田虑说:"兜题本来不是疏勒人,国人一定不听他的。如果他不投降,可以当场逮捕他。"田虑到了槃橐城,兜题见田虑只有寥寥数人,毫无降意。田虑乘其不备,上前劫持捆绑兜题。兜题左右官员毫无准备,都惊惧地逃跑了。田虑派人飞驰向班超汇报,班超即刻赶到,召集疏勒全体将士官吏,陈说龟兹无道之状,然后立疏勒王哥哥的儿子忠为王。疏勒人大悦。班超问忠及其官属:"应该杀了兜题呢,还是把他遣返龟兹?"众人都说:"该杀!"班超说:"杀之无益于事,不如让龟兹知道大汉的威德。"于是将兜题遣返龟兹。

7 夏,五月初五,公卿百官认为皇帝威德怀远,祥瑞显应,全体集聚在朝堂上,敬酒祝贺。皇帝下诏说:"天生神物,以应王者。远方的百姓向慕归化,确实也是因为贤君有德。但是,这跟我没什么关系,都是高祖、光武的圣德所至。请太常选择吉日,策告宗庙。"于是推广皇恩,赐给人民爵位和粟米,各有等差。

8 冬,十一月,派遣奉车都尉窦固、驸马都尉耿秉和骑都尉刘张出敦煌昆仑塞,进攻西域。命耿秉、刘张都交出调兵符,归窦固使用。汉军合计骑兵一万四千人,在蒲类海击破匈奴屯驻白山的呼衍王兵团,于是进击车师。车师前王,是后王的儿子,两个王庭相距五百里。窦固认为后王道远,山谷深,士卒寒苦,想先攻前王。耿秉认为后王才是根本,攻下后王,前王自然降服。窦固计议未决,耿秉奋身而起,说:"请让我打先锋！"于是上马引兵向北。众军不得已，跟着他北进，斩首数千级。后王安得惊慌，跑出城门迎接耿秉，脱下帽子，抱着耿秉的马足请降。耿秉把安得解送给窦固。车师前王也主动投降了，于是平定车师而还。窦固上奏朝廷，重新设置西域都护及戊、己校尉。任命陈睦为都护，司马耿恭为戊校尉，屯驻后王部金蒲城；谒者关宠为己校尉，屯驻前王部柳中城，两处各有官兵数百人。耿恭，是耿况的孙子。

永平十八年（乙亥，公元75年）

1 春，二月，皇上下诏命窦固等撤军回京师。

2 北单于派遣左鹿蠡王率两万骑兵袭击车师。耿恭遣司马率兵三百人救援，全军覆没。匈奴于是攻破车师军，杀后王安得，又进攻金蒲城。耿恭用毒药涂在箭头上，告诉匈奴说："汉家神箭，中箭者必有怪事发生！"匈奴人中箭的，伤口都溃烂发烫，大为惊慌。又赶上暴风雨，耿秉冒雨出击，杀伤甚众，匈奴人十分震惊恐慌，相互说："汉兵如神，真可怕！"于是解围而去。

3 夏，六月十二日，太微星座旁出现孛星。

4 耿恭因为疏勒城旁有一条溪水，可以固守，于是引兵占据。秋，七月，匈奴又来攻打，在上游堵塞溪水。耿恭在城中打井，挖了十五丈深，还是没水。官吏士兵口渴困乏，以致从马粪中榨水来喝。耿恭率领士卒继续挖井，亲自拖挽盛土的筐笼，过了不久，泉水奔涌而出，众人都高呼万岁。于是命官吏士兵泼水给匈奴人看，匈奴人大为意外，认为有神明相助，于是解围撤退。

5 八月初六，明帝崩逝于东宫前殿，享年四十八岁。遗诏说："不要修建寝殿,把我的牌位放在光烈皇后寝殿的更衣别室。"

明帝一切遵奉建武年间的制度,无所变更,后妃家族不得封侯参政。馆陶公主(刘秀的女儿)为儿子请求郎官职位,明帝不许,只给赏钱一千万,对群臣说:"郎官上应天上星宿,放出去就是治理百里之地的县令,如果不得其人,则百姓遭殃,所以不能答应。"

公车(负责接待臣民上书和征召)有个规矩是,反支日不接受奏章(术数星命之说,以反支日为禁忌之日)。明帝知道后,奇怪地说:"百姓废弃农桑,远来宫门上访,却用这些禁忌来给他们添麻烦,这是为政的本意吗?"于是取消了反支日不接待的规矩。

尚书阎章的两个妹妹为贵人,阎章精通旧典,早就该升任要职,但是明帝因为他是后宫亲属,竟然不用。所以明帝一朝,吏得其人,民乐其业,远近畏服,人口增长。

6 太子(刘炟)即位,年十八岁。尊皇后为皇太后。

明帝初崩,马氏兄弟争欲入宫。北宫卫士令杨仁披甲持戟,严勒门卫,没人敢进去。诸马于是向皇帝说杨仁坏话,说他严酷苛刻。皇帝知道杨仁忠心,更加善待他,拜为什邡县令。

7 八月十六日,葬孝明皇帝于显节陵。

8 冬,十月初二,赦天下。

9 章帝下诏任命代理太尉、节乡侯赵憙为太傅,司空牟融为太尉,并主管尚书事务。

10 十一月二十四日,任命蜀郡太守第五伦为司空。第五伦在郡守任上,公正清廉,所举荐的官吏大都能胜任,所以皇帝把他从那么远的边郡召回朝廷任用。

11 焉耆、龟兹联军攻击西域都护陈睦，陈睦全军覆没，北匈奴又将关宠包围于柳中城。正赶上明帝去世，没有派出救兵，车师于是再度叛变，与匈奴联合，攻击耿恭。耿恭率厉士众，抵御数月，食尽穷困，煮食盔甲和弓弩上的皮筋皮革。耿恭与士卒推诚置腹，同生共死，所以众人皆无二心，而战斗不断减员，只剩数十人。单于知道耿恭已经穷困，一心要招降他。派使者招耿恭说："如果投降，封你为白屋王，把女儿嫁给你。"耿恭将匈奴使者引诱上城，亲手将他格杀，在城上火烤使者尸体。单于大怒，更加增兵包围耿恭，但仍不能攻下。

关宠上书求救。皇上下诏让公卿们商议。司空第五伦认为不宜救。司徒鲍昱说："如今使人于危难之地，军情紧急，却将他抛弃，外则纵容蛮夷之暴虐，内则伤死难忠臣之心。如果真要采取权宜之计，以后边界太平无事则可，若是匈奴再度进犯边塞，皇上又将如何派遣将领！而且，耿恭、关宠二部都只剩不过数十士兵，匈奴围攻十几天都攻不下，这可以看出匈奴也是寡弱力尽了。可以下令敦煌、酒泉太守各将精骑两千，多张幡旗（虚张声势以示人多），日夜兼程，加速行军，以赴其急。匈奴疲乏之兵，必不敢当，四十天时间，足以将他们救回塞内。"

皇帝同意鲍昱的意见。于是派征西将军耿秉屯驻酒泉，代理太守职务。派酒泉太守段彭与谒者王蒙、皇甫援，征发张掖、酒泉、敦煌三郡及鄯善兵合共七千余人前往救援。

12 十一月三十日，日食。

13 太后兄弟、虎贲中郎将马廖，以及黄门郎马防、马光，在明帝时期，始终没有得到升迁。皇帝任命马廖为卫尉，马防为中郎将，马光为越骑都尉。马廖等人热衷于结交宾朋，官吏士人争相趋赴他们。第五伦上书说："臣读到《尚书》上说：'臣无作威作福，其害于而家，凶于而国（做臣子的，不要作威作福，否则害了自己家，也给国家带来凶灾）。'近世光烈皇后虽然天性友爱，但一直抑制自己娘家人，不让他们掌握权势。其后梁氏、窦氏两家，都有人犯罪，明帝即位之后，多有诛杀。从此洛阳城中,不再有专权的外戚,请托说项之事,也都断绝。明帝又晓谕诸外戚说:'辛苦自己去结交宾朋,不如为国家多做点事。头戴着脸盆望天,既戴不稳脸盆,也看不见天。'如今,舆论焦点集中在马家。我听说卫尉马廖以布三千匹,城门校尉马防以钱三百万,私自资助三辅衣冠之士,不管认识不认识,都有赠送。又听说他们在腊日(阴历十二月初八)给洛阳地区的士子每人五千钱。越骑校尉马光,腊日一天的开支,就用去羊三百头,米四百斛,肉五千斤。臣愚以为,他们的做派不符合儒经大义,我感到惶恐,不敢不汇报上来。陛下如果从感情上希望厚待他们,但也必须考虑到他们的平安。臣今天说这番话,对上是忠心于陛下,对下是希望保全太后家族。"

【华杉讲透】

"臣无作威作福,其害于而家,凶于而国。"这一段很重要,是历史重要的经验教训。作威作福,就是执赏罚大权,可以给人祸害,也可以给人福禄。这个大权,是皇上的,如果你有了这个权力,就是分了皇上的权,发展下去,就会给自己家族带来祸害,也给国家带来灾难。

所以,历代君子忠臣,都有一个原则,叫作"不市恩",什么意思呢?比如我向皇上举荐一个人才,让他得到重用,我不是为他好,是为国家好,为皇上好。让他得到提拔的恩情,是皇恩国恩,不是我的恩,我不要他知道是我举荐的,也不会到处去说,如果给他知道了,就是我把皇恩国恩卖了,我得了好处,这就叫"市恩"。市恩,就是不忠。

但是,中国也有人身依附的文化,总是说"谁是谁的人",因为皇上离得太远,在下位的人要攀附权贵,或者为官得到权力,或者经商得到利益。在上位的人,对下面的人也有需求,或者建立派别势力,或者有白手套来敛财。这样的利益集团,权势熏天的时候,顾盼自雄,简直觉得国库民财都可以由他们任意瓜分,但是一朝覆亡,特别是在换了新君,重新洗牌的时候,就家破人亡。这就是第五伦讲的道理。

大臣作威作福有多大危险?最典型的案例就是春秋时的齐国,由于权臣田氏掌握了全部威福大权,最终取姜氏而代之,把姜太公的齐国,变成了田氏的齐国。王莽篡汉，也是这种情况。

不市恩，掌握国家大权，则大公无私，没有私交朋友，家里不接待宾客，一切公务在办公室谈，所有来往谈话全部留有记录，这就是纯臣。

不市恩，也是在任何一个企业里，我们都需要遵循的原则。因为你举荐提拔他，并不是为了他回报你，而是认为他能为公司效力。否则，公司里也会生出派别来。

14 这一年，京师及兖州、豫州、徐州大旱。

卷第四十六 汉纪三十八

（公元76年—公元84年，共9年）

主要历史事件

汉章帝采纳谏言，断事宽厚 106
班超即将应召回国，但被疏勒强留 107
马太后阻止皇帝加封马氏家族 109
班超主动上书朝廷，要求平定西域 117
窦皇后因嫉妒构陷谋害官员 122
汉章帝发觉窦宪欺君罔上，不予重用 123
李邑诋毁班超，受皇帝痛斥 125
汉章帝明文禁止残忍的拷问手段 128
孔僖上书自辩诽谤先帝罪 129
班超攻打莎车，皇帝派兵增援 131

主要学习点

模仿定律：模仿是基本的社会现象 111
要想管住下属，关键是管住自己 112
君子有"三戒" 115
错误越早暴露，损失越小 119
该用哪些人，该退哪些人，动作都要快 124
君子内省不疚 125

肃宗孝章皇帝上

建初元年（丙子，公元76年）

1 春，正月，下诏兖州、豫州、徐州官府开仓赈济饥民。皇上问司徒鲍昱："怎么才能消除旱灾？"鲍昱说："陛下刚刚登基，就算有什么做得不到位的地方，也不至于引起天变。臣之前任汝南太守，典治楚王谋反案，关在监狱里的还有一千多人，恐怕他们当中，好多人未必有罪。大狱一起，冤者过半。另外，被流放的人，骨肉分离，孤魂野鬼，得不到祭祀，建议让流放的人回到故乡，解除禁止他们再做官的禁令，让死者生者各得其所，则天地可恢复和气。"皇帝采纳了他的建议。

校书郎杨终上书说："之前北征匈奴，西开三十六国，百姓频年服役，转输烦费，愁困之民足以感动天地，陛下应该留意省察！"第五伦也和杨终有同样意见。牟融、鲍昱则认为："孝子不应改变父亲的政策，征伐匈奴，屯戍西域，是先帝所建，不宜改变。"杨终再次上书说："秦筑长城，功役繁兴，胡亥不改变秦始皇的政策，所以失去天下。孝元皇帝放弃珠厓郡，光武帝拒绝西域归附，不会用那远方的夷人来交换我中原的百姓。鲁文公拆毁泉台，《春秋》讥讽他说：'先祖建设的，你不去住就是了，为什么要拆毁它呢？'那泉台留在那里，对人民也没有什么妨碍。鲁襄公建立三军，鲁昭公裁军，君子赞许他能恢复古制，因为不裁军则有害于人民。如今伊吾、楼兰两处驻军，久久不能回国，这不是天意啊！"皇帝听从了他的意见。

2 正月二十三日，皇帝下诏说："二千石官员应该劝勉农桑，犯罪的只要不是死罪，一律到秋后再审理（不要耽误农时）。有司应该谨慎地选拔人才，进用温柔善良的人，黜退贪污奸猾之徒，顺应天时，平反冤狱。"

当时，继承前朝遗风，吏治崇尚严厉苛刻，尚书所做裁决，一律从严从重。尚书、沛国人陈宠认为，皇帝新即位，应该改变前朝苛刻的风俗，于是上书说："臣听说，上古先王的政治，赏赐不会僭越，刑罚不会滥施，如果不得已，宁愿滥赏，也不要滥罚。前朝断狱严明，威严之下，奸恶销声匿迹。奸恶既平，就要济之以宽。陛下即位以来，一向掌握这个原则，数次下诏给百官，提倡温和。但是，有司还没有领会落实，仍然崇尚严苛，断狱者急于刑讯逼供，执法者泛滥于诋毁欺骗，罗织罪名的条文，以公行私，作威作福。为政如同弹琴，大弦拉得太紧，小弦就断了。陛下应该复兴上古先王之道，废除繁苛的法律条文，减轻苦刑以济众生，全面推行德政以顺奉天心！"

皇帝采纳了陈宠的全部谏言，在处理政事时总是遵循宽厚的原则。

【华杉讲透】

宽严相济，明帝太严苛，章帝就转而宽柔。曹丕评论说："明帝察察，章帝长者。"

3 酒泉太守段彭等在柳中集结军队，击车师，攻交河城，斩首三千八百级，俘虏三千余人。北匈奴惊慌而逃，车师再次投降。当时关宠已死，谒者王蒙等想带兵撤退。耿恭的军吏范羌，当时在军中，坚决要求援救耿恭。诸将都不敢去，于是分兵两千人给范羌，让他自己从山北去援救耿恭。途中遇上大雪，积雪一丈多深，军队勉强抵达。城中听到兵马声音，以为匈奴军来，大惊。范羌远远地大声呼喊说："我是范羌，汉军前来迎接校尉！"城中皆呼万岁。于是打开城门，互相拥抱哭泣。第二天，一起撤退。匈奴追击，汉军且战且行。耿恭所部又饥又困，从疏勒出发时，还有二十六人，一路死亡，三月到达玉门关，还剩十三人。这十三人衣服鞋子都破烂不堪，形容枯槁。中郎将郑众为耿恭及其部下安排洗浴，换上衣冠，上书说："耿恭以单兵守空城，抵挡匈奴数万之众，从去年到今年，一连几个月，心力困尽，凿山为井，煮弩为粮，前后杀伤敌人数百上千，保全了忠勇的气节，不让大汉蒙羞，应该赏赐给他显赫的爵位，以激励将帅们！"耿恭到了洛阳，被拜为骑都尉。皇上下诏撤销戊、己校尉及西域都护，征召班超还朝。

班超将要应召回国，疏勒举国忧虑恐惧，都尉黎弇说："汉使抛弃我们，我国一定会被龟兹灭亡，我不忍看见汉使离去。"于是引刀自刎。班超回程到了于阗，王侯以下都号哭，说："我们依靠汉使，就像依靠父母，您不能走啊！"上前抱着班超的马脚，不让走。班超也想完成自己的志向，于是转头回到疏勒。疏勒国此时已经有两座城投降龟兹，并与尉头国连兵。班超捕斩反者，击破尉头，杀六百余人，于是疏勒又安定下来。

4 三月十二日，山阳郡及东平国地震。

5 东平王刘苍上书陈述三项意见。皇帝回书说："之前吏民上奏，也说到这三件事情，但是智虑短浅，有人说是，有人说非，都说不到点子上，不知道该怎么定，收到大王深谋远虑的策文，让我豁然开朗，就按照大王的嘉谋，依次奉行。特此赐给大王五百万钱。"

后来，皇帝想在原陵、显节陵设置县城。刘苍上书进谏说："之前光武皇帝躬身践行俭约，洞察开始和终了的分际，恳切地指示葬仪的细节。孝明皇帝奉行大孝，不违背父皇的意志，承奉遵行，谦让之美，于斯为盛！臣愚以为，在帝王陵墓及在陵墓设置县邑的风气，始于强秦（秦始皇葬于骊山，迁徙三万家，设置骊邑）。而在上古时代，连一座丘陇，都不要它凸出地面，不要彰明（《礼记》：'古者墓而不坟。'下葬棺木的墓穴，称为墓；推土凸出地面，称为坟），更何况要筑起城墙，修建城池呢？上违先帝圣心，下造无益之功，虚费国用，动摇百姓，不是致和气、祈丰年之道。陛下与舜一样，有至孝的天性，更应当追念先祖的深思熟虑，不要伤害了两位先帝纯德之美，使他们的美德不能万古流芳。"

皇帝于是停止。从此，朝廷每有疑难不决的政事，都派使者前往找刘苍咨询。刘苍也尽心答复，他的意见都被皇帝采纳。

6 秋，八月二十日，天市星座旁出现孛星。

7 当初，益州西部都尉、广汉人郑纯，为政清廉，教化夷貊，夷貊君长感化向慕，都奉上珍宝，请求归附。明帝为之设置永昌郡，任命郑纯为太守。郑纯任职十年而卒，后面的官员不能抚慰治理夷人，九月，哀牢王类牢杀死太守、县令，造反，攻打博南。

8 阜陵王刘延屡屡心怀不满，有人告发刘延与儿子刘鲂谋反。皇上不忍诛杀，冬，十一月，贬刘延为阜陵侯，食邑一个县，不得与吏民来往。

9 北匈奴皋林温禺犊王，率领部众返回涿邪山居住。南单于与汉朝边郡及乌桓联军将他击破。

这一年，南匈奴饥荒，皇上下诏给粮食救济他们。

建初二年（丁丑，公元77年）

1 春，三月初八，撤销伊吾卢的屯兵，北匈奴派军再次占领伊吾卢。

2 永昌、越嶲、益州三郡兵以及昆明夷人卤承等击哀牢王类牢于博南，大破之，斩杀类牢。

3 夏，四月二十二日，皇上下诏：因楚王案、淮阳王案被牵连而判流放的四百余家，允许返回故乡。

4 皇上想给他的诸位舅舅加封，太后不听。正赶上大旱，有人上言说都是因为不封外戚之故，有司请求依照旧典。太后下诏说："凡是说这些话的，都是为了谄媚我而为得到回报罢了。当初王氏五侯同日俱封，黄雾四塞，没听说有下雨的吉兆。外戚过于贵盛，很少有不覆亡的，所以先帝慎防舅氏，不让他们在枢机之位，又说过：'我的儿子不能跟先帝的儿子比。'如今又是为什么拿马氏来和阴氏比呢！况且阴卫尉，天下人都称颂他，宫中宦官到他家门口，他都来不及穿鞋，就飞奔出去迎接，这是蘧伯玉一样的礼敬（蘧伯玉，春秋时卫国贤大夫，孔子的好朋友，《论语》里有他的事迹）；新阳侯阴就，虽然性格刚强，有时候礼数不那么周全，但是有方略，据地谈论，满朝无双；原鹿贞侯阴识，勇猛诚信。这三个人，都是天下优选之臣，我那些兄弟赶得上吗？马氏和阴氏差得太远了！我虽然没有才干，但是日夜警醒，常恐违背了先太后立身处世的法则，家属有一丝一毫的错误，我也不肯原谅，日夜不停地跟他们叮嘱，但他们还是不停地犯错，治丧起坟，都不能及时发觉不合礼的地方。这是我说的话没有用，又被蒙蔽听不到消息。

"我身为天下之母，只穿着粗丝织成的素色大帛，食不求甘，左右都只穿帛布，不饰香薰，就是为了做出表率，让家里亲戚看见了，自己惭愧检讨。但他们只是笑言：'太后一向喜欢俭朴。'前些日子，经过濯龙园，看见到外戚家问候起居的人，车如流水，马如游龙，仆人们穿着绿色单衣，袖子领子，一片雪白，再看看我自己的左右，排场比他们差远了。我也不怒斥谴责他们，只是停止给他们年金而已。希望他们自己知道羞愧，但是，他们仍然懈怠，没有忧国忘家之虑。知臣莫如君，更何况是自己的亲属！我怎么能上负先帝之旨，下亏先人之德，重蹈西京败亡之祸呢（指吕后家族）！"

太后态度坚决，不许给她的家族封侯。皇帝读了太后诏书，为之悲叹，再次请求说："汉兴以来，舅氏封侯，就和皇子封王一样。太后诚然谦虚，但怎能让儿臣不能加恩于三位舅舅呢？况且，马廖年老，马防、马光又有大病，如果有什么不幸，那就让我抱憾终生了。应该早择吉日，不能再拖了。"

太后回复说："我反复考虑，是希望能两全其美（国家没有滥施恩德，外戚也能平安落地），我岂能为了自己求谦让之名，而让皇帝承担不施恩于外戚的嫌疑呢？当初窦太后要封王皇后的哥哥，丞相周亚夫说：'高祖有约，无军功不封侯。'如今马氏无功于国，岂能与阴氏、郭氏这样中兴之后相比呢！你看那富贵之家，禄位重叠，就像一年中两次结果的树木，一定会伤及它的根本。况且，人们之所以想封侯，不就是为了上奉祭祀，下求温饱而已。如今祭祀有太官赏赐，衣食有宫中供应，这还不够吗？一定要再加上一个县的采邑吗？我计议已定，不要再怀疑了！

"至孝之行，安亲为上，如今数遭变异，谷价上涨数倍，我忧惶昼夜，坐卧不安，我一向刚急，胸中有气，不可不顺。儿子没有成年，一切由父母做主。成年之后，可以按自己意志行事。皇帝你是天下之君，因为你还没有过三年服丧期限，又涉及我的娘家，所以我才专断此事。如果阴阳调和，边境清静，那时候再按你的意思去办不迟。我也就抱着孙儿享福，不再过问政事了。"

皇上于是停止了这一打算。

马太后曾经下诏三辅：马家及马家亲戚，如果有请托郡县办事，扰乱吏治的，先绳之以法，然后奏闻。太夫人起坟稍高了一点，太后表示不满，太后兄马廖即刻减削。亲戚中有谦素义行的，则温言鼓励，赏以财位；如果有过失，则先加之以严厉之色，然后加以谴责。那些衣服车马特别豪华，不守法度的，就在外族宗籍里开除他们的名字，遣归田里。

广平王刘羡、巨鹿王刘恭、乐成王刘党（三位都是明帝的儿子），车骑朴素，没有金银之饰。皇帝向太后汇报了此事，太后立即赏赐他们每人五百万钱。于是内外从化，被服如一。诸家惶恐谨慎，比永平年间更甚。又在濯龙园养蚕，设置织室，太后多次前往观视，以为娱乐。太后经常与皇帝一起，从早到晚，谈论政事，并教导小皇子们《论语》等经书，叙述平生往事，终日雍和融洽。

马廖也始终忧虑美好的事情不能善始善终，上书给太后，劝勉德政，说："当初元帝撤销三服官（皇家制衣厂），成帝穿着洗过的衣服，哀帝撤销乐府，但是，奢侈靡费，还是不能停息，以致衰乱。为什么呢？因为百姓从行不从言，不是你说什么，他们就做什么，而是你怎么做，他们就跟着怎么做。要改政移风，一定要抓住根本。古书上说：'吴王好剑客，百姓多剑伤。楚王好细腰，宫中皆饿死。'长安谚语说：'城里喜爱高发髻，四方发髻都高一尺。城中喜欢粗眉毛，四方眉毛占半个额头。城中喜欢大袖子，四方衣袖用掉整匹布。'这些话，听起来像是戏言，实际上却有事实依据。前些时候颁行制度没多久，就开始有人违背，虽然或许有官吏执法不严的原因，实际上还是因为京师自己先懈怠了。如今陛下一向安于俭朴，发自您圣明的天性，假如能坚持到底，贯彻始终，则四海诵德，声熏天地，神明可通，更何况是执行法令呢？"太后全部采纳了马廖的意见。

【华杉讲透】

"百姓从行不从言。"马廖的一句话，说的正是儒家思想率先垂范的原理。上行下效，在社会学里也有类似理论。法国社会学家塔尔德（G. Tarde）最早对模仿进行研究，1890年出版了《模仿律》一书。他认为模仿是"基本的社会现象"，并提出了三个模仿律：

（1）下降律：社会下层人士具有模仿社会上层人士的倾向。

（2）几何级数率：在没有干扰的情况下，模仿一旦开始，便以几何级数增长，迅速蔓延。

（3）先内后外律：个体对本土文化及其行为方式的模仿与选择，总是优先于外域文化及其行为方式。

马廖所论，就是模仿第一定律和模仿第二定律。作为领导者，你要想管住下属，关键是管住自己。自己做不到的事，就不要去要求下属。要求下属的事，自己先做到。不能说："你们不能跟我比！"他们全都跟你比，你说话没有用，百姓从行不从言，你率先垂范才有用。

我的公司"华与华"，每周一上午8:30—9:15都要全公司一起大扫除。有朋友问我："有的人不愿意来怎么办？"我说："我真不担心有人不愿意来怎么办，我需要担心的是，有一天我自己不愿意来怎么办。"只要我还能准时来，大家都会来；只要我不来了，就都不来了。

用在管理上，是率先垂范；用在营销上，就是找意见领袖，找代言人，都是"模仿率"。模仿是基本的社会现象，一切社会行为都是人与人之间的相互模仿。学者当仔细体会这个有广阔应用的社会学原理。

5 当初，安夷县有官吏抢夺羌族卑湳部落的妇女为妻，那个妇女的丈夫将夺妻的官吏杀死后逃亡。安夷县令宗延追捕到塞外。卑湳部落担心被诛杀，于是一起杀死宗延，并与勒姐部落、吾良部落联合叛变。于是烧当羌酋长滇吾的儿子迷吾率领各羌族部落全部造反，打败了金城太守郝崇。皇上下诏，以武威太守、北地人傅育为护羌校尉，从安夷进驻临羌。迷吾又与封养部落酋长布桥等五万余人一起进攻陇西、汉阳。

秋，八月，皇上派遣车骑将军马防、长水校尉耿恭率北军五校兵马，以及诸郡弓箭手共三万人征讨。第五伦上书说："臣愚以为贵戚可以封侯，让他们富贵，不能让他们承担职责。为什么呢？如果他们失职，将他们绳之以法，就伤害亲恩；因为亲情不制裁他们，又违背国法。臣听说马防率军西征，以太后的亲仁，陛下的至孝，臣担心万一有什么差错，恐怕难以处理。"

皇帝不听。

马防等军到了冀县。布桥等包围南部都尉于临洮，马防进攻，打败了布桥，斩首及俘虏四千余人，于是临洮解围，西羌其他部落全部投降，唯有布桥等两万余人屯驻望曲谷，不能攻克。

6 十二月十六日，紫宫星旁出现孛星。

7 皇帝娶窦勋女儿为贵人，十分宠爱她。窦贵人的母亲，就是东海王刘恭的女儿沘阳公主（为窦氏窃权埋下伏笔）。

8 第五伦上书说："光武帝在王莽之后，颇以严猛为政，后代因循，就成了风气。郡国所举荐的人才，大多是办事的俗吏，少有宽厚博学之人。陈留县令刘豫、冠军县令驷协都是刻薄之人，以严酷为务，吏民愁怨，无不痛恨他们。而朝廷议论，反而认为他们能干。这是上违天心，下失经义。不仅应该将刘豫、驷协逮捕问罪，而且还要谴责举荐他们的人。国家应该进用仁厚贤德的人来主持时政，只需区区数人，就可以让风俗自化。臣曾经读历史记载，知道秦朝因为残酷暴虐而亡国，又看见王莽因为法令苛刻而自灭，所以我勤勤恳恳地上书劝谏，就是担心这个。又听说诸王、公主、贵戚，骄纵奢侈，违背制度，京师如此，何以示范远方！所以说'其身不正，虽令不行'（《论语》里孔子的话）。率先垂范，以身教人者，别人能听从；光是说话去教导别人的，只是惹来一堆争论。"

皇上很赞赏他的话。第五伦虽然天性峻直，却常常痛恨俗吏的苛刻，朝廷议论，总是呼吁要宽厚。

建初三年（戊寅，公元78年）

1 春，正月十七日，祭祀明堂，登灵台，赦天下。

2 马防进攻布桥，大破之。布桥率领本部落一万余人投降。皇上下诏，征召马防回京。留耿恭继续征讨那些尚未归顺的部落，又斩首俘虏了一千余人。勒姐、烧何等十三个部落数万人，全部向耿恭投降。耿恭曾因上书奏事顶撞过马防。监营谒者迎合马防的意思，上奏耿恭不以军事为忧。耿恭因罪被召回，逮捕下狱，免职。

3 三月初二，立贵人窦氏为皇后。

4 当初，明帝时期，治理滹沱河、石臼河，计划打通从都虑到羊肠仓的航道，作为粮食漕运的水道。太原官吏人民苦于差役，数年不能完成，死者不可胜算。（前面斩首杀敌，都有人数，此处自己人死了，却以"不可胜算"四个字一笔带过，不知道死了多少人。因为斩首杀敌的数字，要用于论功行赏，而苛政猛于虎害死多少人，则没有人去计算责任。）皇帝任命郎中邓训为谒者，前往主持这项工程。邓训到任，仔细考察测量地形，知道这工程难以建成，将实情向上汇报。

夏，四月初九，皇帝下诏，停止该项工程，改用驴车运输。每年节省的费用以亿万计，还保全了民夫差役数千人的性命。

邓训，是邓禹之子。

5 闰八月，西域假司马班超率疏勒、康居、于阗、拘弥等国士兵一万人攻打姑墨石城，破之，斩首七百级。

6 冬，十二月十一日，任命马防为车骑将军。

7 武陵溇中蛮夷造反。

8 这一年，有司奏请，遣送广平王刘羡、巨鹿王刘恭、乐成王刘党回到自己封国。皇上天性友爱，不忍与兄弟们分离，于是将他们都留在京师。

建初四年（己卯，公元79年）

1 春，二月初五，太尉牟融薨逝。

2 夏，四月初四，立皇子刘庆为皇太子。

3 四月初五，改封巨鹿王刘恭为江陵王，汝南王刘畅为梁王，常山王刘昞为淮阳王。

4 四月初七，封皇子刘伉为千乘王，刘全为平春王。

5 有司接连依据旧典，上书请封诸舅。皇帝认为天下丰收，四方无事，四月十九日，封卫尉马廖为顺阳侯，车骑将军马防为颍阳侯，执金吾马光为许侯。太后听闻后说："我年轻的时候，一心向慕古人能名垂青史，并不在意自己寿命的长短。如今虽然年老，仍然告诫自己要'戒得'，所以日夜警醒，一心想降低减损自己，希望通过如此，能不辜负于先帝。也以此劝导我的兄弟们，让他们与我同怀此志，到了瞑目之日，能够无怨无悔。没想到啊！为什么到了年老，反而不能坚持自己的志向呢？我将长恨于九泉之下！"

马廖等都辞让，愿意就封一个关内侯（准侯爵，没有封地）算了。皇帝不许。马廖等不得已，接受封爵，但是上书辞去官职，皇帝批准了。五月初二，马防、马廖、马光皆以"特进"身份（朝会时位居三公之下，诸侯之上），返回家宅。

【华杉讲透】

马皇后说的"戒得"，出自《论语》：

> 孔子曰："君子有三戒：少之时，血气未定，戒之在色；及其壮也，血气方刚，戒之在斗；及其老也，血气既衰，戒

之在得。"

年轻时要戒色，因为年少之时，血气未定，容易动欲。不知节制，就容易有纵欲戕生之事，有因此生病害了自己性命的，也有因此败德而丧其国家的。壮年时要戒斗，因为这时身强力壮，很容易跟人斗。好勇斗狠之事，小则以一朝之忿而亡其身，大或以穷兵黩武而亡其国。

年老时要戒得，人少壮之时，要功名，要名誉，还能管住一下自己，到了老年，日暮途穷，前无希望，就以身家之念为重，为子孙多赚点钱，就弄成了晚节不保。

皇帝要给几位舅舅封侯，恰恰就是这种情况。他们功成名就，位极人臣，封不封侯倒也无所谓。但是，不封侯，他们一死，子孙们就没有封邑，没有富贵保障了。所以皇帝不顾太后反对，一定要把这件事办了，否则来不及了。

6 五月二十日，任命司徒鲍昱为太尉，南阳太守桓虞为司徒。

7 六月三十日，皇太后马氏崩逝。

皇帝被马太后抱养，就专心专意以马氏为母家，所以亲生母亲贾氏反而不能登上高位，贾氏亲族也没有得到荣宠的。等到太后崩逝，也不过是给贾贵人的印信绶带，由绿色进级为红色，赐给安车一辆，宫女二百人，御府杂帛两万匹，大司农国库黄金一千斤，钱两千万而已。

8 秋，七月初九，葬马太后。

9 校书郎杨终谏言："宣帝博征群儒，论定'五经'于石渠阁。方今少事，学者得成其业，而寻章摘句、断章取义之徒，破坏学术体统。应该像当年在石渠阁一样，修订经义，永为后世法则。"皇帝听从。冬，十一月十一日，皇帝下诏给太常："将、大夫、博士、郎官以及诸儒到白虎观集会，讨论'五经'异同。"派五官中郎将魏应代表皇帝发问，侍中淳于恭奏报各位的回答，皇帝亲自裁决，整理成《白虎议奏》，名儒丁鸿、楼望、成封、桓郁、班固、贾逵及广平王刘羡都有参与。班固，是班超的哥哥。

建初五年（庚辰，公元80年）

1 春，二月初一，日食。皇上下诏，要求举荐直言极谏之士。

2 荆州、豫州诸郡兵马征讨溇中蛮夷，击破之。

3 夏，五月初三，皇上下诏说："我思慕直言之士，侧着身子听他们说话。那些先来的，都已经抒发了他们胸中的愤懑，我也略为知晓他们的志向。我想把他们都留在身边，随时咨询。但是，建武（光武帝）诏书里说过：'尧用具体职责来试用臣子，而不是光看他们的言语和奏折。'现在，地方官职有很多空缺，就派他们补任吧！"

4 五月二十日，太傅赵憙薨逝。

5 班超想平定西域，上书请求朝廷派兵，说："臣窃见先帝欲开西域，所以北击匈奴，西使外国，鄯善、于阗即时向化。如今拘弥、莎车、疏勒、月氏、乌孙及康居都愿意归附，并且愿意联合起来，消灭龟兹，打通通往汉朝的道路。如果征服了龟兹，则西域还不服从我们的，就只有百分之一而已。前代议政者都说：'取得西域三十六国，就如同断了匈奴右臂。'如今西域诸国，一直到西方日落之处，没有不向慕归化中原的。大国小国，尽皆欢欣鼓舞，贡奉不绝，唯有焉耆、龟兹还不服从。臣之前与官属三十六人奉使绝域，备遭艰难困苦，从孤守疏勒城至今已经五年，西域各国国情，臣都很熟悉，无论大国小国，问他们心意，都说，依靠汉朝，就像依靠着天！由此可见，葱岭（帕米尔高原）

可通，龟兹可伐。如今，可以拜龟兹国在汉朝为质的王子白霸为龟兹国王，以步骑兵数百送他回国即位，与诸国连兵，少则数月，多则一年，定能平定龟兹。以夷狄攻夷狄，这是最好的战略！臣见莎车、疏勒田地肥广，草木茂盛，牲畜成群，不比敦煌、鄯善差！不用劳动汉朝兵马，也不用费中原粮食。况且姑墨、温宿二国国王，是龟兹国派去的，不是当地人，又残暴不得人心，我们大军一到，当地人一定会起义投降。如果这二国来降，则龟兹自破。希望陛下将臣的奏章交给大臣们讨论，参考我的意见，做出决策，万一可以实施，臣死而无憾！臣班超，区区渺小之人，蒙神灵照顾，没有倒下死去，希望能亲眼见到西域平定，陛下举起祝福万年太平的酒杯，向祖庙祭祀献功，布大喜于天下！"

皇帝读到班超奏书，相信其功可成，朝议准备出兵。平陵人徐干上书，愿奋身辅佐班超。于是皇帝任命徐干为假司马，率领减刑囚犯和自告奋勇前行的人，一共一千人，前往协助班超。

之前莎车以为汉朝不会出兵，于是投降龟兹，而疏勒都尉番辰也叛变了。正赶上徐干兵到，班超于是与徐干攻击番辰，大破之，斩首千余级。班超想进攻龟兹，因为乌孙兵强，想和乌孙结盟，于是上书说："乌孙是大国，控弦之士十万。所以汉武帝把公主嫁给了乌孙王。到了孝宣帝时期，收到成果。如今可以遣使招慰，和他们联合。"皇帝听从了他的建议。

建初六年（辛巳，公元81年）

1 春，二月十七日，琅琊孝王刘京薨逝。

2 夏，六月十五日，太尉鲍昱薨逝。

3 六月三十日，日食。

4 秋，七月二十二日，任命大司农邓彪为太尉。

5 武都太守廉范迁任蜀郡太守。成都人口繁多，物产丰盛，房屋街巷，挨得很紧。以前的制度，禁止市民夜间劳作，以防止火灾。但实际上，市民们只是互相隐蔽而已，火灾更加频繁。廉范于是撤销前令，只是严格规定消防水池的配置而已。于是百姓称便，歌颂他说："廉范廉范，来得太晚！夜不禁火，安心劳作！以前短裤都没有，现在长裤有五条！"

【华杉讲透】

廉范这样的官，现在都缺！所谓"一刀切"，就是野蛮粗暴不负责，不愿负火灾的责任，干脆不许百姓晚上点灯。是地方官那么颟顸吗，还是考核机制的必然？逼着人不许犯错，不能出事，地方官怕出事，就什么也不让干。

在现代企业管理里，新的理念是反过来的，允许犯错，允许出事，只要不是故意的恶意的，失误犯错让公司损失了，也不会受到任何处罚。这理念是什么呢？是鼓励暴露错误，越早暴露，越多暴露，损失越小。如果犯错要被罚，那人们要么不干事，要么拼命掩盖错误，等盖不住的时候，损害就已经放大一百倍了。

人性人心都差不多，是考核机制决定他变成什么样的人。

6 皇帝准备接待即将入朝的沛王刘辅（皇帝的叔父）等人，派谒者赏赐貂裘以及御膳房食物、奇珍异果，又派大鸿胪持节郊迎。皇帝亲自到官邸视察接待准备工作，帷帐、床铺、钱帛、器物，无不齐备。

建初七年（壬午，公元82年）

1 春，正月，沛王刘辅、济南王刘康、东平王刘苍、中山王刘焉、东海王刘政、琅琊王刘宇来朝。下诏沛王、济南王、东平王、中山王赞拜不名（进门时，礼宾官只通报爵位，不直呼其名，以示尊敬，这几位都是皇上叔父），升殿之后，再行君臣之礼，皇上亲自答礼，所以宠光荣显，规格超过了前代。他们每次入宫，都有辇车迎接，到了禁中阁门才下车步行。皇上站起身来迎接，容貌恳切，皇后在帐幕后面参拜。亲王们都鞠躬辞谢，心中不能自安。三月，大鸿胪上奏，诸王应该归国了。皇上将东平王刘苍挽留在京师。

2 当初，马太后为皇帝遴选了扶风人宋杨的两个女儿为贵人，大贵人生下太子刘庆。梁松的弟弟梁竦有两个女儿，也被纳入宫中为贵人，小贵人生下皇子刘肇。窦皇后无子，养刘肇为子。宋贵人有宠于马太后，太后崩逝之后，窦皇后受宠越来越盛，与母亲沘阳公主一起谋陷宋氏姐妹。她外令兄弟收集宋家鸡毛蒜皮的过失，内使宦官侦察她们的行动。宋贵人生病，想吃兔肉，让娘家人送来。窦皇后于是借此诬陷她是要送东西进宫行巫蛊厌胜之术。于是太子被逐出，送到承禄观居住。

夏，六月十八日，皇帝下诏："皇太子精神惶惑，喜怒无常，不可以奉宗庙，大义灭亲都可以，更何况只是将他降退呢？现在，废刘庆太子位，贬为清河王。皇子刘肇，由皇后保育，在皇后怀抱中接受教诲，现在，任命刘肇为皇太子。"

于是将宋贵人姐妹逐出，送到丙舍（宫中房屋，以甲、乙、丙为次序，丙舍是最偏最差的房间）关押，令小黄门蔡伦负责审查。两位贵人都饮药自杀。她们的父亲、议郎宋杨也被免官，遣返故乡。刘庆当时虽然年幼（五岁），但是也知道避嫌畏祸，绝口不敢提宋氏。皇帝更加怜悯他，下令皇后，给刘庆的衣服，要和太子齐等。刘肇也亲爱刘庆，入则同室，出则同车。

【华杉讲透】

皇帝知道宋贵人无罪，也知道刘庆聪明懂事，并非他诏书里说的那样，"有失惑无常之性"，只是不给她们安个罪名，换太子之事就师出无名，所以就"不得不置之于死地"了。就算是宋贵人主动愿意叫刘庆让出太子位置，也做不到，因为太子不能无罪被废，所以必须有罪。所谓皇后陷害宋贵人，皇帝也是同谋。

悲哉！"名不正，则言不顺；言不顺，则事不成。"用在害人上，就要给人安罪名。宋贵人有什么罪呢？就是怀璧其罪，儿子占了太子位置。她想主动交出太子之位这块玉璧脱身，那也不行，必须是死罪。

3 六月二十三日，改封广平王刘羡为西平王。

4 秋，八月，饮宴之后，有司再奏请说东平王刘苍该回国了。皇帝于是批准，亲笔手诏给刘苍说："骨肉天性，不应该以距离远近为亲疏，但是，数次和您相见之后，感情更加深厚了。大王在京师时间长了，也很劳累，希望回家休息。我想在大鸿胪奏请您回家的奏章上签批，不忍下笔。签完交给小黄门的时候，心中还恋恋不舍，恻然说不出话来。"

于是亲自车驾相送，祭祀路神，饮宴送行，流涕而别。又赏赐乘舆服饰、珍宝、马匹、钱布，价值以亿万计。

5 九月初十，皇帝行幸偃师县，一路向东，在卷县渡口渡过黄河，到达河内郡，下诏说："车驾巡视秋稼，观看秋收，所过郡县，都是精骑轻行，没有其他辎重。地方官不要修路修桥，不要远离自己的岗位，不要派人来逢迎、侍奉起居，在我面前进进出出，惹人烦扰。出行要节约，我恨不得像晏子一样吃粗糙的米饭，像颜回那样拿瓢来饮凉水。"九月己酉日（九月无此日），皇上进幸邺城。九月二十七日，车驾还宫。

6 冬，十月十九日，皇帝行幸长安，封萧何后裔萧熊为酂侯。再进幸槐里、岐山，又巡幸长平，住在池阳宫，东至高陵。十二月丁亥日（十二月无此日），车驾还宫。

7 东平献王刘苍生病，皇帝派名医、小黄门太监飞驰前往侍疾，使者来往，冠盖不绝于道路，又设置驿马，千里传问起居。

建初八年（癸未，公元83年）

1 春，正月二十九日，刘苍薨逝。皇帝下诏让中傅"将大王自建武年间以来的所有文章及奏章编成全集，供我阅读"。派大鸿胪持节前往主持治丧，命四姓小侯（光武帝母亲家族樊姓，皇后家族阴姓、郭姓，明帝皇后家族马姓）及各诸侯封国亲王、公主，全部到东平国出席葬礼。

2 夏，六月，北匈奴三木楼訾大人稽留斯等，率三万余人到五原塞投降。

3 冬，十二月初七，皇帝行幸陈留、梁国、淮阳、颍阳。二十一日，还宫。

4 刘肇得以立为太子，梁氏私下相互庆祝，诸窦氏听说后，非常厌恶。皇后想独占太子母家恩情，忌恨梁贵人姐妹（刘肇是梁贵人所生，给皇后为养子），数次在皇帝面前诋毁，渐渐地皇帝对梁氏也疏远嫌弃了。这一年，窦氏又写飞书（就是匿名信），构陷梁竦（梁贵人姐妹的父亲），使他陷入谋反大罪。梁竦死在狱中，家属被流放到九真，梁贵人姐妹也忧郁而死。口供牵涉梁松的妻子舞阴公主，公主也被流放到新城。

5 顺阳侯马廖，谨笃自守，但性格宽缓，不能教育约束子弟，子弟们都骄奢不谨。校书郎杨终给马廖写信，告诫他说："您地位尊重，四海之内，都仰望您。而您做黄门郎的兄弟子侄们，没有当年孝文窦皇后哥哥长君那样有退让的作风，反而喜欢结交一些轻狡无行的宾客。如果您继续放纵他们，不管束他们，他们将会越来越任性，想想从前种种历史教训，不能不为马氏家族的未来感到寒心！"马廖听不进去，或者说，听了也做不到。

马防、马光兄弟资产巨亿，大起楼宇，连绵相接，布满街道，家中食客，时常都有数百人。马防又大量放牧牛马，还向羌人、匈奴勒索赋税。皇帝非常不高兴，数次谴责，对他各种禁止、遏制、防备，由此马家权势稍稍受损，宾客也少了。

马廖的儿子马豫为步兵校尉，在信件中表示不满，于是有司上奏，抨击马防、马光兄弟骄奢僭越，浊乱圣化，建议将他们全部免职，遣返封国。马廖等人即将上路时，皇帝下诏说："舅舅一门都回到封国，四时陵庙没有在前后助祭的人了，我为之伤怀。现在，下令许侯马光留在京师，闭门思过。有司不要再提异议了，让我有见舅如见母的情意。"

马光比马防稍微谨密，所以皇帝特别留下他，后来又给他恢复"特进"地位。

马豫跟随马廖回到封国，被拷打致死。

后来，皇帝又下诏，召马廖回到京师。

马氏既然获罪，窦氏就更加贵盛。皇后的哥哥窦宪为侍中、虎贲中郎将，弟弟窦笃为黄门侍郎，都在宫禁中侍卫，赏赐累积，又喜欢交通宾客。司空第五伦上书说："臣见虎贲中郎将窦宪，是皇后的至亲，掌管禁兵，出入宫廷，年盛志美，卑让乐善，这诚然是他亲贤好士，并喜欢和他们交结的原因。但是，在贵戚之门出入的，大多是自己就有问题，或者是受到政治禁锢之人，很少有安贫守法的节操。士大夫当中无志之徒，更是互相贩卖，云集其门，这正是骄奢淫逸之所生。三辅地区有议论说：'因为贵戚的牵连而被剥夺政治权利的，还得靠贵戚恢复，就像喝醉了，还得用酒来醒酒。'那些阴险恶毒、趋炎附势之徒，绝对不可亲近。臣希望陛下、皇后能严厉申斥窦宪，让他闭门自守，不要胡乱结交士大夫，防患于未萌，思虑于无形，让窦宪能永保福禄，君臣交欢，没有一点嫌隙，这就是臣最大的心愿！"

窦宪自恃皇后的声势，从亲王、公主以及阴家、马家，都畏惧忌惮他。窦宪曾经以一个很低的价钱，强买沁水公主（明帝的女儿）的庄园，公主畏惧他，不敢计较。后来皇帝从庄园经过，指着问窦宪，窦宪暗中喝阻左右不能照实回答。后来被发觉，皇帝大怒，召窦宪切责说："我仔细想来，当初经过被你强夺的公主庄园的时候，你的做派，不就是赵高的指鹿为马之术吗？这让人越想越惊惧恐怖！先帝在任时，常教阴觉、阴博、邓叠三人互相纠察，所以诸豪门贵戚都没有敢犯法的。如今尊贵如公主，还要被你侵夺，何况小民！国家要抛弃你一个窦宪，不就像抛弃一只雏鸟、一只死老鼠一样吗！"

窦宪大惧，皇后也穿上降级的服装告罪求饶，过了很久，皇上的怒气才消解了，让窦宪把庄园还给公主。虽然没有治他的罪，但是也不再授之以重任。

【司马光曰】

人臣之罪，莫大于欺君罔上，所以明君最恨的就是这个。孝章皇帝说窦宪已经到了指鹿为马的地步，说得很对。但是，之后又不治他的罪，那奸臣还有什么顾忌？人主之于臣下，最怕的就是不知道他的好恶。但是，如果明明知道了，却又赦免他的罪，那还不如不知道。为什么呢？因为他为奸为恶，而皇上不知，他还有所畏惧。如今皇上知道了，却没有任何后果，那就无所畏惧，更加放纵了！所以，知善而不能用，知恶而不能去，这是人主最需要戒惧的。

【华杉讲透】

"知善而不能用，知恶而不能去，人主之所深戒也"，这句话是这段的关键。用人黜人，都要快，不要拖。该用的人，拖着不提拔，凉了他的心；该黜退的人，拖着不能去，他更加腐烂不说，别的人也不知道组织的价值观和评价标准到底是什么。

6 下邳人周纡为洛阳县令，下车伊始，先问本地大姓的名字。属吏将街间中一些豪强的名字汇报上来，周纡严厉地呵斥说："我问的是像马家、窦家那样的贵戚，我需要知道这些蔬菜贩子吗？"于是属吏们把握他的风向，争相以激烈的手段行事，贵戚们被打击得束手束脚，京师肃然清静。窦笃夜间出行，到了止奸亭，亭长霍延拔剑指着窦笃，肆意谩骂。窦笃汇报给皇上。皇上下诏，令司隶校尉、河南尹接受尚书的谴问；又派剑戟武士逮捕周纡，将他关进廷尉诏狱，数日之后，才赦免释放。

7 皇帝拜班超为将兵长史（大将军下设长史、司马，不设将军，直接由长史将兵，就是将兵长史），以徐干为军司马，另外派遣卫侯李邑护送乌孙使者回国。李邑到了于阗，正赶上龟兹攻打疏勒，李邑恐惧，不敢继续前行，于是上书陈述西域之功不可成，还大肆诋毁班超，说他"拥爱妻，抱爱子，于外国享乐，无思念中原之心"。班超听说后叹息说："我不是曾参，却有曾参遇到的三次谗言（与曾参同名的人杀人，有个人跑去跟他妈妈说曾参杀人了，他妈不信；第二个人又去说，他妈还是不信；第三个人去说，他妈翻墙逃跑了），恐怕我也要被朝廷怀疑吧！"于是班超把妻子休了。皇帝知道班超的忠诚，痛斥李邑说："纵然班超拥爱妻，抱爱子，那还有思归的将士一千余人呢？他们怎么又跟班超同心同德呢？"进而下令李邑到班超处报到，归班超节制，下诏给班超说："如果李邑适合在外工作，就留他在你那里任职。"班超即刻派李邑护送乌孙侍子回京师。徐干对班超说："李邑之前诋毁您，还试图败坏西域的事业，为什么不顺着皇上诏书的意思，把他留在西域，另外派人执行回国的任务呢？"班超说："此言差矣！正因为李邑诋毁我，我才派他回去。只要自己无愧于心，何必在意别人说什么！如果我为了自己称心快意，就把他留在西域，那反而不是忠臣了。"

【华杉讲透】

班超说的"内省不疚"，出自《论语》。

司马牛问君子。子曰："君子不忧不惧。"曰："不忧不惧，斯谓之君子已乎？"子曰："内省不疚，夫何忧何惧？"

司马牛问老师:"什么是君子呢?"

孔子说:"不忧不惧,就是君子。"

司马牛有点茫然:"老师说不忧不惧就是君子,为什么呀?"

孔子说:"自己问心无愧,省察一下自己,啥毛病没有,有什么忧惧呢?啥毛病没有,那不就是君子吗?"

张居正解释说:凡人涵养未纯,识见未定,祸福利害皆能动其心。所以还没遇到事的时候呢,就多疑虑;遇到事的时候呢,又多畏缩,这就是忧惧之所生。而君子平时为人,光明正大,无一事不可对人言,无一念不可与天知,内心省察自己,没有一丝一毫的内疚。所以其理足以胜私,气足以配道义。在这种情况下,如果还有什么意外灾祸,那也就安然接受命运,所以有什么忧惧呢?

班超虽然引用了这句话,但他并非不忧不惧。不忧不惧,他就不会以曾参自比,并且把自己爱妻都给休了。

但是,班超有一个难得的品质,就是没有报复心,皇帝就是把李邑交给他处置,让他可以报复出气。但是,报复李邑这种角色,又有什么意义呢?把他留在身边,也是一个祸害,反而增加他的怨毒,让他筹划下一次报复。不如顺了他的意,让他回去,大家都没话说了。

尽量不要报复人,特别是地位比你低、并没有对你造成实质性伤害的人。

8 皇帝任命侍中、会稽人郑弘为大司农。之前交趾七郡进贡的物品,都从东冶县(属会稽郡)海运而来,风高浪急,经常发生沉船惨剧。郑弘上奏,开凿零陵、桂阳山道,从此,交趾与内地道路畅通,这条路便成为常用的道路。郑弘在职两年,为国家节省经费以亿万计。当时遭逢天下大旱,边境有紧急军情,人民粮食不足,而国库始终充实。郑弘又上奏建议减少地方上贡的物品,减轻徭役,以疏解民间饥饿。皇上都听从了他的建议。

元和元年（甲申，公元84年）

1 春，闰正月十五，济阴悼王刘长薨逝。

2 夏，四月二十四日，分割东平国，以前东平献王刘苍的儿子刘尚为任城王。

3 六月初七，沛国献王刘辅薨逝。

4 报告政事的人，大都说："各郡国举荐的人才，不是按照功劳大小，也不是按照资历班次，所以官员对自己的职务更加懈怠，政事也越来越松弛了，责任在于州郡官员。"皇上下诏，让公卿朝臣商议。大鸿胪韦彪上书说："国家以选拔贤能为务，贤德以孝行为首，所以，求忠臣必于孝子之门。人很少能够做到才德兼备的，所以，孟公绰为赵、魏家老则优，做滕、薛大夫就拿不下来。（出自《论语》，子曰："孟公绰为赵魏老则优，不可以为滕薛大夫。"孔子说："孟公绰，如果在晋国的赵魏两家做个家老，那是绰绰有余。但如果在滕、薛这样的小国做大夫，他能力还不够。"孟公绰，是鲁国大夫，孔子非常敬重的有德之人，为人清心寡欲，但才干不足。他若在大国大夫家做一个家老，只是以德服人，垂拱而治而已，具体事都有具体人办，他正好做个领导。但如果是在滕国、薛国这样的小国做大夫，那是任一国之政，事务繁多，时时要决策，事事要躬亲，那他的才干就不够了，非干砸了不可。）忠孝之人，心地敦厚；文法之吏，心地刻薄。选拔官吏，应该以才德为先，而不是只看资历。但是，究其关键，在于选拔二千石级别的官员，二千石级别的官员有贤能，他们的举荐，也能得到贤能的人。"

韦彪又上书说："天下的枢机，在于尚书。尚书的人选，岂可不重视！而之前的尚书，大多是从郎官的位置擢升而来，这些人虽然熟悉文法，长于应对，但都是小聪明，没有什么大能耐。请三思当年啬夫应对敏捷（事见文帝三年），而绛侯周勃木讷的对比。"

韦彪的意见，皇上都采纳。韦彪，是韦贤的玄孙。

5 秋，七月二十三日，皇帝下诏："法律明文规定：'拷问疑犯，只能用榜、笞、立，三种方式。'《令丙》对刑杖的长短大小，都有规定。但是，自从大狱兴起以来（指楚王刘英谋反案），拷打极为残酷，又用铁钳、锥刺之类刑具，惨苦无极。我每每想到那种痛毒，恐惧而惊心。现在规定，应在秋冬的时候审问狱案，并明确规定禁止的事项。"

6 八月十一日，太尉邓彪免职。以大司农邓弘为太尉。

7 八月二十日，下诏改元（改年号为元和）。

八月丁酉日（八月无此日），车驾南巡。下诏说："所经道上州县，不得预先准备接待。司空所属部门自带材料架设桥梁（司空掌水土，所以由司空负责）。地方官有擅自遣使奉迎、探视起居的，地方上二千石级别的主官负连带责任。"

8 九月十八日，皇上行幸章陵；十月初七，进幸江陵。在回程途中，到了宛县。召见之前的临淮太守、宛县人朱晖，拜为尚书仆射。朱晖在临淮任职时，有善政，百姓歌颂他说："强直自遂，南阳朱季。吏畏其威，民怀其惠。"后来，朱晖因为犯法被免官，回家闲居。所以皇上又召见任用他。

十一月初七，车驾还宫。

尚书张林进言："国家经费不足，应该由官府煮盐，以及恢复武帝时期的均输法。"朱晖固执地认为不可，说："均输法，就是官府做买卖，和商贩没区别，至于食盐专卖，利益都归官府，则下民穷怨，这不是明主该施行的政策。"皇帝因此发怒，严厉斥责尚书台的官员。朱晖等人把自己捆了，到监狱报到。三日之后，皇上下诏将他们赦免出狱，说："国家愿意听取不同意见，老先生并没有罪，我责备得有点过了而已，你们何故把自己捆了到监狱去！"朱晖就称病，不肯在议案上签署名字。尚书令及下属官员惶怖,对朱晖说:"如今正被皇上谴责,怎么还能称病,这祸可闯得不小!"朱晖说:"我已经八十岁了,蒙恩得以参与机密,当以死相报,如果明明心里知道不可,却顺着皇上的意思说,那有负于臣子之义!现在我耳朵听不见,眼睛也看不见,就等着被处死!"于是闭口不再说话。

尚书台诸位官员不知道该怎么办,于是联名弹劾朱晖。这时皇帝怒气也消解了,把这事放在一边。又过了数日,下诏令直事郎(值班郎官)探问朱晖起居,派太医去给他看病,太官送去食物,朱晖这才恢复办公,并向皇上谢恩。之后,皇上又赏赐朱晖钱十万,布百匹,衣服十套。

【华杉讲透】

朱晖因为什么被免官呢?就是因为拷打长史致其死于狱中,被州官上奏免职。皇上刚刚下诏要求禁止严刑拷打,转头就将因刑讯逼供致死而被免职的朱晖提拔到朝廷工作。皇上所说的他对刑讯的"惨苦无极""念其痛毒,怵然动心"到什么程度,大家也就心中有数了。

"强直自遂"是他的性格,自遂,就是满足自己的心意。对皇上,也是强直自遂。

9 鲁国人孔僖、涿郡人崔骃,一起在太学(国立大学)读书,相互议论说:"孝武皇帝,刚开始做天子的时候,还能崇信圣道,最初五六年间,号称胜过文、景。到了后来,就越来越恣意妄为,忘掉了他之前的善政。"隔壁房间的学生梁郁上书,举报:"崔骃、孔僖诽谤先帝,刺讥当世。"事情交给有司调查。崔骃先被传唤讯问。孔僖上书自辩说:"什么叫诽谤呢?就是实际上没有此事,而虚构污蔑。至于孝武皇帝,他的政治之美恶,汉史上写得很清楚,坦白如日月。我们的议论,也不过是直说史书上记载的实事,不是虚构诽谤。身为皇帝,为善为恶,天下莫不知,这都是自己造成的,不可以因此去诛杀别人。况且陛下即位以来,政教并无过失,而德泽有加于天下,这是全国人民所共知的,臣等又怎么能讥刺得了呢!假使我们说的是事实,那陛下固然应该改正。即令我们说得不恰当，陛下也当包容，又何必治我们的罪呢？陛下不从根本上着眼，考虑百年大计，而是以自己的私心，快意恩仇，臣等受戮，死即死耳，恐怕天下之人，一定因此事提高警觉，改变思考方式，从这件事来推测陛下的用心，从今往后，看见什么认为不可以的事，也不会再说话了。齐桓公当年见管仲，亲口跟管仲谈论先君之恶，问管仲该怎么纠正政治，然后群臣都能尽心尽力。如今陛下要为十世以前的武帝掩盖他的错误，岂不是与齐桓公不同吗？臣担心有司仓促定案，让我衔恨蒙冤，没有机会再向陛下申诉，让后世再擅自将陛下有所比方（意思是拿这件事来比作昏君），然后陛下的子孙再来替陛下掩饰吗？我的话说完了，现在到宫门前等待诛杀！"

奏书递上去，皇帝立即下诏撤案，不再查问，拜孔僖为兰台令史（掌书奏及印工文书，兼校定宫廷藏书文字）。

【华杉讲透】

孔僖这封上书，看得人心惊肉跳，都为他捏一把汗。不过，皇上立即撤案，并且升了他的官。从朱晖和孔僖两案，可见汉章帝还是仁厚天子。

孔僖这么激烈的上书，一来大学生年轻气盛，二来他是孔子后裔，代表孔家，还是身份不一样吧！

10 十二月初一，皇上下诏："以前因犯妖恶罪，三族（父族、母族、妻族）被剥夺政治权利而不能做官的，全部解除禁令，只是不能担任宫廷宿卫。"

11 庐江人毛义、东平人郑钧，都以义行称道于乡里。南阳人张奉仰慕毛义的义名，前往拜访，坐定之后，正好来了朝廷公文，任命毛义为安阳县令。毛义捧着公文进到里屋去，喜形于色。张奉心中对他就轻贱了，辞别而去。后来毛义母亲去世，朝廷再征召他出来做官，他都拒绝。张奉叹息说："对贤者真不能随意猜测，当初他的喜形于色，是因为可以让母亲高兴啊！"

郑钧的哥哥为县吏，经常收受贿赠。郑钧规劝他不要这么做，哥哥不听。郑钧就出门去打工，一年之后，将挣来的钱帛全部交给哥哥，说："钱财没了还可以再有，做官犯了贪赃枉法之罪，一辈子都完了。"哥哥被他的话所感动，此后成为一个廉洁的官员。郑钧做官一直做到尚书，后来免职回家。

皇帝下诏褒奖毛义、郑钧，各赐给谷子一千斛，每年八月，由地方官府官员问候起居，加赐羊、酒。

12 武威太守孟云上书说："北匈奴愿意恢复边境贸易市场。"皇上下诏允许。北匈奴大且渠伊莫訾王等人，驱赶牛马一万余头来与汉朝交易，南单于遣轻骑出上郡突击抢劫，大获而还。

13 皇帝又派遣假司马和恭等人率兵八百增援班超。班超于是征发疏勒、于阗兵攻打莎车。莎车贿赂疏勒王忠，忠于是叛变，跟从莎车王向西到乌即城。班超改立忠的府丞成大为疏勒王，征发全部还没叛变的疏勒兵攻打忠，派人游说康居王将忠抓捕，带回康居。乌即城于是投降。

卷第四十七 汉纪三十九

（公元85年—公元91年，共7年）

主要历史事件

烧当羌等羌人部落造反 139

莎车投降，班超从此威震西域 143

汉章帝崩，十岁太子刘肇即位，是为汉和帝 145

窦太后临朝 149

南单于借兵，窦宪为躲杀人罪请愿 148

窦宪大败北匈奴，燕然勒石 153

班超被任命为西域都护 158

汉朝承认北匈奴单于 158

主要学习点

领导者要懂得分解处理下属的意见 141

君子戒慎恐惧，小人无所忌惮 149

肃宗孝章皇帝下

元和二年（乙酉，公元85年）

1 春，正月初五，皇上下诏说："之前有法令说：'人民有生孩子的，免除算税三年。'现在，对怀孕的，赐给养胎谷三斛，她丈夫的算税，就免除一年，将此诏书定为法令！"

又下诏给三公说："那些踏实稳重的官吏，一片至诚，朴实无华，如果按天来考察他的工作，好像没什么业绩。但是，如果按月来计，则民安其生，家给人足，政绩绰绰有余。比如襄城县令刘方，官吏人民异口同声，都说他施政一点也不繁琐，虽然没有其他什么特别优异的政绩，但也比较接近我的要求了。那些以苛严为明察，以刻薄为智慧，以从轻为德，以从重为威的，这四种风气一旦兴起，下面的百姓就会有怨心。我多次下诏，传诏的使者冠盖相接于道路，但是官吏们并没有把国家治理得更好，人民也时常身陷法网。问题到底出在哪里？希望你们勉力深思我之前的政令，能够让我称心满意！"

2 北匈奴大人车利涿兵等人，逃亡入塞，前后有七十三批。当时北匈奴衰耗，各部落纷纷离散反叛，南匈奴攻其前，丁零寇其后，鲜卑击其左，西域侵其右，不能立足，于是更向北远遁而去。

3 南单于长死，单于汉之子宣即位，为伊屠于闾鞮单于。

4 《太初历》施行了一百多年，按历法推算的日月星辰运行，比实际稍晚数天（比如应该十五月圆，结果十七、十八月才圆）。皇上下令治历官员编䜣、李梵等重新综合校正，制作《四分历》。二月初四，开始施行。

5 皇帝做太子的时候，跟从东郡太守、汝南人张酺学习《尚书》。二月初六，皇帝东巡，行幸东郡，请张酺及其门生，以及郡县掾史在庭院中集会，皇帝先以弟子之礼，请张酺讲解《尚书》一篇，然后再行君臣之礼，赏赐殊待，与会者没有不满足的。又经过任城，行幸郑钧家中，赐给他终身享有尚书俸禄。时人称他为"白衣尚书"。

6 二月十五日，皇帝在定陶亲耕。
二月二十一日，皇帝巡幸泰山，烧柴祭天，以祭岱宗。之后进幸奉高。
二月二十二日，在汶上明堂祭祀五帝。进幸济南。
二月二十六日，赦天下。
三月初十，巡幸鲁国，三月十一日，在阙里祭祀孔子及其七十二弟子，演奏六代的音乐（黄帝之乐云门、尧之乐咸池、舜之乐大韶、禹之乐大夏、汤之乐大护、周之乐大武），大会孔氏男子二十岁以上者六十二人。皇帝对孔僖说："今日之会，对你的宗族很有光荣吧？"孔僖说："臣听说，明王圣主，无不尊师贵道，如今陛下屈万乘之躯，光临我鄙陋乡里，这是崇礼先师，增辉圣德。至于光荣，不是我敢承担的！"皇帝大笑说："不是圣者子孙，能说出这番话吗！"于是拜孔僖为郎中。

7 三月十三日，皇帝行幸东平，追念献王刘苍，对他的儿子们说："思其人，至其乡，其处在，其人亡。"说着，泣下沾襟。于是行幸献王陵，用太牢（牛、羊、猪各一）祭祀，亲自到祠堂祭拜牌位，哭泣尽哀。

当初，献王回国的时候，骠骑将军府吏丁牧、周栩被献王爱贤下士感动，不忍离去，就留在献王家做大夫数十年，侍奉他祖孙三代。皇帝听说后，接见他们，既怜悯他们久居下位，又想弘扬献王的美德，当即将他们都擢升为议郎。

三月十六日，皇帝行幸东阿，北登太行山，至天井关。

夏，四月初六，还宫。

四月十一日，祭祀祖庙，向父祖汇报巡狩四方的经过。

8 五月，改封江陵王刘恭为六安王。

9 秋，七月二十三日，下诏说："《春秋》敬重'三正'，慎重'三微'（周朝以十一月为正月，商朝以十二月为正月，夏朝以一月为正月，这是'三正'；这时万物蛰伏在冰冻的大地之下，正处在微弱之时，所以又叫'三微'），从现在起，十一月、十二月不许处决囚犯，仅在十月处决。"

10 冬，南单于与北匈奴温禺犊王战于涿邪山，斩获而还。武威太守孟云上言："北匈奴之前既然已经和我们和解，而南匈奴又不断去抄掠他们，那北单于就会认为汉朝欺骗他，又要起兵犯塞了。应该把南匈奴所掳掠的他们的人民和牲畜，全部归还给他们，让他们安心。"

皇帝下诏，让百官朝议此事。太尉郑弘、司空第五伦都认为不能归还。司徒桓虞、太仆袁安则认为应该归还。郑弘于是大声激烈地攻击桓虞说："凡是说要归还的，都是不忠！"桓虞当廷呵斥郑弘。第五伦及大鸿胪韦彪都愤怒得变了脸色。司隶校尉弹劾郑弘等人。郑弘等人都上交印绶谢罪。皇帝下诏说："久议不决，正是因为大家有不同意见，事情需要大家一起商议，集思广益以定策。忠正和乐，自然是得体有礼，但如果都不说话，也非朝廷之福。你们有什么罪，要辞职以谢？把你们帽子鞋子都戴好穿好吧！"

皇帝最后下诏决策说："江海之所以为百川之王，是因为居于它们的下位。我们稍微委屈一下自己，又有什么关系！况且我们和匈奴，君臣名分已定，他们言辞温顺，誓约明确，每年都来进贡，我们怎么能违背信义，自己理屈呢？现在，命令度辽将军及领中郎将庞奋，用双倍价钱，向南匈奴购买他们所掳掠的北匈奴人民和牲畜，归还给北匈奴。而南匈奴斩首俘虏的战功，照样计功受赏，跟以前一样！"

元和三年（丙戌，公元86年）

1 春，正月二十二日，皇帝北巡。二十七日，在怀县亲耕。二月二十一日，训令侍御史、司空说："正是春天时节，我所经过的地方，不要有所杀伤，车可以避开的，就避开；驾车的四匹马，边上两匹可以解开的，就解开。"二十四日，进幸中山，出长城。二十九日，返程，进幸元氏。三月初六，进幸赵国。十八日，还宫。

2 太尉郑弘数次痛陈侍中窦宪权势太盛，言辞苦切，窦宪对郑弘恨之入骨。正赶上郑弘上奏弹劾窦宪党羽尚书张林及洛阳县令杨光为官贪赃枉法，行为残暴。奏书递上去，经手的官吏与杨光是老交情，将消息告诉杨光，杨光告诉窦宪。窦宪先下手为强，上奏弹劾郑弘身为大臣，泄露省中机密。皇帝诘问郑弘。夏，四月二十三日，收缴郑弘印绶。郑弘自己到廷尉监狱报到。皇帝下诏将他释放。郑弘上书请求退休回家，皇帝不许。郑弘病重，上书陈谢说："窦宪奸恶，贯天达地，海内疑惑，贤愚痛恨，都说：'窦宪有什么妖术，能迷惑主上！'像王莽那样的祸事，已经明显可见！陛下处天子之尊，保万世国祚，而信任此谗佞之臣，不计存亡之机，臣虽然命在旦夕，死不忘忠，愿陛下诛四凶之罪（将窦宪比作尧帝时期的四大奸臣），以应人神共愤之望！"

皇帝看了奏章，派太医去给郑弘看病。太医到达，郑弘已经薨逝。

3 任命大司农宋由为太尉。

4 司空第五伦因年老多病请求退休。五月初三，皇帝批准，并赏赐他终身享受二千石待遇。第五伦奉公守节，表达意见从来没有模棱两可的话。性格质朴，少文采，在位以忠贞清白著称。有人问他："您有私心吗？"他回答说："之前有人送我千里马，我虽然没有接受。但是，每次要三公举荐人才的时候，我总是忘不了他，只是我并没有真的举荐他，但是像这样，怎么能说没有私心呢？"

任命太仆袁安为司空。

【华杉讲透】

第五伦这样，真的是做到慎独了。在别人看不见，听不见，也不知道的地方，在自己内心最深处，最细微处，戒慎恐惧，检点自己。能这样修养身心，也就得圣人真经了。

5 秋，八月二十四日，皇帝行幸安邑，观览盐池。九月，还宫。

6 烧当羌酋长迷吾又与他的弟弟号吾及诸部落造反。号吾先轻兵进入，入寇陇西界，督烽掾（掌管烽火台）李章追击，生擒号吾，要把他押送郡府。号吾说："杀了我一个，也无损于羌，如果能放我回去，一定全部罢兵，不再侵犯边塞。"陇西太守张纡下令释放号吾。羌兵即刻解散，各归故地。迷吾退居河北归义城。

7 疏勒王忠向康居王借兵，返回盘踞损中，遣使向班超诈降。班超知道有诈，假装同意。忠带着轻骑前来见班超，班超将他斩杀，乘势击破他的部众，西域南道于是恢复畅通。

8 楚国许太后薨逝（当初楚王刘英被流放，楚太后获准仍在楚宫居住）。皇上下诏，改葬前楚王刘英，追封爵位，谥号为楚厉侯。

9 皇帝任命颍川人郭躬为廷尉，郭躬决狱断刑，多所哀矜宽恕，又条陈可以放宽的重刑条文四十一条，奏请减轻，都得到批准施行。

10 博士、鲁国人曹褒上书，认为："应该制定文化制度，成为汉朝礼制。"太常巢堪认为："这是一世之大典，不是曹褒这样一个人所能定的，不可应许。"皇帝知道诸儒被古书拘束，难以与他们一起开创新局面，而朝廷礼制，又亟待建立，于是拜曹褒为侍中。玄武司马班固认为："应该广集诸儒，共议得失。"皇帝说："谚语说：'路边盖房，三年不成（因为指手画脚的人太多）。'如果把大家聚集在一起，争执不定，互生疑窦，这礼制怎么定，总也下不了笔！当初尧制定《大章》（音乐篇名），就乐官夔一个人就够了。"

【华杉讲透】

汉章帝是一个非常好的领导者，从之前他化解郑弘、桓虞的会议争执，到这次支持曹褒主持制定礼制的工作，都可以看出来。

郑弘、桓虞的争执，是从不同的工作意见迅速升级为政治指控。这在今天的会议中也是极为普遍的，开始时只是不同的工作意见，但工作意见是否被老板采纳，直接涉及每个人的权位利禄，所以会迅速升级为政敌。再往后，就已经不是工作意见，而是各自捍卫自己的权位和利益了。如果领导者不能清醒地认识到这一点，他就会以为还在讨论工作，不知道早已没人关心他的工作了。所以汉章帝说你们别扯皮了，两边意见我都晓得了，我自己作决策。

曹褒这件事呢，巢堪、班固自己没想到去做，不愿意曹褒这样一个低级别的官员干成了最大的国家大事。特别是巢堪，他是太常，掌礼乐、郊庙祭祀，这本来是他的本职工作，怎么能交给一个博士生主持呢？所以他们先是说曹褒没有资格，皇帝坚持要交给曹褒后，他们又要参与进来，一起商议。皇帝就知道他们的心思，不让他们来添乱。即便需要他们的意见，等曹褒拿出方案之后也还来得及。

每个人说的话，背后都包含了他的观点、情绪和利益三个方面，领导者要善于分辨，把他们的观点、情绪、利益分解开来，分别处理。既能有利于工作，也能照顾他们的情绪，平衡他们的利益。更重要的，是创造一个真正可以畅所欲言，不需要过分顾及权位利益的工作环境。但这也不是绝对的，因为谁的意见被采纳得多，谁就被提拔得快，这是一个根本的游戏规则。

要不咋说做领导累呢！

章和元年（丁亥，公元87年）

1 春，正月，皇帝召见曹褒，将叔孙通所指定的《汉仪》十二篇交给他，说："这项礼仪流程，比较散略，很多地方不合经义，如今你根据礼仪逐条修正，让它可以施行。"

2 护羌校尉傅育想攻伐烧当羌，但是因为羌人新近投降，不便出兵，就招募人挑拨羌人和匈奴，希望他们内斗。羌人、匈奴都不肯，于是又叛变出塞而去，依附迷吾。傅育奏请征发诸郡兵数万人共击羌人。大军还未集结，三月，傅育单独进兵。迷吾接到消息，烧毁庐舍撤退。傅育率三千精骑穷追，这一天夜里，追到三兜谷，傅育没有防备，迷吾突击，大破之，杀傅育及官吏士兵八百八十人。等诸郡兵马到，羌人远去。皇上下诏，以陇西太守张纡为校尉，率一万人屯驻临羌。

【华杉讲透】

唐代白居易有诗云：

君不闻开元宰相宋开府，不赏边功防黩武。

又不闻天宝宰相杨国忠，欲求恩幸立边功。

边功未立生人怨，请问新丰折臂翁。

不赏边功防黩武，防的就是傅育这种人，本来没有战争，他为了立功，硬给你搞出战争来。为了当灭火英雄，立功受奖，自己先做纵火犯，结果把自己烧死了。

3 夏，六月初二，司徒桓虞免职。癸卯日（六月无此日），任命司空袁安为司徒，光禄勋任隗为司空。任隗，是任光之子。

4 齐王刘晃及弟弟、利侯刘刚，与母亲太姬互相诬告。秋，七月初八，皇帝下诏，贬刘晃为芜湖侯，刘刚削减封邑三千户，收缴太姬印绶。

5 七月十七日，淮阳顷王刘昞薨逝。

6 鲜卑深入北匈奴东部边界，发动攻击，大破之，斩杀优留单于而还。

7 羌族酋长迷吾又联合诸部落入寇金城塞，张纡遣从事、河内人司马防，与之战于木乘谷，迷吾兵败退走，派翻译官出使请降，张纡接受。迷吾率领队伍到临羌，张纡布兵严阵以待，在酒中放毒，伏兵杀死羌族酋长八百余人，斩迷吾头，祭奠在傅育坟前，再纵兵击其余众，斩首俘虏数千人。然而迷吾的儿子迷唐，与各部落和解昔日怨仇，他们互相通婚，交还人质，盘踞在大、小榆谷反叛朝廷，兵众炽盛，张纡无法制伏。

8 七月二十七日，皇帝下诏，因为祥瑞不断出现，改元章和。当时，京师四方皆有嘉瑞，前后数百上千，言事者皆以为美，而太尉掾、平陵人何敞唯独感到厌恶，对宋由、袁安说："祥瑞是依德而至，而灾异由政事不当而生，如今异鸟集于殿屋，怪草生于庭际，不能不仔细考察！"宋由、袁安恐惧，不敢回答。

9 八月初八，皇帝南巡。二十三日，行幸梁国。三十日，抵达沛国。

10 发生日食。

11 九月初五，皇帝行幸彭城。十六日，行幸寿春，重新封之前被贬的阜陵侯刘延为阜陵王。二十四日，行幸汝阴。冬，十月十二日，还宫。

12 北匈奴大乱，屈兰储等五十八部，二十八万人到云中、五原、朔方、北地请降。

13 曹褒依据旧典为准，杂以五经、谶记之文，撰写天子以下，至于庶人的冠礼（成人加冠礼）、婚礼、吉事、凶事（葬礼）等礼仪制度，一共一百五十篇，上奏给皇上。皇上认为如果交给大家讨论，一定难以取得一致意见，于是全部接受采纳，不再交给有司讨论。

14 这一年，班超征发于阗诸国兵共两万五千人进攻莎车。龟兹王征发温宿、姑墨、尉头兵共五万人救援。班超召集将校及于阗王商议说："如今咱们兵少，敌不过，不如各自散去，于阗部队向东，我的部队向西。夜鼓之后出发。"然后故意放跑俘虏。龟兹王接到消息，大喜，自带一万骑兵在西边准备伏击班超，温宿王将兵八千在东边准备伏击于阗王。班超知道敌人已经上当，秘密集结各部军队，急速奔袭莎车军营，莎车人惊乱奔走，班超等追斩五千余人，莎车投降。龟兹等各自退散。班超从此威震西域。

章和二年（戊子，公元88年）

1 春，正月，济南王刘康、阜陵王刘延、中山王刘焉来朝。皇上性格宽仁，笃爱亲人，所以叔父刘延、刘焉每次入朝，都特加恩宠。皇上还将各堂兄弟一起留在京师，不遣送他们回到自己的封国。又赏赐群臣，都超过制度规定，国库公帑，为之空虚。何敞向太尉宋由上书说："连年水灾旱灾，百姓没有收成，凉州边境，家家都受兵祸之害，中州内郡，公私都没有余财了，这正是皇上应该损膳节用之时。国家恩赏，如同天覆地载，赏赐过度，听说腊日之赐（相当于年终奖），自郎官以上，公卿、王侯以下，就使得国库空竭，损耗国资。公家之用，都是百姓之力，明君赏赐，应有等级限制；忠臣受赏，也应该有个节度。所以夏禹赏赐黑玉，周公接受束帛。如今明公您位尊任重，责深任大，上当匡正纲纪，下当济安百姓，岂能空空无所作为，唯唯诺诺而已呢？应该先正己以率群下，退还君王的赏赐，并陈述得失，上奏请王侯归国，解除苑囿之禁，节省浮华浪费，赈济孤寡贫穷，则恩泽下畅，百姓喜悦矣！"宋由不敢接受他的建议。

尚书、南阳人宋意上书说："陛下至孝，恩爱隆深，礼宠诸王，如同民间家人，让他们的车可以直入殿门（按礼制应该在司马门下车步行），在君王前即席就坐而不拜，自己的御膳分给他们吃，赏赐优渥。刘康、刘焉以支庶身份，享食大国，陛下的恩宠，超过了制度规定，礼敬过度。《春秋》之义，叔父、堂兄弟，都是臣子，这是尊尊卑卑，强干弱枝的道理。陛下德业隆盛，当为万世典法，不宜以私恩破坏了上下次序的规矩，失君臣之正。又，西平王刘羡等六王，都已经娶妻成家，官属具备，应该让他们早就藩国，为子孙开基立业，而不是室第相望，盘踞于京师，骄奢僭越，宠禄过度。应割舍不忍之情，以义断恩，发遣刘康、刘焉，各归藩国。让刘羡等择日速往封国就位，以满足人民的愿望。"

皇帝已来不及遣送他们。

【胡三省曰】

《汉官仪》，腊日之赐，赐大将军、三公钱各二十万，牛肉二百斤，粳米二百斛；特进、侯十五万；卿十万；校尉五万；尚书三万；侍中、将、大夫各二万；千石、六百石各七千；虎贲、羽林郎二人共三千；以供祭祀之用。

2 二月三十日，皇帝在章德前殿崩逝，享年三十一岁。遗诏："不要在陵园修建寝殿，一切如先帝法制。"

【范晔曰】

魏文帝曹丕评论说："明帝察察，章帝长者。"章帝一向知人，认为明帝对人太苛切，一切都从宽厚；奉承明德太后，尽心孝道；平徭减赋，人民都受到他的恩惠。又以忠恕之道待人，建立礼乐制度，称他为忠厚之人，实在是不为过。

【华杉讲透】

忠恕之道，出自《论语》：夫子之道，一以贯之，忠恕而已。忠者，己欲立而立人，己欲达而达人；恕者，己所不欲，勿施于人。忠，是中心；恕，是如心；忠恕之道，就是将心比心，始终能为对方着想。章帝做到了。

3 太子刘肇即位，年十岁，尊皇后为皇太后。

4 三月，以先帝遗诏，改封西平王刘羡为陈王，六安王刘恭为彭城王。

5 三月十一日，葬孝章皇帝于敬陵。

6 南匈奴单于宣死，前单于长的弟弟屯屠何立，为休兰尸逐侯鞮单于。

7 太后临朝（少帝即位，太后摄政，临前殿，朝群臣，太后东面，皇帝西面，群臣上书奏事，都一式两份，一份给太后，一份给皇帝），窦宪以侍中身份内主机密，外宣诰命，弟弟窦笃为虎贲中郎将，窦笃的弟弟窦景、窦瑰并为中常侍，兄弟皆在亲要之地。窦宪门客崔骃，写信告诫窦宪说："古人说：ّ生而富者骄，生而贵者傲。ّ生于富贵而不骄傲的，还没有！如今宠禄隆升，百官都盯着您的行为，怎能不ّ庶几夙夜，以永终誉ّ（出自《诗经》，意思是日夜小心，以求荣誉终身）！当初，冯野王也是以外戚身份居于高位（妹妹冯媛是汉元帝的昭仪），人们称赞他为贤臣。近世卫尉阴兴，能克己复礼，得以福禄双全。外戚之所以被当世讥议，为后世谴责，主要原因都在于权势太满而不知收敛，位高有余而仁德不足。汉朝兴起之后，到哀帝、平帝时期，外戚家族有二十个，而能保全自己的，仅四人而已。《尚书》说：ّ鉴于有殷ّ，殷朝的教训就在前面，能不谨慎吗？"

【胡三省曰】

二十家外戚：吕氏、张氏、薄氏、窦氏、王氏、陈氏、卫氏、李氏、赵氏、上官氏、史氏、许氏、霍氏、卯成王氏、元后王氏、赵氏、傅氏、丁氏、冯氏、卫氏。唯有文帝薄太后、窦后、景帝王后、卯成王后四人，保族全家。武帝夫人李氏虽然追配武帝，昌邑王即位没多久就被废，不算外戚，以史皇孙王夫人补足二十之数。

【柏杨曰】

皇后家族受到死亡或放逐灾难的，有十七家：

（1）吕氏，一任帝刘邦妻吕雉，灭族。

（2）张氏，二任帝刘盈妻张嫣，罢黜，家族败亡。

（3）薄氏，五任帝刘恒娘亲薄太后，老弟薄昭被杀，侄孙女薄皇后被废。

（4）窦氏，刘恒妻窦皇后，侄儿窦婴被杀。

（5）陈氏，七任帝刘彻妻陈娇，被罢黜。

（6）卫氏，刘彻妻卫子夫，母子祖孙自杀。

（7）赵氏，八任帝刘弗陵娘亲赵钩弋，被杀。

（8）上官氏，刘弗陵妻上官皇后，灭族。

（9）史氏，十任帝刘病已祖母史良娣，自杀。

（10）王氏，刘病已娘亲王翁须，侄孙王安，被杀。

（11）许氏，十任帝刘病已妻许平君，被杀，侄女许皇后（刘骜妻），自杀。

（12）霍氏，刘病已妻霍成君，灭族。

（13）王氏，十一任帝刘奭妻王政君，灭族，侄孙女王皇后（刘箕子妻）自杀。

（14）赵氏，刘骜妻赵飞燕、赵合德，姐妹自杀。

（15）傅氏，十三任帝刘欣祖母傅太后，堂弟傅晏放逐蛮荒，堂侄女傅皇后（刘欣妻）自杀。

（16）冯氏，十四任帝刘箕子祖母冯媛，自杀。

（17）卫氏，刘箕子娘亲卫姬，灭族。

8 三月十八日，窦太后下诏："以前任太尉邓彪为太傅，赐爵关内侯，录尚书事，百官都归他领导。"窦宪知道邓彪谦让，又是先帝所敬重的大臣，性格仁厚顺从，所以故意把他尊崇到高位。他想做的事情，就让邓彪上奏，自己再进宫跟太后说，没有一件事不按他的意思办的。邓彪在位，修身养性而已，对国事不能有所匡正。窦宪的性格，果断急躁，睚眦必报。永平年间，谒者韩纾主审窦宪父亲窦勋的案件，窦勋死在狱中。窦宪就命门客斩了韩纾的儿子，将人头祭奠在父亲墓前。

9 四月初二，陈王刘羡、彭城王刘恭、乐成王刘党、下邳王刘衍、梁王刘畅分别前往他们的封国。

10 夏，四月十七日，以先帝遗诏，撤销各地盐铁专卖，民间自由经营。

11 五月，京师大旱。

12 北匈奴因饥荒而发生内乱，每年都有数千人投降南匈奴。秋，七月，南单于上言："应该乘着北匈奴内部纷争，出兵讨伐，消灭北匈奴，让南匈奴统一全境，令汉家没有北方之忧。臣等生长在汉地，开口仰食，岁时赏赐，动辄亿万，虽然垂拱安枕，惭愧无以报效。愿发国中及诸郡新投降来的匈奴精兵，分道并出，约期十二月同会虏地。臣兵众单小，不足以防内外，希望汉朝派遣执金吾耿秉、度辽将军邓鸿以及西河、云中、五原、朔方、上郡太守，合力北征，希望靠着圣帝之威神，一举平定！臣国家之成败，关键就在今年，我已下令诸部严勒兵马，请太后节哀，省察决定！"

太后将单于奏书给耿秉看，耿秉上言："当年武帝一统天下，想征服匈奴，但未遇天时，没有成功。如今幸得天授，北虏内乱，以夷伐夷，国家之利，应该同意。"耿秉并自陈深受国恩，出命效用正是自己的本分。太后的意见也倾向于出兵。

尚书宋意上书说："戎狄礼义简贱，没有上下尊卑，强者为雄，弱的就屈服。自从汉兴以来，多次征发，都是得不偿失。光武皇帝亲身经历战争的艰难困苦，英明如天地日月，借着南匈奴归降，顺势将他们羁縻蓄养，于是边境人民得以生存、生产和生活，休养生息，已经四十余年了。如今鲜卑尊奉顺从汉朝，攻击北匈奴，斩获万数，中原坐享大功而百姓不知其劳，汉朝兴起以来的功勋，于斯为盛！为什么呢？因为夷虏相互攻击，不损耗汉朝一兵一卒。臣考察鲜卑为什么要侵伐匈奴，是他们自己想抢劫，而归功于圣朝，又是为了贪图朝廷重赏。如果我们今天支持南匈奴还都北庭，那我们就不得不禁制鲜卑，鲜卑外无抢掠北匈奴之利，内无向朝廷邀功请赏的理由，豺狼贪婪，他们必定会成为我们的边患。如今北虏西遁，请求和亲，不如利用他的归附，让他做我们北方屏障。巍巍之业，莫过于此。如果听南匈奴的，耗费军赋，劳动大军，则坐失上策，去安而就危，不可许！"

正在这时，齐殇王刘石的儿子，都乡侯刘畅来京出席国丧，太后数次召见他。窦宪害怕刘畅分了他的权，派刺客将刘畅刺杀于城门屯卫之中，又嫁祸于刘畅的弟弟、利侯刘刚，派侍御史与青州刺史逮捕拷问刘刚（凶案发生在京师，却要在青州办案，这是为了转移视线）。尚书、颍川人韩棱认为："凶手就在京师，不宜舍近问远，恐为奸臣所笑。"太后怒，严厉地责备韩棱，韩棱坚持自己的意见。何敞对宋由说："刘畅是皇室宗亲，封国藩臣，来吊国丧，上书等待差遣，而在武卫之中，遭此残酷谋杀。负责治安的官吏，漫无目标地讨捕，既找不到贼踪，也抓不到主犯。我深为国家股肱之臣，任职太尉府贼曹，主管捕盗，想亲自到案发地调查案情。但是，司徒府、司空府执事官员都认为，三公不应该干预地方刑事案件。（元帝时期，丙吉为宰相，一天，丙吉出巡，路上看见有人斗殴，横尸路旁，丙吉不闻不问，继续前行。又看见一个人赶着牛，牛气喘吁吁好像病了，丙吉马上停车问牛。随从问他为什么问牛不问人，他说：'京师有人斗殴，那是京兆尹的事，牛生了病，是事关农业生产的天下大事，这才是宰相的事。'从此，宰相不管地方官的事，就成为惯例。）他们这样公然纵容奸匿，还不以为自己有错。所以，我打算独自上奏，请求调查！"宋由赞同。

司徒府、司空府听说何敞出马，也派遣相关官员陪同，联合调查之下，真相大白。太后怒，将窦宪紧闭在内宫。窦宪害怕被诛杀，请求出击匈奴，将功赎罪。

冬，十月十七日，任命窦宪为车骑将军，讨伐北匈奴，以执金吾耿秉为副统帅，征发北军五校、黎阳、雍营、边疆十二郡的骑兵以及羌族、匈奴兵出塞。

【华杉讲透】

君子戒慎恐惧，小人无所忌惮。世间有窦宪这样无所忌惮的权贵，也有何敞这样有正义感的官员。窦宪指示到青州去调查，恐怕大家都明白怎么回事，但是没人敢主持正义。何敞带个头，司徒、司空二府就跟进了，因为窦宪这么肆无忌惮的话，他已经是大家共同的威胁，他杀的不是一般人，是宗室王侯，这样都可以掩饰，而且嫁祸于死者的弟弟，杀他全家，那还有谁是他不敢杀的？这案子也经不起查，一查就明。而真凶窦宪被查明之后，太后竟然将他紧闭在内宫，实际上是保护起来，然后还可以担任车骑将军，"将功赎罪"。他的罪，只有以后再清算了。

13 公卿们推举前任张掖太守邓训代替张纡为护羌校尉。迷唐率领一万骑兵，兵临塞下，不敢直接攻打邓训，先威胁小月氏胡。邓训保护小月氏胡，不让迷唐得逞。幕僚们都认为，让羌人和小月氏胡相互攻击，对汉朝有利，不应该保护他们。邓训说："张纡失信，才让羌族地区动乱，凉州吏民，命悬一线。之前胡人之所以不满意，就是因为恩信不厚。如今在他们遭遇危难的时候，以恩德相待，或许能有用。"于是下令，打开城门及护羌校尉所居官衙后院，让小月氏胡的妻子儿女们进来避难，严兵守卫。羌人抢不到东西，又不敢直接攻打胡人，于是撤退而去。从此湟中胡人都说："以前汉家都希望我们自相残杀，如今邓使君待我们以恩信，开门保护我们的妻子儿女，他真是我们的父母啊！"他们都欢喜叩头说："一切听您的命令！"邓训抚慰教谕，大小莫不感悦。于是赏赐贿赂诸羌族部落，让他们相互招诱。迷唐的叔父号吾率领他的部落八百户来降。邓训又征发湟中胡人、汉人、羌兵四千人出塞，在写谷袭击迷唐，将他击破。迷唐于是撤除大、小榆谷，退居颇严谷。他的部众全部离散了。

孝和皇帝上

永元元年（己丑，公元89年）

1 春，迷唐想重归故地。邓训征发湟中六千士兵，令长史任尚为将，将皮革缝制成船，置于木筏上渡河，袭击迷唐，大破之，前后斩首一千八百余级，俘虏两千余人，马、牛、羊三万余头，迷唐部落几乎灭绝。迷唐收集残众向西迁徙一千余里，依附他的小部落都背叛了。烧当羌的首领东号，自己跑回来，叩头请死，其他的也都到边塞纳贡。于是邓训抚慰归附的人，威信大行，撤销屯兵，让士兵各自回到本郡，只留下减刑囚犯两千余人，分别屯田，修缮亭障坞堡。

2 窦宪将征匈奴，三公、九卿都在朝堂上上书谏止，说："匈奴未犯边塞，而无故劳师远涉，损费国用，邀功于万里之外，非社稷之计。"奏书接连不断地递上去，都被太后留置不答。宋由害怕了，不敢再在奏章上签名，其他官员也都逐渐停止劝谏。唯有袁安、任隗守正不移，以至于脱下官帽在朝堂上坚决争执，前后上书十次，百官都为之感到危惧，而袁安、任隗神色自若。侍御史鲁恭上书说："国家正在国丧期间，陛下正在守丧，百姓心怀不安，三个季度没有听到天子出巡的警跸之声了，莫不由衷想念，就像想要什么东西，却得不到。如今以盛春之月，兴发军役，扰动天下以事戎夷，这也不是对中原的恩德。我们改元为'永元'，正是由内及外之意（孔子的政治思想：近者悦，远者来。内部的人民喜悦了，远方的人自然就来归附，不用出兵去征服他们）。天下万民，是天之所生；天爱其所生，就像父母爱其子，一物有不得其所，天气都为之变异，更何况是人呢？所以爱民的人，上天都会回报他。戎狄，是四方之异气（儒家思想：人禀气而生，出生时所禀守的气不同，禀气清者为圣贤，禀气浊者为小人。戎夷所禀之气，就和我们不一样了），和鸟兽没有分别，如果让他们杂居中原，则错乱天气，污秽善人。所以圣王之制，就是羁縻笼络他们，不要让他们灭绝而已。如今匈奴新为鲜卑所破，远藏于史侯河以西，离边塞有数千里，而我们却想利用他的虚耗，趁他微弱的时候攻击，这不是仁义的行为。如今才刚刚开始征调，大司农就已经感到调度不足，上下之窘迫，民间之困急，已经到了极点，群僚百姓都认为不可之事，陛下为什么会为了一个人（为了让窦宪立功赎罪），抛弃千万人的性命，也不考虑大家说的话呢？上观天心，下察人志，足以知道事情之得失。臣担心汉朝国将不国，更何况匈奴！"

尚书令韩棱、骑都尉朱晖、议郎京兆人乐恢都上书进谏，太后不听。

太后又下诏，派使者为窦宪的弟弟窦笃、窦景修建宅邸，劳役百姓。侍御史何敞上书说："臣听说，匈奴为逆已经很久了，当初平城之围（冒顿单于包围刘邦）、慢书之耻（刘邦死后，冒顿给吕后写了一封非常轻慢猥亵的信），这两件事，都是臣子应该誓死捐躯以雪耻的。但是，高祖、吕后都忍怒含忿，舍而不诛。如今匈奴并无逆节之罪，汉朝并无必报之耻，而在盛春农忙时节，征调大军，百姓怨恨，都不高兴。又为卫尉窦笃、奉车都尉窦景修建馆第，整条街道里弄都是他家。窦笃、窦景是亲近贵臣，正该为百官表率，如今大军动员于道路，朝廷官员焦灼到嘴唇都干了，百姓愁苦不堪，国库没有钱用，却修建私人巨宅，崇饰珍奇玩好，这不是垂范恩德，以示后世的做派。应该将住宅立即停工，专心于北方军事，体恤人民的困苦。"奏书递上去，没有回音。

窦宪曾经派门生送信给尚书仆射郅寿，有所请托。郅寿直接把他的人抓起来关进诏狱，并屡次上书，痛陈窦宪骄恣，引用王莽故事以警戒国家，又在朝会的时候，讥刺窦宪伐匈奴，起宅邸的事，厉声正色，辞旨痛切。窦宪大怒，构陷郅寿以买公田、诽谤等罪，交给有司查办，其罪当诛。何敞上书说："郅寿是机密近臣，匡救时政是他的职责，如果沉默不言，那倒是死罪。如今郅寿持正议以安宗庙，这怎么是他的私心呢？臣之所以冒死上言，不是为了郅寿。忠臣尽节，视死如归，臣虽然不了解郅寿，但相信他也是甘心于此。希望圣朝不要以诽谤的罪名诛杀忠臣,而伤害了宽容覆载的教化。堵塞忠臣直言之路,让后世讥刺耻笑。臣何敞也参与机密国事,如果说得不恰当,那也是罪恶昭彰,应当关进监狱,在郅寿之前,卧尸在地,死有余辜!"

何敞的奏书递上去,郅寿得以免除死罪,流放合浦。还未出发,郅寿自杀。郅寿,是郅恽的儿子。

夏,六月,窦宪、耿秉从朔方鸡鹿塞出发,南单于从满夷谷出发,度辽将军邓鸿从稒阳塞出发,到涿邪山会师。窦宪分别派副校尉阎盘、司马耿夔、耿谭率领南匈奴精骑一万余人,与北单于战于稽洛山,大破之,北单于逃跑,汉军追击诸部,一直追到私渠北鞮海,斩名王以下一万三千级,俘虏甚众,各种牲畜一百余万头,由副王、小王率众投降的,前后有八十一部二十余万人。窦宪、耿秉出塞三千余里,登上燕然山,命中护军班固刻石勒功,记录汉朝的国威和恩德,然后班师。派遣军司马吴汜、梁讽带着金币去找北单于。当初北单于内部动乱,吴汜、梁讽在西海上与北单于会面,宣示汉朝威信,以诏致赐,北单于叩头拜受。梁讽于是跟他讲呼韩邪单于的故事(要他臣服为汉朝北藩),北单于喜悦,立即率领部众和梁讽一起回来。到了私渠海,听说汉军已经入塞,于是派弟弟右温禺鞮王奉贡入侍,跟着梁讽到了宫门前。窦宪因为北单于没有亲自来,上奏遣送他的弟弟回去。

【华杉讲透】

这是历史上著名的"燕然勒石",窦宪取得了空前的战果,班固留下了千古流传的《封燕然山铭》。但是,窦宪是个杀人犯,是个坏人,之前朝臣都反对这次出征,所以史书上对他的盖世功勋,也就寥寥几笔带过了。

3 秋,七月十一日,会稽发生山崩。

4 九月初七,擢升窦宪为大将军,中郎将刘尚为车骑将军。又封窦宪为武阳侯,食邑二万户。窦宪坚决推辞封爵,太后下诏允许。按旧制，大将军位在三公之下，至此，太后下诏，窦宪位在太傅之下，三公之上。大将军长史、司马俸禄为中二千石（旧制为一千石，如今和九卿相等了），封耿秉为美阳侯。

窦氏兄弟骄纵，而执金吾窦景尤盛，他的家奴及随从卫队强夺人财货，窝藏罪犯，欺男霸女，弄到商贩都把京师当成贼寇巢穴，不敢前来。窦景又擅自征发边境诸郡的精锐骑兵到京师，为己所用，有司不敢举报。袁安弹劾窦景说："擅自征发边民，惊惑吏民。二千石的地方官员根本没有看到朝廷调兵的虎符，仅凭窦景的一纸文书，就调兵给他，应该被公开处斩！"又上奏说："司隶校尉、河南尹阿附贵戚，不举报弹劾，应该免官治罪。"奏书递上去，石沉大海，没有回音。

窦氏兄弟，只有驸马都尉窦瑰，喜好经书，节约自修。

尚书何敞上亲启密奏说："春秋时期，郑国太后武姜溺爱幼子叔段，卫国卫庄公宠爱庶子州吁，都是只有溺爱，没有教导，最终都发展成凶暴叛逆之徒。由此观之，这样爱自己的儿子，就好比他饿了，却拿毒药去喂他，这不是害他吗？大将军窦宪，在刚刚遭遇国丧之时，公卿们都奏请他主持国事，但是他严守谦恭退让的原则，坚决辞去高位，恳恳勤勤，言辞深切，天下闻之，莫不喜悦。如今才过了一年多，三年守丧时间还没到，就突然中途改变，兄弟专擅朝政，窦宪掌握三军大权，窦笃、窦景总揽宫廷警卫，而虐用百姓，奢侈僭越，诛戮无罪之人，肆无忌惮，随心所欲，只求自己快意。如今大家议论汹汹，都说叔段、州吁复生于汉。臣观察，公卿们都心怀两端，不肯直言的原因，是认为如果窦宪等能有忠贞不贰之志，他们就像周朝时尹吉甫作诗赞美申伯一样赞美他；如果窦宪等大逆不道，他们就效法当年陈平、周勃，先是顺着吕后的旨意加封吕禄、吕产，之后再将之诛灭。所以，他们并不担心窦宪等会怎么样。臣何敞，希望能有一个两全之计，避祸于未萌，上不欲令皇太后失去'文母'（周文王之母）的称号，也不欲令皇上留下'黄泉相见'的话柄（因为武姜支持叔段发动政变，郑武公发誓与母亲不到黄泉不再相见。后来母子和解，郑武公掘地见泉，盖了一个地宫，和母亲相见），下能使窦宪等长保其福佑。驸马都尉窦瑰，比较能够谦退，愿意抑制自己家族的权势，太后可以请他参谋，听听他的意见，这才是宗庙至计，窦氏之福！"

当时济南王刘康尊贵骄傲，窦宪于是上奏太后，派何敞去做济南太傅。刘康有过失，何敞就谏争。刘康虽然不听何敞的意见，但是一向敬重何敞，两人相处得也还不错。

5 冬，十月十八日，阜陵质王刘延薨逝。

6 这一年，九个郡国发生大水。

永元二年（庚寅，公元90年）

1 春，正月二十六日，赦天下。

2 二月初二，日食。

3 夏，五月初七，封皇弟刘寿为济北王，刘开为河间王，刘淑为城阳王。封故淮南顷王刘昞的儿子刘侧为常山王。

4 窦宪派副校尉阎耆率骑兵两千余人袭击驻守伊吾的北匈奴军队。北匈奴败逃，汉朝再次占领伊吾。车师震惧，前、后王都派王子来朝为人质。

5 月氏王请求娶汉朝的公主，班超拒绝，并遣回了月氏王的使节。月氏王怨恨，派他的副王谢率军七万攻打班超。班超兵少，都大为恐惧，班超对军士们说："月氏兵虽然多，但他们越过葱岭，行军数千里而来，没有后勤补给，有什么好担心的呢？我们只须把粮食收割了，坚壁清野，固守城池，等他们粮草吃尽，自然就会投降，不过数十日，战争就结束了。"谢上前攻城，不能攻克，在城外又抢掠不到粮食补给。过了些日子，班超计算着月氏兵粮食快吃完了，一定会去找龟兹买粮。于是派数百兵在东边埋伏。谢果然派骑兵带着金银珠宝去龟兹，正好被班超所设的伏兵袭击，全部被杀。班超拿斩下的头颅展示给谢。谢大惊，当即遣使请罪，希望能放他生还，班超同意。月氏于是大为震恐，每年都遣使向汉朝进贡。

6 当初，北海哀王刘基无后，汉章帝认为，齐武王刘縯首创大业，而后嗣废绝，心中十分哀悯他，临死时，遗诏恢复齐国、北海国两国建制。五月十八日，封芜湖侯刘无忌为齐王、北海敬王庶子刘威为北海王。

7 六月十二日，中山简王刘焉薨逝。刘焉，是东海恭王刘强的同母弟弟，而窦太后，是恭王的外孙女（窦太后的母亲沘阳公主是刘强女儿），所以，赐给奠仪钱一亿，修建盛大的坟墓，为此推平了吏民祖坟数以千计，参加工程的有一万多人，征发役夫扰动了六州十八郡。

8 下诏封窦宪为冠军侯，窦笃为郾侯，窦瑰为夏阳侯。唯独窦宪推辞不受封。

9 秋，七月初七，窦宪出屯凉州，以侍中邓叠代理征西将军，作为副帅。

10 北匈奴单于因为汉朝遣返了他的弟弟，九月，又遣使到边塞称臣，想亲自入朝觐见。冬，十月，窦宪派班固、梁讽前往迎接。这时，南匈奴单于又上书请求消灭北匈奴王庭，于是派遣左谷蠡王师子等率左右两部八千骑兵出鸡鹿塞，中郎将耿谭遣从事将领监护他们，袭击北单于。夜晚抵达北单于王庭，将他包围，北单于受伤，仅以逃得性命，阏氏（单于王后）及子女五人被俘，斩首八千人，生擒数千人。班固追击到私渠海而还。此时，南匈奴党众日盛，有三万四千户人家，精兵五万。

永元三年（辛卯，公元91年）

1 春，正月十九日，皇帝用曹褒制定的新礼仪，行冠礼，加元服，擢升曹褒为监羽林左骑（主羽林左骑，职掌宿卫宫禁，护从皇帝）。

2 窦宪认为北匈奴微弱，想一举将之消灭。二月，他派遣左校尉耿夔、司马任尚出居延塞，在金微山将北单于包围，大破之，又抓获了北单于的母亲阏氏，斩首名王以下五千级，北单于逃走，不知所终。大军出塞五千里而还，自汉朝出师西域以来，还从来没有打到这么远。封耿夔为栗邑侯。

3 窦宪既立大功，威名益盛，以耿夔、任尚为爪牙，邓叠、郭璜为腹心，班固、傅毅之徒典文章，刺史、郡守、县令，大多出自他的门下，强征暴敛，交相贿赂。司徒袁安、司空任隗举奏弹劾诸二千石级别官员，以及牵连获罪被降级或免职的，有四十余人。窦氏兄弟对此十分怨恨，但是袁安、任隗一向德高望重，也不敢加害他们。尚书仆射乐恢，讥刺举奏一向无所顾忌，窦宪等忌惮他。乐恢上书说："陛下年纪正轻，诸舅不宜掌握中央权力，向天下显露私心。如今之计，皇上应该以大义割爱，诸舅也应该主动谦退，这样，四位舅舅才能长保爵土之荣，皇太后也没有愧负宗庙之忧，这才是上策！"奏书递上去，没有回音。乐恢称病退休，回到故乡长陵。窦宪指使州郡官吏，胁迫乐恢服毒自杀。于是朝臣震慑，都看着风向说话，没有一个敢违抗的。袁安因为天子幼弱，外戚擅权，每次朝会觐见，以及与公卿们商谈国事的时候，无不呜咽流涕，从天子到大臣，都依靠他。

4 冬，十月十二日，皇帝行幸长安，下诏访求萧何、曹参近亲适合为后嗣的，继承他们的封邑。

5 下诏命窦宪到长安与皇上会面。窦宪到达，尚书以下官员商议，打算叩拜迎接，并称"万岁"！尚书韩棱正色说："'上交不谄，下交不渎'（出自《易经》，意思是与在上位的人交往，不可谄媚；与地位比自己低的人交往，不可侮慢），礼制没有对人臣称呼'万岁'的！"提议的人都惭愧而止。尚书左丞王龙私自将公文交给窦宪，并呈献牛、酒。韩棱举报了王龙，将王龙判罚做苦役四年。

6 龟兹、姑墨、温宿等诸国皆降。十二月，重新设置西域都护、骑都尉、戊己校尉。任命班超为西域都护，徐干为长史。拜龟兹派来汉朝做人质的侍子白霸为龟兹王，派遣司马姚光送他回国即位。班超与姚光一起胁迫龟兹，废其王尤利多而立白霸，派姚光将尤利多带回洛阳。班超住在龟兹它乾城，徐干屯驻疏勒，唯有焉耆、危须、尉犁以前没有都护，还怀有二心（为班超诛杀焉耆王、尉犁王埋下伏笔），其余诸国全部平定。

7 当初，北匈奴单于出逃，不知所踪，其弟右谷蠡王于除鞬自立为单于，率领部众数千人驻扎在蒲类海，派遣使节到边塞。窦宪请求派使节立于除鞬为单于，设置中郎将领护，和南单于待遇一样。事情交给公卿们商议，宋由等人认为可以。袁安、任隗认为："光武帝当初招降怀柔南单于，不是为了让他们一直在内地居住，而是当时的权宜之计，也可以让他们抵御北匈奴。如今北方已经平定，应该命南单于返回北庭，让北匈奴剩下的人都归他统领，没道理再去立一个于除鞬，增加国费。"意见奏上去，皇上还未决定。袁安担心窦宪的意见得到采纳，于是又单独上亲启密奏说："南单于屯屠何的父亲举众投降归德，自蒙恩以来，已经四十余年，经过三任皇帝，而今交到陛下手中。陛下应该深思追述先帝的遗志，成就先帝的事业。况且屯屠何首创大谋，荡除北匈奴，而我们却停止行动，又立一个北单于，那就是为了一时之计，违背了三代先帝的规划，失信于我们养了四十年的南匈奴，报答一个没有任何功劳的于除鞬。《论语》说：'言忠信，行笃敬，虽蛮貊行焉。'到蛮貊之地，行的还是忠信笃敬，如果我们今天失信于屯屠何，那百蛮都不敢再相信我们的承诺了。再说,乌桓、鲜卑新近参与攻杀北单于,人之常情,都害怕仇家。如果我们今天立了他的弟弟,那乌桓、鲜卑也会心怀怨恨。况且汉朝廷每年供给南单于一亿九十余万,西域每年七千四百八十万,如今北庭弥远,费用还要加倍,这会空尽天下财富,不是正确的决策。"

皇上下诏,将袁安的意见交给大家讨论,袁安又与窦宪互相诘难。窦宪仗势欺人,言辞骄慢,极力诋毁袁安,又拿出光武帝诛杀韩歆、戴涉的故事。袁安始终坚定不移,然而皇上最终竟然还是听了窦宪的意见。

卷第四十八　汉纪四十

（公元92年—公元105年，共14年）

主要历史事件

窦宪父子等人谋逆，窦氏骨干被逼自杀　164

汉和帝开宦官用权之始　169

护羌校尉邓训去世，烧当羌再叛　169

班超征讨焉耆得胜　175

窦太后崩，皇帝得知宫廷冤案真相　179

班超终得征召还朝，返乡后去世　186

汉和帝崩，幼子刘隆即位，是为汉殇帝　194

主要学习点

为何你提出的建议总有人反对　172

学习就是要死记硬背、生搬硬套　188

孝和皇帝下

永元四年（壬辰，公元92年）

1 春，正月，派遣大将军左校尉耿夔授予北匈奴于除鞬单于印绶，派中郎将任尚持节护卫，屯驻伊吾，和南匈奴单于待遇一样。

当初，庐江人周荣在袁安的司徒府供职，袁安举奏窦景，以及为立北单于的事和窦宪争论，都是周荣起草文件。窦氏宾客、太尉掾徐齮，对他深为痛恨，威胁他说："你作为袁公心腹谋士，排挤弹劾窦氏，窦氏悍士、刺客满布城中，你小心点！"周荣说："周荣我不过是江淮之间一个孤单的书生，有幸在司徒府服务，纵然被窦氏所害，我也甘心！"于是回家对妻子说："我如果遭到飞来横祸，你不要给我收尸，希望以我腐烂的尸体，来让朝廷觉悟！"

2 三月十四日，司徒袁安薨逝。

3 闰三月初九，任命太常丁鸿为司徒。

4 夏，四月十八日，窦宪回到京师。

5 六月初一，日食。

丁鸿上书说："当初诸吕擅权，皇室正统几乎转移，到了哀帝、平帝末年，皇家祭庙，香火断绝。所以，就算是有周公那样的亲属关系，但是没有品德，也不能让他掌握权势。如今大将军窦宪，虽然能自我约束，不敢僭越，但是天下远近，都惶怖逢迎，没有敢不听他话的。刺史、二千石官员得到任命之后，都到他那里拜谒辞行，通名报姓，等待指示。虽然奉着皇上给的符节印玺，拿着尚书台签发的委任状，却不敢直接去上任，要到窦宪府等待指示，时间长的甚至要等几十天。背着王室，投向私门，这是皇上的威严受损，而下臣的权力鼎盛。人道悖乱，就会发生天变，人间有阴谋，上天就会揭露，以日食天象，警告人君。一件事在它还很细微的时候，容易处理；到了末期，就不可收拾。但是，人们总是在细微的时候不去处理，一定要让它发展成大事变。恩情太重不忍教诲，仁义太深不肯割舍，到了大事发生，才发现这一切一直就昭然如明镜。天不可以不刚，不刚则日、月、星都不能明亮；王不可以不强，不强则大小官员都纵横不法。皇上应借着这天象大变之际，改变政治，匡正过失，以回报天意！"

6 六月十九日，十三个郡国发生地震。

7 发生旱灾、蝗灾。

8 窦宪父子兄弟并为九卿、校尉，充满朝廷，穰侯邓叠，邓叠的弟弟、步兵校尉邓磊，他们的母亲元氏，窦宪的女婿、射声校尉郭举，郭举的父亲、长乐少府郭璜（长乐宫为太后寝宫），相互交结，元氏、郭举都能出入禁中，郭举又得宠于太后，于是他们就一起密谋，要杀害皇上谋逆。皇帝也知道了他们的阴谋。当时，窦宪兄弟专权，皇帝与内外臣僚都没有直接联系，跟他在一起的只有宦官而已。皇帝认为，朝廷上下没有一个不依附窦宪的，只有中常侍、钩盾令（掌管京城附近皇家苑囿的宦官）郑众，谨敏有心机，不阿附豪党。皇上于是与郑众密谋定议，要诛杀窦宪。但是因为窦宪在外带兵，怕他叛乱，所以隐忍未发。正在这时，窦宪与邓叠都回到京师。

当时清河王刘庆，尤其得到皇上优厚的恩遇，经常在宫中留宿。皇上将要采取行动，想读一读《外戚传》，怕左右走漏消息，不敢使唤他们，就让刘庆私下里找千乘王刘伉（皇上的哥哥）要。一天夜里，刘庆把书带入宫中。皇上又让刘庆传话给郑众，问之前文帝诛杀薄昭，武帝诛杀窦婴等故事。

六月二十三日，皇帝行幸北宫，下诏命执金吾、五校尉勒兵屯卫南、北宫，关闭城门，收捕郭璜、郭举、邓叠、邓磊，全部下狱处死。又派谒者仆射收缴窦宪大将军印绶，改封为冠军侯，与窦笃、窦景、窦瑰都遣返自己的封国。皇帝因为太后的缘故，不想公开诛杀窦宪，只是选择严厉能干的人担任封国宰相，督察他们。而窦宪、窦笃、窦景等抵达自己封国之后，就全部迫令他们自杀。

河南尹张酺，当初数次以法律惩治窦景，等到窦氏败亡，张酺上书说："窦氏宠贵之时，群臣都阿附唯恐不及，个个都说窦氏受先帝顾命之托，怀有伊尹、姜子牙那样的忠心，乃至于把邓叠的母亲也比作文母。如今严威既行，又都说窦氏当死，而不去仔细考察他们前后的表现，推究他们真正的思想，臣看见夏阳侯窦瑰，一向忠心善良，之前与臣谈话，也常有尽节之心，能约束自己的宾客，从未犯法。臣听说，王者对自己的骨肉亲人用刑，有赦免三次之义，宁可过分宽厚，不可过分刻薄。如今参与决策讨论的官员，都说要为窦瑰选择严厉能干的国相，恐怕也是要逼他自杀吧！应该加以宽免，以崇厚皇上的恩德。"皇帝被他的话感动，于是唯独窦瑰得以保全。

【柏杨曰】

皇帝的亲娘梁贵人被窦太后陷害致死，梁家放逐九真，即今天的越南清化市。窦宪既死，六年后，梁姓家族从九真召还，路过长沙，仍逼窦瑰自杀。

窦氏宗族宾客，凡是因为走窦宪的门路做官的，全部免职回乡。

当初，班固的奴仆曾经醉骂洛阳县令种兢。种兢于是逮捕拷问窦氏宾客，收捕班固，班固最终死在狱中。班固曾经著《汉书》，当时还未写完，皇上下诏，让班固的妹妹、曹寿的妻子班昭将《汉书》完成。

【华峤曰】

班固叙事，不偏激，不诋毁，不虚誉，丰富而不杂乱，翔实而又能把握主题，让读者手不释卷，久读不厌，这是他能成名的原因。不过，班固讥刺司马迁，说司马迁的是非观念与圣人不同（意思是说司马迁走黄、老路线，不是儒家正统思想，轻仁义而贱守节），但是班固自己呢，他的议论，常常排斥死节之士（如惋惜龚胜不能终其天年），轻视正直之人（如讥刺王陵、汲黯不识时务），对杀身成仁之士，不加以表彰（不立《忠义传》）。所以啊，班固比司马迁更加轻仁义，贱守节。

【王夫之曰】

中国历史上"朋党"这个概念，大概就从窦宪一案开始。当初霍氏败亡，只是诛杀他的家族和同案犯，并不涉及其他人。王莽篡而伏诛，王闳及其家族都没事，更不用说其他人。到了窦宪一案，窦笃、窦景、郭璜、邓叠等同案犯，诛杀他们是可以的。宋由以大臣身份与他们勾结，罢免就可以了。班固仗势横行，流放就行，都没有死罪。但是，将他们的宗族和宾客全都命名为一党，收捕拷问，这朋党之名一立，则党祸就延之于后世，君子以之穷治小人，小人也以之反咬君子，一党废，则一党兴，法律就听任人情之报复，而君王也无法控制了。汉、唐之后，国家危亡而不能救，都是朋党之祸，岂不悲哀！

孔子曰："唯上智与下愚不移。"只有智慧最高的和最愚蠢的，这两种人，不会改变自己的立场和观点，而一般人，都是会移动改变的。什么也不向慕，就向慕为善；什么也不厌恶，就厌恶不善，全部身心，就安居于仁义，不动如山，这样的圣人，天下或许就只有一个吧！大多数人呢，出来想要做官，做官想要升官升得快，他并不能看出谁是恶人要远离他，或者专门去找谁是善人再跟着他。皇上不能正身于上，大臣不能持守于下，把奔走天下的权柄授于奸邪之手，让他越来越恶，这是谁的责任？难道皇上和大臣们就没有一点内疚吗？那些投靠窦宪的官员，忘记廉耻，看不见祸败，为了一时的利禄，陷身于水火之中，仁人君子看见他们，就没有一点同情吗？把他们全部打成一党，流放远方，永世不得翻身，他们呢，就聚集一族，伸长脖子，盼望国事反复，他们再能翻身吧！到了后来，愤毒越积越深，好人的生死也掌握在得胜当权者手中，任人宰割。国要亡人，人要亡国，臣子之间生死恶斗，而国君也无可奈何，这真是让人痛哭！

孔子曰："举直错诸枉，能使枉者直（错是把一个东西放到另一个东西上面；诸就是之于。举直错诸枉，就是把正直的君子地位置之于奸邪的小人之上；能使枉者直，就是能让小人也变好了）。"那么，把正直的人提拔到领导岗位就是了，还会有什么朋党呢？让那些中等人才，不用断绝他追求利禄的路径，又洗刷了他的奸党之名，他还不改过自新，努力工作吗？

君失道于上，大臣失制于前，让人心摇动不定，行不顾言，言不顾心，就像你把狂药喂给他，又斥责他的疯狂，他的疯狂，确实可恶。但是，药是你下的呢！下药的人能没有责任吗？君子应该好好想想这个道理，一人定国，能安邦定国的，就是国君一个人，天下人自己是定不了天下的。如果君上因为奸邪横行而愤激，快意于诛戮满朝，以搏流俗之踊跃称快，反过来，也是自戕以戕国。打铁的人最忌讳反复，治国的人，难道爱国还不如那铁匠爱铁，要反复摧折吗？

【华杉讲透】

王夫之是明朝人，又赶上亡国之痛，深感明朝朋党之祸，所以发了这篇议论，把窦宪一案，称为中国历史上"朋党之兴"第一案。

窦宪一案，确实是开了两个不好的先例，一是朋党，二是宦官专权。小皇帝和大臣没有联系，就靠宦官发动政变。东汉的宦官时代，也从此时拉开序幕。

9 当初，窦宪娶妻，天下郡国都有送礼致贺。汉中郡也要派官吏去送礼。户曹李郃进谏说："窦宪是皇亲国戚，不修德礼，而专权骄恣，他的危亡之祸，很快就要到了，希望明公您一心一意侍奉王室，不要和外戚交通。"太守坚持要派人去，李郃劝阻不了，就请求派自己去。

李郃一路磨蹭，走走停停，拖延时间，以观其变，到了扶风（陕西，还不到一半路程），窦宪就被遣返封国。所有和窦宪交通往来的官员都被免职，唯独汉中太守没事。

皇帝赐给清河王刘庆奴婢、车马、钱帛、珍宝，把他家里房间都塞满了。刘庆身体偶有不适，而皇帝朝夕问候，送饮食，送医药，周到备至。刘庆知道自己是被废的太子，尤其畏事慎法，小心恭孝，所以能保全他的宠禄。

【华杉讲透】

中国历史，有一种智慧，叫"免于祸患"。有一种对人生常态的描述，叫"暂时免祸"，不管你现在多么飞黄腾达，或者明哲保身，都是一个状态，叫"待罪之身暂时免祸"。因为可加之罪，人人都有，随时可能祸从天降。出事儿是必然，一生平安是偶然。你看《资治通鉴》的记载，就是这些事，眼看他起高楼，眼看他楼塌了，那楼塌的时候，宾客奴仆也都压死了。这时候，就要点检一下，看在这一场大祸里面，有没有人能免于祸患的，把他的免祸经验记下来，这就有了李郃的故事。

兵法追求不败，人生追求免祸，这是很独特的思维方式和文化。

《论语》里有这样一段话：

子谓南容:"邦有道,不废;邦无道,免于刑戮。"以其兄之子妻之。

南容是孔子的弟子,非常有才干,又非常谨慎。孔子很欣赏他,说如果国家有道,南容一定能出人头地,得到重用。国家无道呢,他也能明哲保身,进退自如,不会招祸被杀。所以孔子把自己哥哥的女儿嫁给了南容。

孔子对侄女说,南容这人不错!以后不会被判死刑,你就嫁了吧!

10 皇帝赏赐袁安的儿子袁赏为郎,任隗的儿子任屯为步兵校尉。郑众擢升为大长秋(皇后近侍,职掌宣达皇后旨意,管理宫中事宜)。皇帝每次论功行赏,郑众总是推辞的多,接受的少,所以皇帝认为他贤德,经常和他商议政事,宦官用权,就从这时开始了。

11 秋,七月二十三日,太尉宋由因为是窦氏一党,被免职,自杀。

12 八月十五日,司空任隗薨逝。

13 八月十七日,任命大司农尹睦为太尉。太傅邓彪以年老多病为由请求交还掌管枢机的录尚书事兼职,皇帝同意,命尹睦代替邓彪兼任录尚书事。

14 冬,十月,任命宗正刘方为司空。

15 武陵、零陵、澧中蛮夷叛乱。

16 护羌校尉邓训去世,官吏、百姓、羌人、胡人早晚前来哭灵的每天都有数千人,羌人和胡人有的用刀来割自己,又刺杀自己的犬马牛羊,说:"邓使君死了,我们也都要死了!"之前邓训任乌桓校尉时手下的将士,也奔走于道路,前往奔丧,以至于城池为之一空。官吏抓捕他们,他们也不听,官吏把情形汇报给校尉徐傿,徐傿叹息说:"这是为了义啊!"下令把他们都释放了。于是家家户户都为邓训设立神位,每有疾病,就请祷求福。

蜀郡太守聂尚接替邓训为护羌校尉,聂尚希望以恩义怀柔诸羌族部落,于是派翻译官招抚迷唐,让他居住在大、小榆谷。迷唐回来后,派他的祖母卑缺来见聂尚。聂尚亲自送到塞下,并且摆设送行酒宴,然后令翻译官田汜等五人护送她回到羌人驻地。迷唐最终还是造反了,与其他部落一起,将田汜等人残忍杀害,以鲜血盟誓,再次起兵,攻打金城寨。

聂尚因此被免职。

【华杉讲透】

聂尚有点冒失,他从蜀郡远来,新官上任,到这样复杂的地方,应该萧规曹随,继续邓训的政策,因为邓训过去的政策本来是成功的。但是他下车伊始,就想比邓训做得更好,马上做出更大政绩!

邓训怀柔,是拉一批,打一批,迷唐就是打击对象,是汉朝的敌人,也是周围大小月氏等部落的敌人。当年正是迷唐攻打大小月氏,邓训保护了他们,打跑了迷唐,才和周围各部落建立了信任和同盟关系。聂尚把迷唐请回来,不仅其他部落心里不踏实,迷唐也不知道你葫芦里卖的是什么药。你可能确实一片真心,但是他不敢相信,还是选择先下手为强,再说过去那么多血海深仇,哪里是这样轻易就能解开的呢?

聂尚犯了一厢情愿的幼稚病。一厢情愿的原因,一是不服气,他对邓训不服,不仅不顶礼膜拜,还想马上就超过他,俗话说"不服高人有罪",这就是聂尚的罪;二是贪功,人一贪巧求速,就容易轻信,或轻信他人,或轻信自己这事儿能成。人性的轻信是没有限度的,只要符合他的期望,他啥都敢信。

永元五年（癸巳，公元93年）

1 春，正月十一日，皇帝在明堂祭祀，登上灵台，大赦天下。

2 正月二十四日，千乘贞王刘伉薨逝。

3 正月二十七日，封皇弟刘万岁为广宗王。

4 二月二十一日，太傅邓彪薨逝。

5 二月二十五日，陇西地震。

6 夏，四月二十日，封已故阜陵殇王刘冲的哥哥刘鲂为阜陵王。

7 九月初一，广宗殇王刘万岁薨逝，无子，封国撤除。

8 当初，窦宪立于除鞬为北匈奴单于，准备护送他回到北匈奴王庭，结果窦宪被诛，这事也就停止了。于除鞬自己叛变北归。皇上下诏，派将兵长史王辅率骑兵一千余人，与任尚一起追讨，斩于除鞬，消灭他的部众。

9 耿夔破灭北匈奴之后，鲜卑人就转而填补了匈奴人留下的土地。匈奴人留在故地的还有十余万人，也自称鲜卑人。鲜卑由此就强盛起来。

10 冬，十月辛未日（十月无此日），太尉尹睦薨逝。

11 十一月初六，擢升太仆张酺为太尉。张酺与尚书张敏等上奏说："射声校尉曹褒，擅制汉礼，破乱圣术，宜加刑诛。"前后上书五次，皇帝知道张酺墨守家学，不知变通，对他的奏书不予理会。但是，曹褒所制定的汉礼，从此也不再实行。

【王夫之曰】

汉章帝命曹褒制定汉礼，不要大家参与讨论，而由皇上独自裁决。曹褒杂引五经，旁及谶纬以成之。和帝加元服的成人礼，就是采用了曹褒所定的礼仪。因张酺的反对而被废除，实在是可惜了！曹褒之礼，虽然也有瑕疵，但是，也必有可取之处，如果能传下来，辨其失，存其得，考其异，验其同，后人还有个参考啊！张酺自以为他是专家，就把曹褒的成果埋没，这真是古今之大缺陷啊！

【华杉讲透】

这是一个管理学的基本现象，就是无论你提出任何新的建议，都会遭到强烈反对。反对的原因很多，一是没判断，绝大多数人都没有辨别能力。但是，没判断不等于没意见，他要说出自己的意见。而意见一旦说出来，就需要捍卫，最终就发展成强烈的反对。实际上他的意见看法一点意义都没有，但是领导者又不一定能判断和辨别这一点。二是人性本能的惰性，不愿意走出舒适区，不愿意做任何改变。三是新的建议必然给大家带来新的工作任务，你给他增加了工作，他不想干，他就从"专业角度"来反对你，或者找到任何角度来反对你。四是嫉妒，这建议不是他提的，是你提的，他不能让你成功。

领导者如果不知道这些戏码，他就干不成任何事。

"帝知酺守学不通，虽寝其奏，而汉礼虽不行。"皇帝知道张酺守学不通，守学，是守着他的家学，不通，是不能变通。实际上，他不是不能变通，而是没交给他，你交给他办，他比谁都能变通。王夫之说他是"屈公义以逞私说"，一语中的。

和帝的领导力，远远不如他的父亲章帝。当初章帝让曹褒制定汉礼，连"力排众议"都不需要，他不搭理那些吵嚷就行，根本不需要用力去排他们的众议。和帝呢，他明明知道张酺是守学不通，真正其心可诛的不是曹褒而是张酺，所以上书五次他都不回复。但是，他也让父皇留下的礼制，在他自己成年礼时已经实施过的礼制，不了了之地废除了。

和帝明明知道张酺是假公济私，张酺也知道和帝知道他是假公济私，和帝也知道张酺知道自己知道他是假公济私，但和帝还是被张酺阻拦住了，张酺掩耳盗铃，和帝也假装没听见，没看见，这就是和帝意志力的薄弱。意志力薄弱的人，就算掌握着最高权力，他也会被下属欺负和胁迫，性格弱点是没得救的，别说干不成事，已经干成的事儿也会被人废掉。

这也是我们今天企业里每天都在发生的事。

哈佛商学院David A. Shore教授说：

> 如果你想制造一个敌人，就做出一点改变，任何一点小改变都行，马上就会有一大堆人，像快闪族一样冒出来，用各种理由反对你的建议。

一个方案通不过，往往和方案的好坏没有任何关系，反对的人各有理由或情绪，大都是"屈公义以逞私说"。方案能够通过并推行，完全在于领导者的判断和意志力。领导没有判断力，或者有判断，但是意志力不够，那任何方案都不会得到通过执行，组织只靠惯性前进，随着摩擦系数的增加，也就走不动了。

12 这一年，武陵郡军队击破澧中蛮夷，澧中蛮夷投降。

13 梁王刘畅（和帝叔父）与从官卞忌祭祀求福。卞忌等人谄媚说："神说大王当为天子。"刘畅就此和他们有所问答，被有司举报，要求将刘畅逮捕到京师诏狱。皇帝不许，只是削减了他的封地成武、单父两个县。刘畅惭愧恐惧，上书深刻检讨说："臣天性狂愚，不知防禁，自陷死罪，应当诛杀示众。陛下圣德，违背法律，赦免微臣，为臣所污。臣自知，如此大恩，不可再得，自愿立誓，约束自己和妻子儿女，不敢再有过失。臣的租赋收入有余，请求再将睢阳、谷熟、虞、蒙、宁陵五个县交回朝廷。所余的四个县足够我的开支。臣的姬妾三十七人,其中还没有生孩子的,愿意放她们回自己娘家。臣自己选择留下奴婢二百人,其余所受朝廷赏赐的虎贲卫士、骑兵仪仗以及诸工匠、吹鼓手、奴仆、婢女、兵器、马匹,全部送回他们原来所属单位。臣刘畅以皇上骨肉近亲,扰乱圣化,污秽清流,既然得以保留性命,实在也没有心情和脸面居于巨大的宫室,拥有广大的封国,设置官属,享用财物。恳请陛下加恩批准!"

皇上优诏抚慰,没有批准他的请求。

14 护羌校尉贯友派翻译官到各羌族部落挑拨离间,以财货引诱,让他们分崩离析,然后再遣兵出塞,攻打迷唐于大、小榆谷,斩首及俘虏八百余人,缴获麦子数万斛。于是,在黄河逢留段两岸修筑城坞,又建造浮桥,准备大军渡河,攻击迷唐。迷唐率领部落向远方迁徙,到达赐支河曲。

15 单于屯屠何死,单于宣的弟弟安国即位。安国当初是左贤王,没有什么称誉,做了单于之后,单于适的儿子右谷蠡王师子按次序转为左贤王。师子一向勇黠多智,前单于宣和屯屠何都喜爱他的气度和果决,数次派他带兵出塞,掩击北匈奴,回来则接受赏赐,皇上也对他特别厚待。因此,匈奴人都敬重师子,人心不归附安国。安国想杀掉师子。那些新近归降的北匈奴人,在北部时经常被师子所驱逐抢掠,都怨恨他。安国就和这些人同谋商议,想利用他们杀掉师子。师子察觉了安国的阴谋,于是离开,居住在五原界,每次龙庭会议,师子就称病不来。度辽将军皇甫棱知道这件事,也保护他,不让他去。单于对此越来越怀恨在心。

永元六年(甲午,公元94年)

1 春,正月,皇甫棱被免职,任命执金吾朱徽代理度辽将军。当时单于与中郎将杜崇有矛盾，上书告杜崇的状。杜崇指使西河太守，将单于的奏章在中途扣留，单于于是失去了向上沟通的渠道。杜崇则与朱徽联合上书，控告说："南匈奴单于安国，疏远南匈奴人，亲近新降的北匈奴人，想杀死左贤王师子以及左台且渠刘利等人。而右部投降过来的人，又密谋胁迫安国起兵背叛。请下令西河、上郡、安定等地，动员戒备！"

皇帝将奏章交给公卿们商议，众人都认为："蛮夷反复无常，虽然不知道他们到底想怎样，但是，只要我们大兵压境，他们也不敢有什么动作。如今应该派遣有方略的使者到单于王庭，与杜崇、朱徽及西河太守并力，观其动静。如果没有其他变故，可以下令杜崇等人督促安国单于集会其左右大臣，看谁的部众横暴为害边境，共同审判，该诛杀的就诛杀。如果安国单于不接受这个安排，再授权使臣随机应变。事情结束之后，再论功行赏，这也可以威示百蛮了。"

于是，朱徽、杜崇发兵直指匈奴王庭。单于夜里听说汉军到了，大惊，抛弃营帐逃去，于是举兵要去诛杀师子。师子事先接到消息，卷起营帐进入曼柏城。安国追到城下，城门已经关闭，进不去。朱徽派手下前往调解，安国不听，又进不了城，于是屯兵在五原郡。杜崇、朱徽征发诸郡骑兵紧急向五原集结。匈奴人大为震恐，安国的舅舅骨都侯喜为等人，担心被连累诛杀，于是格杀安国，立师子为亭独尸逐侯鞮单于。

2 正月二十一日，司徒丁鸿薨逝。

3 二月二十日，任命司空刘方为司徒，太常张奋为司空。

4 夏，五月，城阳怀王刘淑薨逝，无子，封国撤除。

5 秋，七月，京师旱灾。

6 西域都护班超，征发龟兹、鄯善等八国兵一共七万余人，征讨焉耆，到了焉耆城下，将焉耆王广、尉犁王汎等引诱到陈睦故城，斩杀，首级送到京师，然后纵兵进击抢掠，斩首五千余级，俘虏一万五千人，改立焉耆左侯元孟为焉耆王。班超在焉耆逗留半年，抚慰人民。于是西域五十余国全部送人质到洛阳，归附中原，一直到西海（里海）之滨，四万里以外的国家，都经过几重翻译，前来进贡。

7 南匈奴单于师子即位，新投降归附的五六百人夜袭师子，安集掾王恬率领护卫士兵与之作战，将他们击破。于是新投降的人互相惊动，十五部二十余万人全部造反，胁迫前单于屯屠何的儿子奥鞬日逐王逢侯为单于，于是杀掠吏民，焚烧邮亭、庐帐，带着辎重向朔方前进，想重新渡过沙漠向北。

九月癸丑日（九月无此日）派光禄勋邓鸿代理车骑将军，与越骑校尉冯柱、代理度辽将军朱徽率领左右羽林、北军五校士以及郡国弓箭兵、边境民兵，乌桓校尉任尚率领乌桓、鲜卑的士兵，合共四万人征讨。当时南单于师子和中郎将杜崇屯驻牧师城。逢侯率领一万余骑兵围攻。冬，十一月，邓鸿等人抵达美稷，逢侯于是解围而去，向满夷谷方向撤退。南单于派儿子率领一万骑兵与杜崇所领四千骑兵，加上邓鸿所部，在大城塞追上逢侯，斩首四千余级。任尚率鲜卑、乌桓的部队拦击逢侯于满夷谷，再次大破逢侯部，前后斩首一万七千余级。逢侯于是率众出塞，汉兵因无法追击而返回。

8 任命大司农陈宠为廷尉（掌刑狱），陈宠的性格，慎重而有同情心，多次审理疑案，每每引用经典和案例，务从宽恕，从他之后，司法界的苛刻风气，有所改变。

9 皇帝任命尚书令、江夏人黄香为东郡太守，黄香推辞说："主掌一方政事，我没有这种才干，希望能够留任闲散的官职，给我一个督察的小职位，从事一些宫中和尚书台的琐碎事务。"皇帝就让黄香仍旧留任尚书令，增加俸禄到二千石（尚书令俸禄是一千石，黄香在这个位置已经做了很久，又推辞不到地方做太守，所以让他以太守的俸禄，留任尚书令），对黄香十分亲近看重，黄香也勤勤恳恳，忧虑国事，就如自己的家事。

永元七年（乙未，公元95年）

1 春，正月，邓鸿等军队还朝，冯柱率领虎牙营留驻五原。邓鸿被控逗留不进，延误军机，下狱处死。后来，皇帝知道朱徽、杜崇因为和单于有矛盾，截留单于的上书，以致匈奴造反，将二人都征召回洛阳，下狱处死。

2 夏，四月初一，日食。

3 秋，七月二十六日，易阳地裂。

4 九月二十五日，京师地震。

5 乐成王刘党被控买凶杀人，皇上削减了他封国的东光、鄡县两个县。（法律规定，皇宫宫女出宫可以嫁人，但不得嫁给诸侯。宫廷歌舞艺人哀置出宫，嫁给男子章初。刘党将哀置召入王府，与她私通。章初想要告状，刘党买通哀置的姐姐，杀死章初，又一连绞死三个内侍灭口。）

永元八年（丙申，公元96年）

1 春，二月，立贵人阴氏为皇后。皇后是阴识的曾孙女。

2 夏，四月，乐成靖王刘党薨逝。子哀王刘崇立，很快也死了，因为没有子嗣，封国被撤除。

3 五月，河内（河南武陟县）、陈留发生蝗灾。

4 南匈奴右温禺犊王乌居战叛变出塞。秋，七月，度辽将军庞奋、越骑校尉冯柱追击破之，将他的残部及投降的胡人一共两万余人迁徙安置到安定、北地。

5 车师后部王涿鞬造反，攻击前王尉卑大，俘获了尉卑大的妻子儿女。

6 九月，京师发生蝗灾。

7 冬，十月二十三日，北海王刘威因为不是敬王的儿子，又被控诽谤，所以自杀。

【柏杨曰】

刘威是刘缜的曾孙，是敬王刘睦的庶子，原封斟乡侯，公元90年继承王爵，于今突然被指控不是刘睦的儿子，内幕不详。

8 十二月初十，陈敬王刘羡薨逝。

9 十二月十六日，南宫宣室发生火灾。

10 护羌校尉贯友去世，以汉阳太守史充接任。史充到任之后，征发湟中羌族、胡人出塞攻打迷唐。迷唐迎击，击败史充，杀数百人。史充因罪被召回，任命代郡太守吴祉接任。

永元九年（丁酉，公元97年）

1 春，三月初十，陇西地震。

2 三月二十三日，济南安王刘康薨逝。

3 西域长史王林攻打车师后王，将他斩首。

4 夏，四月二十八日，封乐成王刘党的儿子刘巡为乐成王。

5 五月，封皇后父亲、屯骑校尉阴纲为吴房侯，以特进身份返回家宅。

6 六月，旱灾、蝗灾并发。

7 秋，八月，鲜卑进攻肥如，辽东太守祭参因怯懦无能，作战失利，被下狱处死。

8 闰八月十四日，皇太后窦氏崩逝。当初，梁贵人死后，宫廷事情机密，没有人知道皇帝是梁贵人生的。舞阴公主的儿子梁扈，派他的堂兄梁禪（舞阴公主嫁给梁松，梁贵人是梁松的弟弟梁竦的女儿。梁贵人小时候母亲去世，由伯母舞阴公主抚养长大。窦太后在世，他们不敢揭露真相，窦太后一死，就没有禁忌了），分别向三府（司徒府、司空府、太尉府）奏报说："汉家旧典，崇贵母氏，而梁贵人亲育圣躬，不蒙尊号，请求申议！"太尉张酺把事情告诉皇帝，皇帝感怀伤恸良久，说："您的意思是怎么办？"张酺请求为梁贵人追上尊号，并尊崇在世的诸位舅舅。皇帝听从。这时，梁贵人的姐姐，嫁给南阳人樊调的梁嫕上书说："我的父亲梁竦冤死牢狱，骨骸至今不能掩埋。母亲年逾七十，与弟弟梁棠等被流放，远在绝域，不知死生。请求能将父亲朽骨收葬，并让母亲、弟弟能够回到故乡。"皇帝引见梁嫕，才知道了梁贵人当年冤死的真相。三公上奏，说："请依照光武帝罢黜吕太后的先例，贬黜窦太后尊号，并且，不宜让她与先帝合葬。"百官也多有上言附议的。皇帝手诏说："窦氏虽然不尊法度，但太后却时常自己克制减损，我侍奉太后十年，深知大义，按礼制，臣子没有贬黜尊上的规矩，于恩不忍分离，于义不忍亏待。按前世案例，上官太后也没有被降黜，你们不要再说了！"闰八月二十九日，安葬窦太后，谥号章德皇后。

9 烧当羌迷唐率众八千人进攻陇西，胁迫塞内诸羌族部落合步骑兵三万人击破陇西兵，杀死大夏县县令。皇帝下诏，派征西将军刘尚为将，越骑校尉赵世为副将，率领汉兵和羌、胡兵共三万人征讨。刘尚屯驻狄道，赵世屯驻枹罕。刘尚派司马寇盱征调各郡部队，四面向战区集结。迷唐恐惧，抛弃老弱，逃窜进入临洮南山。刘尚等人追击到高山，大破迷唐军，斩首俘虏一千余人。迷唐逃走，汉兵死伤也很多，不能再追，于是回师。

10 九月二十四日，司徒刘方被免职，自杀。

11 九月二十八日，追尊梁贵人为皇太后，谥号恭怀皇后，为她补行丧事。冬，十月十九日，改葬梁太后和她的姐姐梁大贵人于西陵。擢升樊调为羽林左监。追封梁太后父亲梁竦为褒亲愍侯，派使者迎接他的尸骨，葬于恭怀皇后陵墓旁。征召梁竦妻子儿女回来，封他的儿子梁棠为乐平侯，梁棠的弟弟梁雍为乘氏侯，梁雍的弟弟梁翟为单父侯，都加位特进，赏赐以巨万计，宠遇光于当世，梁氏家族，自此兴盛。

清河王刘庆，这时候才敢上书请求到母亲宋贵人的陵墓祭奠，皇帝允许，下诏太官供给四季祭祀的祭具。刘庆流泪说："母亲在世的时候，虽然不能供养，死后终于能够供奉祭祀，我的心愿也足矣！"又想为母亲修建祠堂，但是担心有自比梁太后的嫌疑，于是不敢再说，时常向左右哭泣，认为这是终身之憾。后来他上书说："外祖母王氏年老，请求能回到洛阳治病。"于是皇帝下诏，允许宋氏家族全部回到京师，任命刘庆的舅舅们，宋衍、宋俊、宋盖、宋暹，都做郎官（宫廷禁卫）。

【华杉讲透】

皇帝不知道他的身世，养母死后，才知道自己生母是谁，以及生母家族遭遇的家破人亡的迫害。皇帝给梁贵人平反，梁氏家族兴起，以后又成为国家一大祸害。借着平反昭雪的春风，废太子刘庆才敢请求去给与他有同样遭遇的母亲宋贵人扫墓，宋氏家族重新回到统治阶层的政治生活中。刘庆的儿子后来做了皇帝，宋贵人也追封为皇后。这些人遭遇人生的悲剧，虽然处于最高统治阶层，也都是可怜人。

中国历史上的权力斗争，总是零和博弈，一家兴，必有一家亡，始终没有建立起一个和平共处的安全机制。所以，免祸就成了人生智慧，平安落地就是成功人士。基于免祸的需求，克制就成了最重要的美德，自己克制减损，克己复礼。窦太后不是皇帝的生母，她夺了梁贵人的儿子，又害死梁贵人，养育了皇帝。皇帝不过是她谋求自己权势的工具。但是，她能克制自己，没有其他什么恶行，皇帝被他养育长大，这种恩遇，也形成了一种斯德哥尔摩综合征，杀母之仇，反而恨不起来了。

12 十一月初八，任命光禄勋、河南人吕盖为司徒。

13 十二月初一，司空张奋被免职。初七，任命太仆韩稜为司空。

14 西域都护、定远侯班超派他的掾（副官）甘英出使大秦、条支，抵达西海，都是前代之人所没有到达过的地方。甘英考察他们的风土人情，取得他们的奇珍异物。到了安息西边边界，遇到大海，他想渡海继续前行。船夫对甘英说："海水广大，遇到顺风，也要三个月才能渡过去。如果遇到逆风，也有耗时两年的。所以，要渡海的，须准备三年粮食。在大海里，容易让人犯思乡病，经常有人死亡。"甘英这才作罢。

【柏杨曰】

大秦,是罗马帝国;条支,是叙利亚;安息,在伊朗。有人认为"西海"是波斯湾,但波斯湾即令有强大的顺风,三个月也到不了罗马,因为那时还没有苏伊士运河,要绕道好望角,而好望角当时还没有发现。西海应该是地中海较为合理,而西海之滨就是巴勒斯坦。如果这个判断正确,那甘英的报告并不可靠,巴勒斯坦和罗马之间,交通频繁,甘英绝不会躲在旅馆里,只听船夫一面之词,自己到码头去看一看,看见繁忙的码头,就会知道去大秦并不困难。班超似乎是选错了人。

永元十年(戊戌,公元98年)

1 夏,五月,京师大水。

2 秋,七月己巳日(七月无此日),司空韩稜薨逝。八月十五日,任命太常、太山人巢堪为司空。

3 冬,十月,五个州雨水不止。

4 代理征西将军刘尚、越骑校尉赵世被控畏敌懦弱,被召回,下狱免职。谒者王信接管刘尚的部队,屯驻在枹罕,谒者耿谭接管赵世的部队,屯驻在白石。耿谭悬赏招降,诸羌族部落很多都来归附。迷唐恐惧,于是请降。王信、耿谭接受投降,撤军。十二月,迷唐等率领族人到洛阳朝见进贡。

5 十二月十九日,梁节王刘畅薨逝。

6 当初,居巢侯刘般薨逝,儿子刘恺应当嗣位。但刘恺自称父亲的遗愿是让他的弟弟刘宪嗣位,于是自己遁逃。有司奏请撤销刘恺的封国。汉章帝赞赏这种义行，特别优待宽限日期，但刘恺还是不出面。过了十几年，有司再次上奏此事。侍中贾逵上书说："孔子说：'能以礼让为国乎？何有？'（能以礼让精神来治国吗？如果能以礼让精神来治国，那还有什么困难呢？）有司不能推究刘恺为善之心，反而要绳之以循常之法，这样做，不能鼓励礼让的风气，形成恢宏宽厚的教化。"皇帝采纳他的意见，下诏说："王法崇善，成人之美，就让刘宪嗣爵吧！事属特殊，下不为例！"于是征召刘恺，任命为郎官。

7 南匈奴单于师子死，前单于长的儿子檀即位，为万氏尸逐鞮单于。

永元十一年（己亥，公元99年）

1 夏，四月初九，赦天下。

2 皇帝在朝会的时候，召见诸儒，让中大夫鲁丕和侍中大夫贾逵、尚书令黄香等相互辩论经义，皇帝赞赏鲁丕的学说，罢朝之后，特别赏赐给他衣冠。鲁丕上书说："臣听说，讲说经义，不过都是转述自己老师教的道理，不是自己的发明，所以不能相让。如果相互谦让，那道理就不能辨明，就像方矩、圆规、秤锤、尺子的标准，不能随意改变。提出疑问的人，必须说明其依据；答复疑问的，也要说明他的立场，浮华无用的话，就不要说，所以不会越说越糊涂，而道理越来越彰明。观点不一致的人，不过是各自阐述他的老师教给他的东西（汉儒重视学术门第，各自执守自己老师的学问），陛下能遍览各方观点就行了，如果唯独让我这个乡野村夫说的话得到陛下的重视，那反而是我的罪了，因为这会让其他人幽远深刻的道理被遗漏啊。"

永元十二年（庚子，公元100年）

1 夏，四月十六日，秭归发生山崩。

2 秋，七月初一，日食。

3 九月初九，太尉张酺被免职。九月十七日，任命大司农张禹为太尉。

4 烧当羌酋长迷唐入朝之后，他的部落人数已不满两千，饥饿窘迫，生存不下去，入塞居住在金城郡。皇帝命令迷唐率领他的部落回到大、小榆谷居住。但是，迷唐认为，现在黄河上已经有汉军修建的河桥，军队可以随时往来，大、小榆谷已经不再安全，不能再居住，于是推辞说族人饥荒，不肯远出。护羌校尉吴祉等赐给迷唐金帛，让他用于购买粮食牲畜，促使他出塞，迷唐族人更加猜疑惊惧。这一年，迷唐再次叛变，胁迫湟中诸胡人部落，大肆抢掠而去。王信、耿谭、吴祉等都因罪全部被征召回洛阳。

永元十三年（辛丑，公元101年）

1 秋，八月二十五日，洛阳北宫盛馔门（御厨房阁门）失火。

2 迷唐又回到赐支河曲，率兵接近汉朝边塞。护羌校尉周鲔与金城太守侯霸，率领诸郡兵和属国羌、胡士兵合共三万人，出塞攻击，挺进到允川。侯霸击破迷唐，迷唐部落瓦解，投降者六千余口，分别迁徙安置在汉阳、安定、陇西。迷唐势力从此衰弱，远遁赐支河上游，依附发羌部落。多年以后，迷唐病死，他的儿子率领部众来投降，已经只有数十户了。

3 荆州雨水不停。

4 冬，十一月十四日，皇帝下诏说："幽州、并州、凉州户口稀少（幽州的大郡有十余万户，小郡如玄菟只一千五百二十四户；并州大郡三万余户，小郡不满两千户；凉州大郡不满三万户，敦煌郡只有七百四十八户），可是差役繁重，束发自修的良吏上升通道狭窄。抚慰外族和接待夷人，人才最重要。现在下令：边疆郡户口十万以上的，每年举荐孝廉一人，不满十万的，每两年举荐一人，五万人以下的，每三年举荐一人。"

5 鲜卑人进攻右北平，进而进攻渔阳，渔阳太守打败了鲜卑军。

6 十一月二十六日，司徒吕盖因年老多病退休。

7 巫蛮（重庆巫山县）酋长许圣因为郡官府税收不公平，心怀怨恨，于是起兵造反。十一月辛卯日（本月无此日），进攻南郡。

永元十四年（壬寅，公元102年）

1 春，安定原已归降的羌人烧何部落造反，当地郡兵将他们击灭。

这时，西海以及大、小榆谷地区，再也没有羌寇。隃糜国相曹凤上书说："自从建武年间以来，西羌犯法的，总是从烧当羌开始，究其原因，是因为他们居住在大、小榆谷，土地肥美，又有西海鱼盐之利，有黄河天险作为屏障。同时，又接近居住在边塞的诸部落，容易为非作乱，难以攻伐，所以能强大，雄冠诸部落，仗恃他们的拳脚勇敢，招诱其他羌人、胡人。如今，烧当羌衰困，党援断绝，逃亡鼠窜，远远地依附发羌部落。臣愚以为，应该抓住这个时机，恢复西海郡县，控制大、小榆谷，广设屯田，断绝羌族和匈奴之间的联系，遏制他们狂妄窥视的源头。同时，发展农业生产，让边疆富足，即可省运输徭役之费，国家又可以无西方之忧。"

皇上听从他的意见，恢复建立西海郡，迁徙金城都尉前往镇守，拜曹凤为金城西部都尉，屯驻龙耆，后来又扩大屯田面积，在黄河两岸，合共三十四部之多，即将大功告成，想不到永初年间（汉安帝时期），西羌叛乱，以至功败垂成。

2 三月二十七日，皇帝亲自到辟雍（国立大学）出席宴会和射礼（射箭比赛），赦天下。

3 夏，四月，遣使者督领荆州兵一万余人，分道讨伐巫蛮许圣等人，大破之。许圣等人乞降，朝廷将他们全部迁徙安置在江夏。

4 阴皇后多妒忌，慢慢失宠，心中常怀怨恨。皇后的外祖母邓朱，出入内宫，有人举报，皇后与邓朱设巫蛊诅咒。皇帝派中常侍张慎与尚书陈褒调查，查实后以大逆之罪弹劾他们。邓朱的两个儿子邓奉、邓毅，皇后的弟弟阴辅都被拷打致死。六月二十二日，皇后因罪被废，迁居桐宫，忧郁而死。皇后父亲、特进阴纲自杀。皇后的弟弟阴秩、阴敞及邓朱家属全部流放到日南郡比景县（日南郡，正午时分太阳当在头顶当空正中，而此地太阳已经偏南，所以叫日南，在越南东和县）。

5 秋，七月十三日，常山殇王刘侧薨逝，无子，立其兄防子侯刘章为常山王。

6 三个州发大水。

7 班超久在遥远的边域，年老思乡，上书乞求回到中原，说："臣不敢指望能到酒泉郡，但愿能活着回到玉门关。谨派我的儿子班勇跟着安息国进贡的使团入塞，在我死之前，让班勇能亲眼看到中原的风土。"

朝廷久久没有回复。班超的妹妹曹大家（班昭，因为嫁给曹寿，又博学高才，有节行法度，皇帝数次召她进宫，给皇后和贵人们做老师，所以尊称为曹大家）上书说："蛮夷之性，背逆而轻侮老人，而班超随时都会死亡，如果不派人接替他，恐怕会打开奸邪的源头，生出逆乱之心，而卿大夫们，把班超的职位当成普通职位处理，没有长远的眼光和考虑，如果突然发生事变，则班超气力不能从心，上损国家累世之功，下弃忠臣竭力之用，实在是令人痛心！班超在万里之外，归心似箭，自陈苦急，伸长脖子盼望，至今已经三年，没有任何回复。妾听说古人十五岁参军，六十岁也让他退役回家了，休息养老，不再担任职务。所以妾冒死为班超哀求，趁着他的余年，能让他活着回来，能再次看到皇家宫阙。让国家没有劳远之虑，西域没有仓猝之忧，班超也能够得到文王葬骨之恩（胡三省注：文王修建灵台，挖出一副枯骨。左右的人说：'这是无主枯骨。'文王说：'怎么无主，我是天下之主，就是他的主。'于是将枯骨安葬。天下人都说文王之仁，及于枯骨，何况对人呢）、田子方哀老之惠（田子方是魏文侯的国师，见魏文侯的老马将被抛弃，说：'少尽其力，老而弃之，非仁也。'于是把老马收养）。"

皇帝被班昭的话感动，于是征召班超还朝。八月，班超抵达洛阳，拜为射声校尉，九月，班超去世。

班超即将回国，以戊己校尉任尚代为西域都护，任尚对班超说："君侯在外国三十余年，而我接替您的工作，任务很重，而我思虑浅薄，希望君侯教我！"班超说："我年纪老了，智慧也没了，您当然应该身当大任，哪里是我赶得上的呢！非要我说，我就斗胆说几句蠢话：塞外的将士，都不是孝子贤孙，全是因为犯罪被流放来边疆屯驻抵罪的。而蛮夷呢，又常怀鸟兽之心，很难凝聚在一起，稍不注意就一哄而散。如今您性格比较严苛急切，要注意水清无大鱼，明察秋毫，什么都看得一清二楚，就会失去下属人心。最好是简单随意，宽容小的过失，只要总揽大纲就够了。"

班超走后，任尚私下对自己亲近的人说："我以为班君有什么奇策，听他说的话，也不过平平。"任尚后来果然把西域带入混乱，正如班超所言。

【华杉讲透】

不服高人有罪，任尚又是一例。

什么叫服？就是放弃自己的判断，对高人所说的话，不作判断，坚决执行。理解的就执行，不理解的，就在执行中学习，加深理解，绝不按自己的想法来办！为什么呢？因为高人已经机关算尽，你也想算一算，但是，你还不知道机关在哪儿，别人告诉你了，你也听不懂，你就不要算！

任尚的态度，是典型的有"胜心"，他虽然表面请教班超，实际上一心想胜过班超，不知道自己面前的，是五百年才出一个的高人！

跟师父学习，口诀是"守、破、离"。你先萧规曹随，一切按师父说的做，不要活学活用，而是要死记硬背，生搬硬套，把师父教的全都能不走样地做到了，知行合一，烂熟于心了，你再去看自己能不能突破，最终才能离开师父的章程，有自己的风格。

镇守西域这样的重任，重要的不是创新，而是不出事儿！

任尚轻佻，他以为会有什么"奇策"，不懂得兵法不是战法，是不战之法；不是战胜之法，是不败之法。从来就没有什么奇策，而是在复杂的博弈中寻找均衡。

8 当初，太傅邓禹曾经对人说："我率领百万之众，未尝妄杀一人，我的后世，一定有子孙兴起。"他的儿子、护羌校尉邓训，有一个女儿叫邓绥，性格孝敬友爱，喜欢读书，经常白天从事女红，晚上就诵读经典，家人都叫她"诸生"。叔父邓陔说："我听说，救活一千人的，子孙必有封爵。我哥邓训做谒者的时候，负责整修石臼河，每年都救活数千人，如果天道可信，家族一定有福报。"（当初，明帝时期，治理滹沱河、石臼河，计划打通从都虑到羊肠仓，作为粮食漕运的水道。太原官吏人民苦于差役，数年不能完成，死者不可胜算。章帝时期，邓训被皇帝委派负责此项工程，他调查后汇报说工程不可行。皇帝下诏，停止该项工程，改用驴车运输。每年节省的费用以亿万计，还保全了民夫差役数千人的性命。）邓绥后来被选入宫为贵人，恭敬、严肃、小心，一举一动都有法度，侍奉阴皇后，以及与其他嫔妃相处，总是克制自己，居于人下，就算对宫女奴仆，也和颜悦色，加倍厚待，皇帝对她非常嘉许。有一次她生病，皇帝特令她的母亲、兄弟都可以入宫侍奉医药，不限日数，邓贵人推辞说："宫禁至重，而让外面的人久在宫内，上令陛下有偏心的讥议，下令贱妾遭到不知足的批评，上下都受到损害，这是我不希望看到的。"皇帝说："别人都以家人可以经常进宫为荣，邓贵人反以为忧吗？"

每次有宴会，诸姬都竞相修饰，唯有邓贵人素面朝天，衣服有和阴皇后同色的，马上换掉。如果一起觐见，从不敢与皇后并肩站立，也不敢并肩而坐，走路总是微屈上身，放低身段。皇帝每次问什么问题，常常逡巡后对，不敢抢在皇后前面回答。

阴后身材短小，举止偶尔有失礼仪，左右随从都掩口而笑，唯独邓贵人怆然不乐，为皇后隐讳，就好像那是自己的过失。皇帝知道邓贵人劳心曲体，叹息说："修德之劳，乃如是乎！"

后来，阴皇后不被宠幸，邓贵人每次轮到皇帝要临幸她的时候，就以生病推辞。当时皇帝好几个皇子夭折，邓贵人忧心继嗣不广，数次遴选才人进献给皇上。

阴皇后见邓贵人声誉日隆，非常痛恨。有一次，皇帝生病，病情危急，阴皇后密言："我若掌权，让邓氏断子绝孙！"邓贵人听说后，流涕说："我竭诚尽心以事皇后，竟然得不到保佑。我将跟随皇帝而死，上以报皇帝厚恩，中以解宗族之祸，下不令阴氏受到再造'人彘'的讥议（人彘指当年吕后对戚夫人的迫害）。"当即准备服毒自杀。宫人赵玉坚决制止，又哄骗她说："刚才有使者来，说皇帝的病已经好了。"邓贵人这才停止。第二天，皇帝的病果然好了。

后来阴皇后被废，邓贵人反而为她求情，皇帝不准。皇帝想要册封邓贵人为皇后，邓贵人更是称病，深自闭绝。冬，十月二十四日，皇帝下诏，立贵人邓氏为皇后。皇后辞让，不得已，然后即位。各郡国的进贡，旧例是单独有一份直接给皇后，邓皇后下令禁绝，只要纸墨而已。皇帝每次要给邓氏加官进爵，皇后都哀请谦让，所以哥哥邓骘终皇帝之世也不过虎贲中郎将。

9 十月三十日，司空巢堪被免职。

10 十一月初六，任命大司农沛国人徐防为司空。徐防上书说：

"汉朝立博士有十四家（光武中兴，恢宏稽古，核定儒家五经标准，《易经》以施雠、孟喜、梁丘贺、京房的解读为准，《尚书》以欧阳高、夏侯胜、夏侯建的解读为准，《诗经》以申培、辕固、韩婴的解读为准，《春秋》以严彭祖、颜安乐的解读为准，《礼记》以戴德、戴胜的解读为准，一共十四家），然后设定考试，评定甲乙等级，以勉劝学者（博士弟子，每年考核录用甲科四十人为郎中，一科二十人为太子舍人，丙科四十人为文学掌故）。现在，我看太学里的学生，不认真学习自己老师的学问，不尊重标准解释，相互包庇，各自发挥，开辟学术邪路，每次有策问考试，则相互争论，议论纷纷，互相指斥是非。孔子都说自己是'述而不作'，只是记述往圣先贤的话，并不敢自己发明创作，又说'吾犹及史之阙文'，读史或记述时碰见有掉了一个字或一段话的，就把那空缺保留在那里，不敢妄自猜测添补，以待后人考据。而今天这些学生呢，不依章句，妄自穿凿附会，以照搬老师的话为耻，以创立自己的学说为荣，轻侮道术，浸以成俗，这不是陛下遴选人才的本意。改变浅薄的习俗，莫过于提倡忠心，这也是夏商周三代以来的大道（《史记》中司马迁说：夏朝提倡'忠'，但'忠'使小人变得粗野；商朝提倡'敬'，但敬又让小人崇尚鬼神；周朝提倡'礼'，但礼又让小人变得虚伪，要救'礼'的弊病，就要用'忠'，三代之道，就是循环使用）。专精务本，是儒学的关键。臣以为，博士及甲乙策试，应该各自遵从各自标准文本，每次考五十道题，解释得最多的为上等，引用原文最明确的为高级。如果不依从先师的学说，表达的意思与标准答案不同的，全部要求更正。"

皇上听从了徐防的意见。

【柏杨曰】

汉武帝采纳董仲舒意见，罢黜百家，独尊儒术，结束了当时的学术自由。经过两百年漫长培养，前有鲁丕、后有徐防，竟然要求学者，不仅不可跳出儒家的大圈圈，更不可跳出"师承"的小圈圈。眼中只有师承，没有真理。

【华杉讲透】

这个问题很复杂，在鲁丕的言论那一段，笔者已有评述，这里再作一补充。

一个社会，必会诞生一种理论。孔子的《论语》是一种理论，所谓"半部论语治天下"，那是一种治天下的理论；商鞅的《商君书》也是一种理论；柏拉图的《理想国》是一种城邦国家的理论；英国的《大宪章》是一种君主立宪的理论；卢梭的《社会契约论》、孟德斯鸠的《论法的精神》则开辟了现代国家的理论。

在古代，各个文明，各个理论，各自统治各自的国家，国家和国家的战争，主要是国王战争、贵族战争、民族战争，或者历史上循环的改朝换代的战争，不涉及理论之争。即使有宗教战争，也从属于国王贵族之间的战争或民族之间的战争。

从法国大革命开始，欧洲从贵族战争，走向思想和思想的战争，理论和理论的战争，一步步形成今日之世界，人类从利益的冲突，走向思想理论的冲突，再走向亨廷顿所说的"文明的冲突"。

所以，思想和理论实为维系一个社会的根本，汉武帝和汉和帝的考虑，也在于此。

在本系列第一册的序言里，我说我不是要写一部《资治通鉴》，而是要写成一部《资"自"通鉴》，主要是看我们自己要怎么做。因为在政治上，自然要依从自己本国的理论。没有一个国家是凭空而来，都是带着祖先传下的一切政治文化遗产，我们必浸泡在这遗产里面，个人之于社会，不在其位，不谋其政，用之则行，舍之则藏，无可无不可，这是孔孟的思想。

从自己治学来说，要点在"知行合一"，学习往圣先贤的东西，关键是去实践，学以润身，切实笃行，这才是学习的意义。一个人选择一种哲学，一定因为他自己本身就是那样的人。是那样的人，照那样去做，就有那样的学问。如果自己没有去做，只是讲说，而且一定要讲出一点"不同的东西""自己的东西"，不是为了学问，而是为了表现自己，那就是哗众取宠，就是玩物丧志，就没有诚意正心。

太学的学生们不照老师教的学，各自发挥，不是真有真知灼见，只不过是表现自己的浅薄罢了。所以徐防有意见，皇帝也同意。

至于柏杨老师所论，又是一大话题，不是本书的任务了。如果对社会有不同看法，孔子的观念是明哲保身。明哲保身，不是苟且偷生，明于事，哲于理，所保之身，不只是保护自己的人身安全，而首先是保证自己不同流合污，所谓君子和而不同，道理也在于此。

学习的意义有两条：一是知行合一，学以致用；二是也有知而不能行的，不归你说了算的，也要学，学了，是为了免于愚蠢。

笔者看自己，一是缺德，好多事做得不对，处理得不好；二是太蠢，好多事不明白，所以要学习啊！

11 这一年，封大长秋郑众为鄛乡侯。（郑众因为诛窦宪的功劳封侯，宦官封侯，从此开始。）

永元十五年（癸卯，公元103年）

1 夏，四月三十日，发生日食。当时皇帝按照汉章帝时代惯例，兄弟们都留在京师，有司上奏说：日食是因为阴气太盛，奏请将诸王遣返各自封国。皇帝下诏说："三十日的天变异像，责任在我一个人。诸王都还年幼，如果早早离开'顾复'（引用《诗经》：'父兮生我，母兮鞠我，拊我畜我，长我育我，顾我复我，出入腹我。'父亲生了我，母亲养育我，抚慰我，喂养我，让我生长发育，照看着我，始终不让我离开父母的视线，进进出出都怀抱着我），不能将他们抚育到成年，就会有《蓼莪》《凯风》之哀（《蓼莪》是《诗经·小雅》的篇名。此诗表达了子女追慕双亲抚养之德的情思。后因以"蓼莪"指对亡亲的悼念。《凯风》出自《诗经·邶风·凯风》，感恩父母把子女抚养成人）。我硬不下心肠将他们送走，即便知道不符合国家法度，但还是让他们留在京师吧！"

2 秋，九月二十日，车驾南巡，清河王、济北王、河间王三位亲王跟从。

3 四个州下雨不止。

4 冬，十月十七日，皇帝抵达章陵。十月二十七日，进幸云梦。当时太尉张禹留守京师，听说车驾要去江陵，认为皇帝不宜冒险远游，驿马送来谏书。皇帝回复诏书说："祭祀了章陵，本来想向南观礼长江，正好接到您的奏书，就在汉水，回舆而返了。"十一月二十三日，车驾还宫。

5 之前，岭南进贡鲜龙眼、荔枝，十里设置一个驿站，五里一个瞭望台，昼夜传送。临武县令、汝南人唐羌上书说："臣听说，上不以能吃到美食滋味为德，下不以贡献膳食为功。现在看到交趾七郡，进献鲜龙眼等物，风驰电掣，把鸟都惊飞起来。南方土地炎热，恶虫猛兽，不绝于路。传送贡品的人一旦碰上，就有生命危险。死者不可复生，趁他们活着的时候，还可以拯救。这荔枝、龙眼送到金銮宝殿，也未必能延年益寿。"

皇帝下诏说："远方珍馐，本来是用来祭献宗庙，但如果因此让人受到伤害，就不是先帝爱民的本意了。现在，下令太官，不再接受此类贡品！"

6 这一年，首次下令各郡国可以从夏至日开始审理判决一些罪行轻微的案件。

永元十六年（甲辰，公元104年）

1 秋，七月，旱灾。

2 七月初四，司徒鲁恭被免职。

3 七月十三日，擢升光禄勋张酺为司徒。八月二十二日，张酺薨逝。冬，十月初五，任命司空徐防为司徒，大鸿胪陈宠为司空。

4 十一月己丑日（十月无此日，柏杨查证为十一月初十），皇帝行幸缑氏，登百岯山。

5 北匈奴遣使称臣进贡，愿意和亲，重修呼韩邪单于旧约。皇帝因为他没有遵照过去的礼数，不同意，但是厚加赏赐，不派使节回访。

元兴元年（乙巳，公元105年）

1 春，高句丽王宫侵入辽东郡边塞，抢掠六县。

2 夏，四月庚午日（四月无此日），赦天下，改元。

3 秋，七月，辽东太守耿夔进攻高句丽，破之。

4 冬，十二月二十二日，皇帝崩逝于章德前殿（享年二十七岁）。

当初，皇帝的儿子们总是夭折，前后有十几个之多。后来，再生下皇子，就隐秘地养育在民间，群臣都不知道。等到皇帝驾崩，邓皇后才将养在民间的皇子抱回。长子刘胜，患了顽固不治之病。幼子刘隆，才生下来一百多天，就被迎立为皇太子，当天晚上，即皇帝位。邓皇后被尊为皇太后，临朝称制。这时候刚刚发生国丧，宫中禁卫还不严密，丢失了一箱珠宝。太后心想，如果拷问，一定会有无辜受难的，于是亲自调查涉嫌宫人，察言观色，结果偷珠宝的人当场承认服罪。再有，和帝所宠幸的宫人吉成，她的侍者联合起来控告她行巫蛊事，被下掖庭拷问，证据确凿，吉成也亲口承认。但是，太后认为，吉成在先帝左右，先帝待她有恩，平时也没有什么恶言，如今反而行巫蛊要害死皇上，不合情理。于是亲自召见吉成，询问考察，果然是侍者们干的。大家莫不叹服皇太后的圣明。

5 北匈奴再次遣使到敦煌进贡，解释说因为国家贫穷，未能备齐礼物，请求汉朝能派出使节到北匈奴，单于将派儿子入朝为质。太后也不派使节回访，只是加以赏赐而已。

6 洛阳县令、广汉人王涣，居身平正，能以明察秋毫，揭发奸状，外行猛政，内怀慈仁。凡是他所断的案，无不悦服，京师人都认为他是神一般的存在。这一年，王涣死在任上，街市上的百姓，无不哀叹流涕。王涣的灵车向西运回故乡安葬，经过弘农，百姓都在道路上摆设祭案。官吏问什么缘故。百姓们说："以前我们到洛阳缴粮，总要被下面的吏卒抢去一半。自从王先生做洛阳县令，再也没有吏卒抢我们的米，所以我们来报恩。"洛阳百姓为王涣修建祠堂，创作颂歌，每当祭祀的时候，就奏乐歌唱这些诗篇。

太后下诏说："忠良之吏，是国家治理的关键。国家不断访求这样的好官，但是得到的却很少！现在，任命王涣的儿子王石为郎中，以勉励那些好官！"

卷第四十九 汉纪四十一

（公元106年—公元115年，共10年）

主要历史事件

太后下诏裁减后宫日常用度　200

汉殇帝崩，刘祜即位，是为汉安帝　201

西域诸国造反　202

朝廷撤销西域都护　205

羌人因征召屯田而叛逃　206

邓太后听从建议赈济灾民　209

汉军与滇零开战　210

东汉王朝卖官鬻爵　212

主要学习点

凡是打比方讲出来的道理，都要谨慎看待　217

孝殇皇帝

延平元年（丙午，公元106年）

1 春，正月十三日，任命太尉张禹为太傅，司徒徐防为太尉，参录尚书事（东汉尚书权重于太傅、司徒、司空、太尉和大将军。此五官中无论哪官执政，都必须加"录"或"参录"。"录"即"掌管""总领"，"参录"即"参与掌管"）。太后因为皇帝尚在襁褓之中，想让重臣住在皇宫中。于是下诏让张禹住在宫中，每五天回家一次。每次朝见，司仪先通报张禹姓名，单独设座，不与三公同席。

2 封皇兄刘胜为平原王。

3 正月二十五日，任命光禄勋梁鲔为司徒。

4 三月初七，葬孝和皇帝于慎陵，庙号穆宗。

5 三月初九，清河王刘庆、济北王刘寿、河间王刘开、常山王刘章开始前往各自封国。太后对刘庆加以特殊礼遇。刘庆的儿子刘祜，时年十三岁，太后因为皇帝幼弱，深谋远虑，以防不测，将刘祜与他的嫡母耿姬留在京师清河王府（为皇帝崩逝，刘祜即位埋下伏笔）。耿姬，是耿况的曾孙女。刘祜的生母，是犍为人左姬。

6 夏，四月，鲜卑进攻渔阳，渔阳太守张显率数百人出塞追击。兵马掾严授进谏说："前路险阻，贼势难测，应该暂且结营，派轻骑侦察。"张显锐气正盛，听后大怒，几乎要斩他，于是执意进兵，遇上鲜卑埋伏，士卒逃散，唯有严授力战，身上受伤十处，手杀数人而死。主簿卫福、功曹徐咸自己赶来救援张显，都死在战场上。

7 四月十九日，任命虎贲中郎将邓骘为车骑将军、仪同三司（三司即三公，仪同三司，就是权力仪制同于三公，仪同三司之名自此始），邓骘的弟弟、黄门侍郎邓悝为虎贲中郎将，邓弘、邓闾皆为侍中。

8 司空陈宠薨逝。

9 五月十五日，赦天下。

10 五月十六日，河东郡垣县发生山崩。

11 六月初一，任命太常尹勤为司空。

12 三十七个郡国雨水不止。

13 六月十三日，太后下诏：裁减太官（御膳房）、导官（掌选择供奉皇室所用粮食）、尚方（制办和掌管宫廷刀剑和诸器物）、内署（掌内府衣物）的服装、用具、珍馐以及精密华丽难以制成的物件，除非供应陵庙祭祀,稻粱米不得挑选,早晚只许吃一次肉。之前太官、汤官一年费用要两亿,自此裁减了数千万。郡国进贡也裁减一大半。所有上林苑购买鹰犬预算全部取消,行宫储备的粮食、柴炭,全都裁减。

【华杉讲透】

中华书局胡三省注本《资治通鉴》此处原文为:"旧太官、汤官经用岁且二万万。"胡三省注:"《百官志》:汤官丞,主酒,属太官令。"那么,"太官、汤官"之间不应该有顿号,不是太官和汤官,而是"太官令下属汤官丞",所以柏杨译为:"过去御膳房仅酒类开支,每年费用达二万万钱。"到底是御膳房一年吃掉两个亿,还是光喝酒就喝掉两个亿,此处阙疑。

14 六月二十一日,太后下诏,遣散宫女,宗室犯罪而被没入宫中为奴婢的,全部释放为平民。

15 秋,七月十五日,下诏给司隶校尉和诸州部刺史(司隶校尉是监督京师和地方的监察官,部刺史是朝廷派到地方的监察官):

目前各郡国发生水灾,妨碍秋收,朝廷思虑自己的过失,忧虑惶惧。但是,有的郡国却想获得丰收的虚誉,于是隐瞒灾害,虚报开垦田地的数目,不管逃荒百姓,反而竞相比赛户口的增加。又隐瞒盗贼不报,则不加征讨,让奸恶不能受到国法惩治。擢升官员,不依次序;选拔人才,乖张离谱;而官吏的贪苛惨毒,祸及平民。刺史们低着头不看,塞着耳朵不听,徇私舞弊,上不畏天,下不畏人。朝廷宽厚之恩,不可能一直这样持续下去,从今往后,将要纠察处罚!二千石以上官员(郡守级别),都应实际考察人民所受的伤害,免除他们的田租赋税。

16 八月辛卯日(八月无此日,柏杨据《后汉书》考证为初六),皇帝崩逝(年仅二岁)。八月初八,灵柩停在崇德前殿。太后与哥哥、车骑将军邓骘、虎贲中郎将邓悝等定策禁中,当天晚上,派邓骘持节,用亲王乘坐的青盖车迎接清河王子刘祜入宫，在殿中斋戒。皇太后登崇德殿，百官都穿吉服出席，先拜刘祜为长安侯，然后下诏，以刘祜为孝和皇帝继嗣，又作策命，让有司宣读，太尉奉上玺绶，刘祜即皇帝位。太后仍然临朝听政。

17 太后下诏给司隶校尉、河南尹、南阳太守说："每每观览前代历史，外戚宾客仗势恣横，奉公之吏为之浊乱，为百姓患苦，咎在之法懈怠，不能马上惩罚。如今，车骑将军邓骘等，虽然心怀敬顺之志，但是宗族广大，姻亲不少，宾客奸猾，多有犯法。要对他们明加约束，不要包庇！"从此邓氏家族有人犯罪，毫不宽贷。

18 九月，六个州发大水。

19 九月丙寅日（疑误），葬孝殇皇帝于康陵。因为国家连遭大水，百姓苦于徭役，陪葬品和其他工程，全部厉行节约，只剩十分之一。

20 九月初一，陈留县落下陨石。

21 下诏任命北地人梁慬为西域副校尉。梁慬到了河西，正遇上西域诸国造反，向在疏勒的西域都护任尚发动进攻。任尚上书求救。朝廷下诏，命梁慬率领河西四郡（敦煌、酒泉、张掖、武威）羌、胡骑兵五千人飞驰救援。梁慬还没有到，任尚已经解围了。朝廷下诏，征召任尚回京，任命骑都尉段禧为西域都护，西域长史赵博为骑都尉。段禧、赵博驻守在它乾城（龟兹国它乾城是当初班超任西域都护时的驻地），城小，梁慬认为不够坚固，于是欺诈游说龟兹王白霸，想入驻龟兹城，和白霸共同镇守。白霸同意，龟兹官吏与人民坚决反对，白霸不听。梁慬入城，遣将紧急迎接段禧、赵博，军队一共有八九千人。龟兹官吏人民全部背叛龟兹王，联合温宿、姑墨数万士兵造反，一起包围龟兹城。梁慬等出战，大破之。战争持续数月，叛军败走，梁慬乘胜追击，前后斩首一万余级,俘虏数千人,龟兹于是平定。(胡三省注:梁懂并非不能作战,但是终究不能平定西域,是因为他有勇无谋。)

22 冬,十月,四个州发大水,降冰雹。

23 清河王刘庆病重,上书请求葬在樊濯宋贵人墓旁(刘庆生母)。十二月二十一日,清河王薨逝。

24 十二月乙酉日(十二月无此日),废除鱼龙曼延游戏。(鱼龙曼延是一种魔术杂技表演。)

25 尚书郎、南阳人樊准认为学习儒家思想的风气日渐衰微,上书说:"臣听说,人君不可以不学习。光武皇帝受命中兴,东征西战,没法安定下来有闲暇日子,但是,随时下马,放下武器,就讲学论道。孝明皇帝日理万机,每件事情都要仔细考虑,也够忙的了,但是,仍垂情于古典,游意于经义,每次举行射礼完毕,一定亲自端坐,讲经论学,诸儒一起听讲,四方欣然。又多多地征召名儒,布满廊庙,每次宴会,则讨论诘难,一片和乐。君臣共求政治教化,期门、羽林武士,也全都通晓《孝经》。教化从皇帝开始,流及蛮荒。所以议论的人每当说到盛世,都称颂永平年间。如今学者越来越少,远方郡国,情况更加严重。博士们占着位子,却不讲学。儒者争做轻浮华丽的空谈,而忘记了虔诚的忠心。臣愚以为,陛下应下明诏,广博地访求隐居的大儒,加以宠进,等到皇帝上学时,加以讲习。"

太后深以为然,下诏说:"公、卿、中二千石各自举荐隐士、大儒,一定要找到行为高洁的,以劝勉后进;从中精选博士,必得其人。"

孝安皇帝上

永初元年（丁未，公元107年）

1 春，正月初一，赦天下。

2 蜀郡边界外的羌族部落归附汉朝。

3 二月二十五日，分割清河国部分土地，封皇帝的弟弟刘常保为广川王。

4 二月二十八日，司徒梁鲔薨逝。

5 三月初二，日食。

6 三月初八，永昌郡边界外僬侥族（传说中的矮人国）陆类等部落全部归附汉朝。

7 三月十三日，葬清河孝王于广丘，由司空、宗正主持丧事，礼仪比照东海恭王。（看来没有批准他葬在母亲墓旁的请求。东海恭王刘强，和刘庆一样，都是被废的皇太子。）

8 自从和帝国丧之后，邓骘兄弟时常居住在宫禁中。邓骘不想久居宫中，连连请求回家住，太后允许。夏，四月，封太傅张禹、太尉徐防、司空尹勤、车骑将军邓骘、城门校尉邓悝、虎贲中郎将邓弘、黄门郎邓阊皆为列侯，食邑各万户，邓骘以决定皇帝人选的定策之功，再加封三千户。邓骘及诸弟辞让，不被批准，就逃避使者，绕道前往皇宫大门，上书自陈，前后五六次，太后才批准。

9 五月初三，擢升长乐卫尉鲁恭为司徒。鲁恭上言说："以前的制度，立秋之后，才开始审理轻刑罪犯，从永元十五年以来，提前到孟夏（夏季第一个月，即四月，事见上卷），于是刺史、太守据此在盛夏时节征召农民，拘留审问，拖延时日，对上冒犯天时，对下伤害农业。按照《月令》，'孟夏断薄刑'，意思是说，轻罪已经改正，不要长期羁押，赶紧判决。臣愚以为，如今孟夏之制，可以仍然执行这个法令。其他审案决狱，都放在立秋之后。"

又上奏说："孝章皇帝为了三正之微（孝章皇帝诏书：《春秋》敬重'三正'，慎重'三微'，从现在起，十一月、十二月不许处决囚犯，仅在十月处决。周朝以十一月为正月，商朝以十二月为正月，夏朝以一月为正月，这是'三正'；这时万物蛰伏在冰冻的大地之下，正处在微弱之时，所以又叫'三微'。），定律著令，判决都在冬至之前，而如今小吏不能与国同心，十一月抓捕的死刑罪犯，不问曲直，直接处决，就算是有冤案，也无法更正。可以下令，凡是要判死刑的，延期到十一月底再判。"

朝廷全部听从。

10 五月初六，下诏封北海王刘睦的孙子、寿光侯刘普为北海王。

11 九真郡边界外夜郎蛮夷，率全部人员和土地，皆归附汉朝。

12 西域都护段禧等虽然保住了龟兹，但是道路阻塞，檄书都无法送到朝廷。公卿们商议认为："西域阻远，又经常背叛，吏士屯田，费用之大，没有尽头。"六月二十二日，朝廷撤销西域都护，派骑都尉王弘征调关中兵前往，迎接段禧及梁慬、赵博，与伊吾卢、柳中两地屯田士兵回来。

【柏杨曰】

自公元73年东汉朝廷收回西域，历时仅三十五年，就再次全部丧失。五百年后的公元7世纪，中国再返西域时，西域已是另一个面目。

【华杉讲透】

这三十五年的西域，差不多就是"班超的西域"，因为有班超，东汉收回了西域。也因为班超的离去，东汉失去了西域。孟子说："五百年必有王者兴，其间必有名世者。"班超这样的人，如果遇上天下大乱、群雄逐鹿的时代，就是"王者"的人选。没有王天下的时代机会，他在西域也做出了"名世者"的事业。名世者，就是可以用他来命名一个时代的人，公元73年到107年，就是西域的"班超时代"吧！下一次中国重返西域是五百年后，班超不就是五百年才出一个的英雄吗？

13 烧当羌酋长东号之子麻奴，当初跟随他的父亲来投降归附汉朝，居住在安定。投降归附的各个羌族部落，分布在各郡县，都被当地官吏和豪强役使，愁怨累积。后来王弘西迎段禧，要征调金城、陇西、汉阳的羌族骑兵数百上千人，郡县官员紧急征调派遣。羌人害怕是派他们去屯田，回不来了，行军到酒泉，不断有叛逃的。诸郡官府则发兵追捕，甚至推倒他们居住的庐帐房舍。于是勒姐部落、当煎部落的大酋长东岸等人更加惊恐，遂同时奔逃溃散，麻奴兄弟于是与族人一起向西出塞。滇零和钟羌等部落大肆寇掠，阻断了陇坻道路。当时羌族归附已经很久，没有兵器盔甲，就拿着竹竿木枝来替代长矛，背着案板作为盾牌，举着铜镜，反射阳光，远看假装是兵器刀锋。但是，郡县官员懦弱，也不敢制伏他们。六月二十七日，皇上下诏赦免羌族各部落联结谋叛的罪名。

14 秋，九月初一，太尉徐防因为灾异和寇贼被免职。三公为天灾负责而被免职，徐防是首例。九月初二，司空尹勤又因为大雨水灾被免职。

【仲长统《昌言》曰】

光武皇帝对于数次发生皇帝失去权柄的情况深为愠怒，愤恨强臣窃取国君的权力，所以矫枉过正，不把权柄授给下属，虽然设置三公，但三公没有实权，政事都由尚书负责。自此之后，三公之职，也就是个摆设而已。但是，政事如果搞不好，又谴责三公。而权力呢，都渐渐转移到外戚家族去了。受到宠爱信任的，只剩皇帝的左右近侍宦官，这些人再引进他们的私党，内充京师，外布州郡，颠倒贤愚，买卖选举，奴役地方，贪残欺民，骚扰百姓，激怒蛮夷，招致叛乱，离心离德，怨气并作，阴阳失和，三光（日、月、星）亏缺，怪异数至，害虫食稼，水旱为灾，这都是贵戚宦官的胡作非为所致，却反而指责三公，以致到了处死、免职的地步，这真是足以让人叫呼苍天，号啕泣血！

再者，从汉朝中期开始，选择三公，务求清廉谨慎、循规蹈矩、熟悉典故的人，这些人，不过是像妇女守妇道一样，都是平平之辈，哪里有能力居于这样的高位呢！

形势既然如此，选的人又没有能力，却指望三公为国家建立功勋，为人民做出政绩，那不是距离太远了吗？

当初文帝对邓通，可以说是至爱！但是宰相申屠嘉仍然可以传唤邓通，威胁要诛杀他。对宰相的尊崇信任到了这个高度，其他左右小臣哪有敢乱来的？而到了近世，外戚、宦官，如果找大臣办事，没给他办，他心怀不满，就立即可以陷大臣于不测之祸，大臣还敢规正他们吗？

从前的三公，得到的授权很大，而出了问题，对他们的责备却很轻微。如今反过来，没有权力，责任却很大。光武帝把三公的权力剥夺，而现在夺得更干净。光武帝不给皇后家族威权，而数代之后，这规矩却没了，到底是亲疏不同吧！

如今的国君，如果能授权给三公，让他们负起责任，如果他们在高位上，却做了危害人民的害人精，他们举荐任用的官员，也没有贤德，让百姓不安，争讼不息，天地多变，人物多妖，然后才可以让他们分担罪责吧！

15 九月十三日，下诏：太仆、少府裁减黄门鼓吹（皇家乐队，编制一百四十五人）人数，将名额转给羽林军（编制羽林左监八百人，右监九百人）。马厩中的马，不是天子乘舆所经常驾驭的，都减少一半饲料。其他各种工程，除非宗庙园陵用途的，全部停止。

16 任命太傅张禹为太尉，太常周章为司空。

大长秋（皇后近侍宦官）郑众、中常侍蔡伦都掌握权势，干预朝政。周章数次进谏直言，太后不听。当初，太后因为平原王刘胜长期卧病，又贪图殇帝尚在襁褓之中，就抱养殇帝为自己儿子，立为皇帝（皇帝越小，太后越能长期掌权，可见邓皇后之德，也仅表现在皇帝在世的时候，皇帝一死，她做了太后，就恢复"正常"了）。等到殇帝驾崩，群臣认为刘胜的病并不是绝症，都心向刘胜。太后因为之前没有立刘胜，怕他怨恨自己，于是迎立刘祜。周章认为人心并未归附，密谋关闭宫门，诛杀邓骘兄弟以及郑众、蔡伦，劫持尚书，废太后于南宫，封皇帝为偏远封国国王，而立刘胜为帝。事情被察觉，冬，十一月十九日，周章自杀。

17 十一月二十日，下诏给司隶校尉、冀州、并州刺史，说："百姓因为谣言，相互惊扰，抛弃原住地，老弱相携，穷困于道路。你们各自派出各部官吏，到现场晓谕民众，如果愿意回归本郡的，由官府发给公文；不愿意回去的，也不强迫。"

18 十二月十八日，擢升颍川太守张敏为司空。

19 下诏命车骑将军邓骘、征西校尉任尚率领北军五校营及诸郡兵五万人，屯驻汉阳，以防备诸羌。

20 这一年，十八个郡国地震，四十一个郡国发大水，二十八个郡国发生大风、雨雹。

21 鲜卑酋长燕荔阳到宫门朝贺。太后赐给燕荔阳王爵印绶、三匹马拉的红色马车，命他居住在乌桓校尉所驻扎的宁城附近，开设边塞贸易市场。又在洛阳修筑南、北两座质馆（接受投降的蛮夷部落送来的人质），鲜卑一百二十个部落，都各自派酋长的儿子来做人质。

永初二年（戊申，公元108年）

1 春，正月，邓骘抵达汉阳。诸郡兵马还未集结完成，钟羌部落数千人在冀西击败邓骘军，杀数千人。梁慬从西域回来，这时正好到敦煌。朝廷下诏，命梁慬就地留下，救援诸军。梁慬到张掖，击破诸羌族部落一万多人，能逃脱的不过十分之二三，再进军到姑臧，羌族酋长三百余人都到梁慬处投降。梁慬抚慰他们，并遣送他们回各自故地。

2 御史中丞樊准因为各郡国连年发生水灾、旱灾，人民饥饿困苦，上书说："请下令太官、尚方、考工（掌制作器械）、上林池籞（籞指帝王禁苑，上林苑有十池监）等各官员，根据实际需要，尽量裁减不必要的东西。五府（太傅、太尉、司徒、司空、大将军）要尽量减少官员编制和在京师营造各建筑工程的工匠。再者，受灾的郡，百姓凋残，恐怕不是赈济所能解决的，虽有赈济之名，实际上没有什么用。可以依照武帝征和元年的先例，派遣使者，持节慰安，将特别困乏的人，迁徙到荆州、扬州等粮食丰收的郡。现在虽然西方有战事，但还是应该优先处理东方人民之急。"

太后听从了樊准的意见，将公田分给贫民，即刻擢升樊准与议郎吕仓为守光禄大夫（即试用光禄大夫，掌顾问应对，无常事，唯诏令所使）。二月二十九日，樊准前往冀州，吕仓前往兖州，赈济灾民，流民才得以死里逃生。

3 夏，天旱，五月初一，皇太后巡察洛阳各官衙，到达若卢狱（若卢是少府的属官，以其储藏和冶铸兵器的职能而得名，内设有监狱），亲自审问犯人。洛阳有一个犯人，实际上没有杀人，但是被屈打成招，身残体弱，用竹床抬来见太后，畏惧旁边的官吏，不敢说话，将要抬走的时候，举头好像又想说什么的样子。太后察觉，喊他回来，亲自询问，得到全部真相。即刻逮捕洛阳县令下狱抵罪。太后回宫，还走在半路上，一场及时雨从天而降。

4 六月，京师及四十个郡国发大水，并有大风、冰雹。

5 秋，七月，太白星进入北斗星。

6 闰七月，广川王刘常保薨逝，无子，封国被撤除。

7 癸未日（闰七月无此日），蜀郡边界外的羌族举土内附。

8 冬，邓骘派任尚及从事中郎（车骑将军帐下参谋）、河内人司马钧率诸郡兵马与滇零等数万人战于平襄，任尚大败，死者八千余人，羌人于是声势大振，朝廷无法制伏。湟中诸郡县，粮价涨到一万钱一石，百姓死亡不可胜数，而运输艰难。

前任左校令（将作大匠下属官员，领本署工徒修造宫室、宗庙、陵园、道路等工程）、河南人庞参，之前因为犯法，被关进若卢监狱，教他的儿子庞俊上书说："目前西州流民扰动，而征发不绝，又水灾不止，地力难以恢复，再加之以大军，疲之以远戍，农业劳动力消耗于运输，资财耗竭于征发，田地得不到开垦，庄稼无人收割，让人焦急得搓手擦掌，一筹莫展。今年如此，明年又有什么希望呢？百姓力尽，不能再多承受了。臣愚以为，万里运粮，远攻羌戎，不如休兵养士，等敌人自己疲敝。车骑将军邓骘，应该振旅还师，留征西校尉任尚，督促凉州士民，迁徙到三辅地区居住（庞参放弃凉州的提议，就从这封奏书开始），停止徭役，让他们能够从事农业生产；停止繁多的赋税，让他们能够积累资财。这样，男人耕种，女人纺织。然后养精蓄锐，等待羌人疲敝松懈的时候，出其不意，攻其不备，则边民之仇得报，败军之耻得雪矣！"

奏书递上去，正赶上樊准上书推荐庞参，太后于是从监狱中将庞参直接擢升，拜为谒者，派他去督导三辅各军屯。

十一月二十九日，太后下诏，邓骘还师，留任尚屯驻汉阳，负责各军的调度。又遣使召拜邓骘为大将军。邓骘抵达洛阳，派大鸿胪亲自迎接，中常侍到郊外慰劳，亲王、公主以下，都在道旁迎候，荣宠显赫，震动京师内外。

【胡三省曰】

邓骘西征，无功而返，当引罪求自贬以谢天下。反而据势持权，冒受荣宠，他自己于心能安吗？君子以此知道他不能善终了。

9 滇零自称天子，在北地招集武都参狼部落，以及上郡、西河诸羌族部落，阻断陇西道路，寇掠三辅，南入益州，杀死汉中太守董炳。梁慬受诏，本该屯驻金城，听说羌人入寇三辅，即刻引兵前往攻击，转战于武功、羌阳之间，连战连捷，羌人这才稍稍退散。

10 十二月，广汉边界外的羌族参狼部落投降（与武都参狼同种，只是居住地不一样）。

11 这一年，十二个郡国发生地震。

永初三年（己酉，公元109年）

1 春，正月初九，皇帝加元服，赦天下。（刘祜本年十六岁，行加冠成人礼。）

2 派骑都尉任仁率领诸郡屯兵救援三辅,任仁数战不利。当煎、勒姐诸部落攻陷破羌县,钟羌部落攻陷临洮县,生擒陇西南部都尉。

3 三月,京师洛阳发生大饥荒,出现人吃人的现象。

三月初二,公卿们到宫门前谢罪。诏书回答说:"大家务必要想着改过向善,弥补我没有做好的地方。"

4 三月十二日,司徒鲁恭被免职。

鲁恭两次高居三公之位,下属擢升到卿、郡太守位置上的,有数十人之多。但是,跟他学习的学生,老了也得不到举荐,以致有人产生了怨恨。鲁恭知道后,说:"学问得不到讲习,那是我该担忧的。至于你们想要得到举荐,你们自己家乡官员,不也有举荐之权吗?"鲁恭始终不肯有所表示,但是也不借题发挥。学生跟着他学习,他一定反复考核审问,对理义精粗,一定刨根问底,学成之后,向他们道歉,把他们送走。学生们都说:"鲁公的道歉和议论,不可虚得。"

5 夏,四月初七,擢升大鸿胪、九江人夏勤为司徒。

6 三公认为,国用不足,上奏建议官吏人民如果缴纳钱财粮食的,可以根据缴纳数量的多少,得封为关内侯、虎贲、羽林郎、五官(也是郎官)、大夫(光禄大夫、太中大夫、中散大夫、谏议大夫)、官府吏(各部门官吏)、缇骑(执金吾下属缇骑二百人)、营士(五校营士官)等各个级别的官员。

【柏杨曰】

这是东汉王朝第一次开始卖官。

7 四月二十五日,清河愍王刘虎威(皇帝刘祜的弟弟)薨逝,无子。五月初七,封乐安王刘宠的儿子刘延平为清河王,作为清河孝王刘庆的后裔。

8 六月，渔阳乌桓部落与右北平胡人部落进攻代郡、上谷。

9 汉人韩琮跟随南匈奴单于入朝，回去之后，游说南单于说："关东（函谷关以东）水灾，人民因饥饿几乎死尽，我们正好可以发动攻击。"单于信了他的话，于是造反。

10 秋，七月，海岛张伯路等入寇滨海九郡，杀死郡守级二千石官员以及县令。朝廷派御史、巴郡人庞雄督导州郡地方部队出击，张伯路等人乞降，不久又叛逃集结。

11 九月，雁门乌桓部落率众王无何允与鲜卑酋长丘伦等人，以及南匈奴骨都侯一共七千骑兵进攻五原郡，与太守战于高渠谷，汉兵大败。

12 南匈奴单于在美稷包围中郎将耿种。冬，十一月，任命大司农、陈国人何熙为代理车骑将军，中郎将庞雄为副手，率领五营（野战部队，北军五营：屯骑、步兵、越骑、长水、射声）及边郡兵合共两万余人，又下诏命辽东太守耿夔率鲜卑部落及诸郡兵一起出击，任命梁慬为代理度辽将军。庞雄、耿夔攻击南匈奴薁鞬日逐王，将他击破。

13 十二月初五，九个郡国地震。

14 十二月十九日，天苑星旁出现孛星。

15 这一年，京师及四十一个郡国大雨成灾，并州、凉州发生大饥荒，出现人吃人的现象。

16 太后认为天地阴阳不和，兵祸数起，于是下诏：年终宫廷卫士移交换班时，废除游戏作乐。宫廷驱鬼逐疫或求雨祭祀的逐疫童子，编制减少一半（从一百二十人减到六十人）。

永初四年（庚戌，公元110年）

1 春，正月，在举行元旦朝会时，撤除乐队，取消充庭车（每逢大朝会，在庭院陈列乘舆、法器、车辇，称为"充庭车"，因为大饥荒，不再陈列）。

2 邓骘在担任大将军时，颇能推举贤能之士，举荐何熙、李郃等进入朝廷任职，又聘请弘农人杨震、巴郡人陈禅等在大将军幕府任职，天下人都称道他。杨震早年父亲去世，家境贫苦，勤奋好学，熟悉欧阳高所注解的《尚书》，又能博览群书，通达其意，诸儒称他为"关西孔子杨伯起"。杨震开馆收徒，教书二十余年，不接受州郡官员礼聘。周围的人都说他，年纪大了，再不出来做官就迟了，而杨震意志更加坚定。

邓骘听说后，马上提拔他。这时杨震已经五十多岁，先后担任荆州刺史、东莱太守。去东莱上任的路上，经过昌邑，之前他所举荐的荆州茂才王密正好做昌邑县令，夜里怀揣着黄金十斤去送给他。杨震说："老朋友了解你，你却不了解老朋友，这是为什么呢？"王密说："夜里也没人知道。"杨震说："天知、地知，我知，你知，怎么说没人知道呢？"王密惭愧退出。

杨震后来又转任涿郡太守，他为官公正廉洁，自己的子孙经常以蔬菜为食；行不乘车，都是步行。有的老朋友劝他开置一些产业，杨震不肯，说："把清官子孙的名声传给子孙，不是已经很丰厚了吗？"

【华杉讲透】

儒家修为，讲究"慎独"，就是在别人看不见，也听不见，只有自己一个人的隐微之处，也保持戒慎恐惧，不要犯错，这就是"戒慎不睹，恐惧不闻"。杨震和王密，此时已经不是"慎独"，而是有两个人在，这就留下了"天知、地知、我知、你知"的千古名句。

3 张伯路再次攻打郡县，杀死郡守、县令，党众越来越多。朝廷下诏，派御史中丞王宗，持节征发幽州、冀州诸郡军队，合共数万人；又征召宛陵县令、扶风人法雄为青州刺史，与王宗一起征讨。

4 南单于包围耿种数月，梁慬、耿夔在属国（移民区）故城斩杀了他的部将。南单于亲自迎战，又被梁慬打败。南单于于是撤退到虎泽。

5 正月二十一日，朝廷下诏，朝廷官员及州、郡、县官员全部按等级降薪。

6 二月，南匈奴进攻常山。

7 滇零派兵进攻褒中，汉中太守郑勤率军进驻褒中。

任尚部队久出无功，而民间田土抛荒，于是朝廷下诏，命任尚率领官民撤退到长安，遣送南阳、颍川、汝南籍士兵复员回乡。

二月初十，首次在长安设置京兆虎牙都尉，在雍县设置扶风都尉，和西汉时期三辅都尉编制一样。

谒者庞参向邓骘建议："边郡居民中因贫困无法生存的，建议迁徙到三辅地区。"邓骘赞同他的意见，想放弃凉州，全力应付北边，于是集会公卿商议，邓骘说："比如两件衣服都烂了，用一件去补另一件，总还有一件好的。否则，两件都保不住。"

郎中、陈国人虞诩对太尉张禹说："大将军的策略，有三个不可：先帝开疆拓土，万般劳苦，才平定这片土地。如今为了小小劳费，全部放弃，这是第一个不可。放弃了凉州，三辅地区就成了边塞，先帝园陵孤单在外，没有安全保障，这是第二个不可。谚语说：'关西出将，关东出相。'烈士武臣，多出凉州，民风壮猛，熟悉兵事。如今羌、胡不敢入据三辅而成为我们心腹之患，就是因为有凉州在后。凉州士民之所以推锋执锐，冒着箭雨巨石，冲锋陷阵，父死于前，子战于后，没有反顾之心，就是因为他们都是大汉忠臣。如果国家抛弃他们的土地，人民安于故土，不愿迁徙，必定伸长脖子抱怨说：'中国弃我于夷狄！'就算赴义从善之人，也不能没有怨恨。假设他们卒然起谋，趁着天下之饥敝，海内之虚弱，豪雄相聚，量才立帅，揭竿而起，驱氐、羌为先锋，席卷而东，朝廷就算有孟贲、夏育为卒，姜太公为将，恐怕也不能抵御。如此，则函谷关以西，园陵旧都，都不再为汉朝所有，这是第三个不可。商议的人，还说什么破衣服可以保留一件，我看这是一个恶疮，不断溃烂，没有止境。"

张禹说："我没想到这一层！如果不是你的话，差点败坏国事！"

虞诩接着对张禹说："收罗凉州豪杰，命州牧、郡守将他们的子弟送到朝廷，各府衙分别任用数人，对外是重用他们的子弟，酬答他们的功勋，对内也是扣为人质，防止他们叛变。"

张禹非常赞赏虞诩的策略，重新召集四府高级会议，大家全都听从虞诩的提议。于是擢升西州豪杰为各地方官府掾属，又拜各州牧、郡守子弟为郎官，以安慰他们。

邓骘由此厌恶虞诩，想用法律陷害他。这时，朝歌县盗贼宁季等数千人攻杀县令等以下官员造反，聚众作乱多年，州郡都不能镇压，于是任命虞诩为朝歌县令。朋友们都替他忧心，虞诩笑着说："事不避难，这是臣子的职责。不遇上盘根错节，怎么能显出刀刃的锋利呢？这正是我立功之时！"虞诩刚刚到任，就去拜谒河内太守马棱（朝歌县属河内郡）。马棱说："你一个儒生，应该在朝廷参谋，现在去朝歌，我很为你担忧！"虞诩说："这些盗贼，就像狗群、羊群一样聚在一起，只不过求温饱而已，您不用担心！"马棱说："此话怎讲？"虞诩说："朝歌在韩、魏交接的地方，背靠太行山，前临黄河，离敖仓（天下第一粮仓）不过百里，而青州、冀州流民以万计，贼众不懂得占领敖仓，开仓招募流民，再攻占军械库，据守成皋，截断天下右臂，可见他们没什么见识谋略，不足为忧。只不过他们气势正盛，暂时难以争锋。兵不厌诈，我只请求您放宽对我的授权,不要以常法拘束我的行动就行!"

虞诩到任,先设三等标准,招募壮士,自掾吏以下,各自举荐自己知道的人才:从事过抢劫的,为上等;伤人偷盗的,为中等;不务正业的,为下等;一共招募了一百多人。虞诩摆设酒宴招待,全部赦免他们的罪,然后派他们混入盗贼当中,引诱盗贼抢劫,再埋伏军队,伏兵杀了数百人。又派会缝衣服的穷人加入盗贼队伍,为贼众缝制衣服,将彩线缝在衣服上。当盗贼出入市镇时,就会被官吏识别逮捕。贼众由此惊惶鸟散,都说神明和他们作对,朝歌县全部平定。

【华杉讲透】

如果你想讲一个歪理,就打一个比方。邓骘打了一个比方,说两件衣服都破了,放弃一件,才能补好一件,否则损失两件。这两件破衣服,好有道理!但是他和国家西部边境、北部边境的形势,到底有什么关系呢?什么关系也没有!但是满朝君臣,都被他说服了。

虞诩才真正讲出了形势分析和应对策略,结束之时,他也没忘了还一个比方回去,说那是一个脓疮,烂起来没完。

词语就是召唤。当说两件破衣服的时候,就把两件破衣服的场景召唤到大家眼前,大家就都去想那两件破衣服的事儿。当说那是一个脓疮的时候,大家就看见了脓疮,必须及时治疗了。

世间的道理或理论,凡是打比方的,都要谨慎!

道理是人讲的,讲得对,就是人优秀;讲得不对,就是人不行。虞诩只是为国家建言献策,但是因为他的建议推翻了领导的意见,反而得罪了领导,领导就要置他于死地。这是一件很苦恼的事情,在平时的工作中,我们也经常遇到。开会时意见不一致的,很快就成了敌人,因为意见被否决的一方,不仅面子被伤害了,他的实际影响力、威信,他在更上一级领导心目中的估值,都会下降,他的损失也是很明确的,是不是对公司有利,他也顾不上了,总之是对他不利。

8 三月,代理车骑将军何熙率军到达五原郡曼柏县,突然得了急病，不能前进，派庞雄与梁慬、耿种率领步骑兵一万六千人攻打虎泽，各部队徐徐向前推进。单于看见诸军并进，大为恐怖，回头质问韩琮："你不是说汉人死光了吗？这些是什么人？"于是遣使乞降，庞雄接受。单于脱了帽子，光着脚，对着庞雄等跪拜，自称死罪。朝廷于是赦免了他，仍像过去一样对待他。单于归还所抢掠的男女，以及被羌族人掳掠并转卖入匈奴的汉人一共一万余人。这时，何熙去世，朝廷即刻拜梁慬为度辽将军。庞雄回京，被任命为大鸿胪。

9 先零羌部落又进攻褒中，郑勤想要出击，主簿段崇进谏说："羌虏乘胜而来，锐不可当，应该坚守，等待时机。"郑勤不听，坚持出战，结果大败，死者三千余人，段崇及属下官吏王宗、原展，与敌人格斗，跟郑勤一起阵亡。

金城郡府迁移到襄武县。

10 三月初四，杜陵（宣帝陵园）起火。

11 三月初九，九个郡国地震。

12 夏，四月，六个州发生蝗灾。

13 四月二十三日，赦天下。

14 王宗、法雄与张伯路连续作战，连战连捷。正赶上赦书颁到，张伯路认为官军并未解除盔甲，不敢归降。王宗召集刺史及诸郡太守一起商议，都认为应该出击。法雄说："不对，兵凶战危，勇不可恃，没有必胜之人。贼众如果乘船入海，深入海岛，就很难攻打他们了。既然有赦令，可以罢兵以慰诱其心，他们一定会解散，然后再想办法，可以不战而定。"王宗赞同他的意见，于是罢兵。贼众听说后，大喜，于是归还之前所掳掠的人。这时，又发现还有东莱太守所部士兵还未解甲，贼众又惊慌起来，远遁辽东，逃到一个海岛上。

15 秋，七月初三，三个郡水灾。

16 骑都尉任仁与羌族交战，屡战屡败，而且军纪败坏，士兵放纵不法。朝廷下令将任仁用囚车押送到京师，交廷尉审理后，下狱处死。
护羌校尉段禧去世，朝廷任命之前的校尉侯霸接任，移居张掖。

17 九月初三，益州郡发生地震。

18 皇太后的母亲新野君生病，太后到母亲家里，接连住了几天，三公上表力争，太后才回宫。

冬，十月二十三日，新野君薨逝，太后派司空主持葬礼，礼仪规格与东海恭王相同。邓骘等人请求辞职为母亲服丧，太后不想批准，问曹大家（班昭）意见。曹大家上书说："妾听说谦让之风，德莫大焉。如今四位舅舅深执忠孝，引身自退，如果以边境有战事的缘故，拒而不许，那么，如果以后稍有差错而被指责，则今日谦让之名不可再得了。"太后于是批准。

服丧期满后，太后下诏，让邓骘重新入朝辅政，并加封之前他们推辞掉的爵位，邓骘等叩头，坚决不接受，太后才作罢。于是下令邓骘等四人参加御前会议时，位次在三公之下，特进及列侯之上，当国家有大事需要商议时，就到朝堂与公卿们参谋。

19 太后下诏：被流放到日南郡的阴皇后家族，全部返回故乡南阳，并发还其资财五百万。

永初五年（辛亥，公元111年）

1 春，正月初一，日食。

2 正月初七，十个郡国发生地震。

3 正月初十，太尉张禹免职。

正月甲申日（柏杨注：甲申日是初五，而事件在初十之后，应有误），擢升光禄勋、颍川人李脩为太尉。

4 先零羌进攻河东，一路挺进到河内，百姓惊恐，很多人南奔渡过黄河。朝廷下诏，派北军中候朱宠率领五营士兵屯驻孟津（黄河渡口），又下诏命魏郡、赵国、常山、中山等地修缮坞堡侦察所六百一十六所。羌军声势转盛，而边疆各郡郡守及县令大多是内地人，没有守土战斗的意志，争相将郡县衙门转移到安全地带以避寇难。三月，朝廷下诏，将陇西郡迁移到襄武，安定郡迁移到美阳，北地郡迁移到池阳，上郡迁移到衙县。百姓眷恋故土，不愿意跟着迁移，于是官府下令割掉他们的庄稼，拆毁他们的房屋，夷平他们的营垒、围墙，毁坏他们的存粮。当时连续旱灾，又遇上蝗灾、饥荒，百姓再被驱逐抢夺，流离分散，一路死亡，有的抛弃老弱，有的沦落为人仆妾，死亡超过三分之二。

朝廷再次任命任尚为侍御史，在上党郡羊头山击破羌军，然后朝廷撤销了孟津屯军。

【华杉讲透】

地方官不是本地人，和本地人民没有血肉联系，人民眷恋乡土，他们却想逃跑。人民不愿逃跑，愿意作战，他们就没有理由逃跑，没法向朝廷交代了。所以他们就干出毁庄稼，毁房屋，毁百姓存粮，逼着百姓逃跑的事。

5 夫余王进攻乐浪。高句丽王宫和濊貊入侵玄菟。

6 夏,闰四月十九日,在凉州、河西四郡实行大赦。

7 海贼张伯路再次进攻东莱,青州刺史法雄击破之。贼众逃回辽东,辽东人李久等一同将张伯路斩杀,于是州界平静。

8 秋,九月,汉阳人杜琦与弟弟杜季贡、同郡人王信等与羌族通谋,聚众占据上邽城。冬,十二月,汉阳太守赵博派刺客杜习将杜琦刺杀。朝廷封杜习为讨奸侯。杜季贡、王信等率领部众据守樗泉营。

9 这一年,九个州发生蝗灾,八个郡国大雨。

永初六年(壬子,公元112年)

1 春,正月十一日,下诏说:"凡所供应的新鲜蔬菜,大多不是本季节所产,或者是覆以屋棚,昼夜烧火,强迫它生长;或者是刚刚发芽,就从土中掘出,并没有什么味道,却让它夭折;这难道是顺应时气,化育万物之道?古书上说:'不是那个季节的东西,就不要吃。'(《论语》:'不时不食。')从今天开始,供应宗庙祭祀及宫廷食用的菜蔬,都要到了季节时令才上。"由此减少蔬菜供应二十三种。

2 三月,十个州发生蝗灾。

3 夏,四月乙丑日(四月无此日),司空张敏被罢免。四月初七,任命太常刘恺为司空。

4 下诏:建武元功二十八将(云台二十八将,东汉开国功臣)的子孙，有封国撤销的，全部恢复继承。

5 五月，旱灾。

6 五月二十五日，下诏，中二千石以下，一直到黄绶（二百石、三百石、四百石）各级别官员，两年前全体减薪的，如今全部恢复原来的俸禄。

7 六月二十一日，豫章郡员溪原山崩塌。

8 六月初十，赦天下。

9 侍御史唐喜征讨汉阳贼王信，将其斩杀。杜季贡逃亡，投奔滇零。这一年，滇零死亡，儿子零昌即位，零昌年纪尚小，同族人狼莫为他出谋划策，任命杜季贡为将军，率军屯驻丁奚城。

永初七年（癸丑，公元113年）

1 春，二月丙午日（本月无此日），十八个郡国发生地震。

2 夏，四月二十九日，平原怀王刘胜薨逝，无子，太后立乐安夷王刘宠的儿子刘得为平原王。

3 四月三十日，日食。

4 秋，护羌校尉侯霸、骑都尉马贤在安定打击先零部落的分支牢羌，斩首俘虏一千人。

5 蝗灾。

元初元年（甲寅，公元114年）

1 春，正月初二，改元。

2 二月二十四日，日南郡（越南东河县）地裂，长一百余里。

3 三月初二，日食。

4 朝廷下诏，派军队屯驻河内郡的三十六处山谷要冲，各处全都修筑坞堡及防御工事，设置鸣鼓，以备羌寇。

5 夏，四月初七，赦天下。

6 京师及五个郡国发生旱灾、蝗灾。

7 五月，先零羌进攻雍城。

8 蜀郡夷人进攻蚕陵，杀死县令。

9 九月十三日，太尉李脩被罢免。

10 羌族酋长号多，与其他部落联军抄掠武都、汉中，巴郡蛮夷板楯部落协助朝廷军救援。汉中五官掾（郡太守自署属吏之一，掌春秋祭祀，若功曹史缺，或其他各曹员缺，则署理或代行其事，无固定职务。为太守的左右手，地位与功曹史相上下）程信率领郡兵与板楯联合将羌军击破。号多远逃，截断陇西道路，与零昌联合。侯霸、马贤与号多战于枹罕，再次将他击破。

11 九月十三日，任命大司农山阳人司马苞为太尉。

12 冬，十月初一，日食。

13 凉州刺史皮杨在狄道攻击羌军，皮杨大败，八百余人战死。

14 这一年，十五个郡国发生地震。

元初二年（乙卯，公元115年）

1 春，护羌校尉庞参以恩信招诱诸羌，号多等率众投降。庞参送他到京城朝见。朝廷赐给号多侯爵印绶，再遣送他回去。庞参将治所从张掖迁回令居，河西道路再次畅通。

2 零昌分兵进攻益州，朝廷派中郎将尹就征讨。

3 夏，四月二十一日，立贵人荥阳人阎氏为皇后。皇后性格妒忌，后宫李氏生皇子刘保。皇后毒杀了李氏。

4 五月，京师旱灾，河南及十九个郡国发生蝗灾。

5 六月初二，太尉司马苞薨逝。

6 秋，七月二十八日，任命太仆、泰山人马英为太尉。

7 八月，辽东鲜卑人包围无虑县，九月，又攻打夫犁营，杀死县令。

8 九月三十日，日食。

9 尹就攻打羌党吕叔都等，蜀人陈省、罗横响应招募，刺杀了吕叔都，二人皆封侯，并赏赐金钱。

10 朝廷下诏，令屯骑校尉班雄屯驻三辅。班雄，是班超之子。任命左冯翊司马钧代理征西将军，督导关中诸郡兵八千余人。庞参率领羌、胡兵七千余人，与司马钧分道并进，攻打零昌。庞参军抵达勇士县东，被杜季贡击败，庞参撤退。司马钧独自挺进，攻克丁奚城。杜季贡率部假装逃跑。司马钧令扶风人仲光等收割羌人庄稼。仲光等违背司马钧命令，散兵深入，中了羌人埋伏。司马钧在城中，怒而不救。冬，十月十三日，仲光等兵败，全军覆没，死者三千余人。司马钧撤退。庞参未能按军令抵达，称病回师。两人都被朝廷召回，下狱，司马钧自杀。

当时，度辽将军梁慬也因其他事被控下狱。校书郎中、扶风人马融上书，说庞参、梁慬有智谋，有能力，应该让他们戴罪立功。朝廷下诏，赦免庞参等人。任命马贤替代庞参，任护羌校尉。重新任命任尚为中郎将，替代班雄，屯驻三辅。

怀县县令虞诩对任尚说："兵法云：'弱的不去攻打强的，地上跑的不去追那天上飞的。'这是自然之势。如今羌虏都是骑兵，日行数百里，来如风雨，去如绝弦，用步兵去追，自然是追不上。所以虽然屯兵二十余万，旷日无功。我为使君想了一个计策，不如撤销诸郡兵，让他们每人出钱数千，每二十人购买一匹马，这样可得一万骑兵。以万骑之众，逐数千之虏，追尾掩截，其道自穷，便民利事，大功可立！"任尚即刻向朝廷汇报，用虞诩的计策，派轻骑击杜季贡于丁奚城，破之。

太后听说虞诩有将帅之略，任命他为武都太守。虞诩前往赴任，羌众数千在陈仓崤谷设伏准备拦击。虞诩得知后随即停军不进，扬言："上书请兵，援兵到了再走！"羌人听闻，就分兵去旁边县邑抢掠。虞诩见羌兵分散，日夜兼程，每日急行军一百余里，煮饭时让士兵们每人做两个灶；第二天，做四个，每天加一倍，羌兵不敢进逼。有人问道：

"当初孙膑减灶,而您增灶。兵法要求日行军三十里,以防不测,而您日行二百里,这是为何?"虞诩说:"敌人兵多,我们兵少,如果我们走得慢,就被他们追上;我们急速前进,他们就不知道我们到了哪里。敌人看见我们每天煮饭的灶都在增加,必定认为援军不断在加入,兵多行速,他就不敢来追。孙膑减灶,是示弱,我是示强,形势不同的缘故。"

到了武都郡,兵不满三千,而羌兵有一万多。围攻赤亭数日。虞诩下令军中,强弩不要射击,只用小箭。羌兵以为汉军箭力弱,射不到他们,于是集中兵力猛烈进攻。虞诩等他们攻上来,下令每二十张强弩集中射敌人一个,发无不中。羌人大为震骇,纷纷撤退。虞诩即刻出城奋击,多所杀伤。

第二天,虞诩集合全部士兵,从东门出城,绕一圈又从北门进来,换了衣服再从东门出去,北门进来,如此回转数圈,羌人不知道来了多少兵,更加恐惧。虞诩算计着敌人要撤退了,又秘密派遣五百人在羌人将要渡河的浅水处设伏,羌虏果然大举撤退过河,汉军趁机进攻,大破之,斩获甚众,羌众由此散败。虞诩于是考察地势,修筑营壁一百八十所,召还流亡的人民,赈济贫民,开通水运。虞诩刚到任时,谷价一石要一千钱,盐一石八千,户口一万三千。虞诩在任三年,米价一石八十钱,盐一石四百,户口增加到四万户,家家富足,一郡平安。

【华杉讲透】

《孙子兵法》,虞诩运用得炉火纯青。"能而示之不能",实强而示之弱,实弱而示之强。孙膑减灶,是引诱庞涓轻兵来追;虞诩加灶,是吓唬羌兵不敢来追。兵法要求日行军三十里,不能行军百里,是辎重跟不上,交通线维护不了,而虞诩的大本营在前面,辎重也在前面,他不需要后面的交通线。到了守城的时候,故意用小箭,不用强弓,这是"用而示之不用",等敌人以为箭射不到他们,靠近了,再用强弓,二十张弓射一个人,压倒性投入,更是天才!这也是形成局部优势,集中优势箭力,打出威力恐怖的狙击!

绕城进出游行的戏法,又是兵不厌诈。等到最后,算计着羌人要撤退了,再来一个"击其惰归",他用两千多兵,就平定了羌人的叛乱。

虞诩用兵真如神!

11 十一月初九,十个郡国发生地震。

12 十二月,武陵澧中蛮夷造反,州郡将之讨平。

13 十二月二十八日,司徒夏勤被罢免。

14 十二月二十九日,任命司空刘恺为司徒,光禄勋袁敞为司空。袁敞是袁安三子。

15 前虎贲中郎将邓弘去世。邓弘为人俭朴,研究欧阳高注解的《尚书》,在皇宫中教授皇帝。有司奏请追授邓弘为骠骑将军,位特进,封西平侯。太后追思邓弘的心愿,不加赠位、衣服,只是赐钱一千万,布一万匹。邓弘的哥哥邓骘还是坚辞不受。朝廷下诏,封邓弘的儿子邓广德为西平侯。将要下葬,有司又上奏,征调五营轻车骑士护灵,礼仪和当年霍光相同。太后不准,仅以白盖双骑,门生挽送(白盖双骑,两匹马拉的灵车,是平民葬礼。千石以上官员用黑绸覆盖,三百石以上官员用黑布,二百石以下及平民用白布)。后来,因为邓弘是帝师,地位重要,朝廷下诏把西平的都乡划出来,封邓广德的弟弟邓甫德为都乡侯。

卷第五十　汉纪四十二

（公元116年—公元124年，共9年）

主要历史事件

鲜卑进攻边塞，朝廷征兵屯驻　234
北匈奴进犯，邓太后问班勇对策　237
邓太后崩，谥号和熹皇后　242
外戚宦官乱朝，杨震上书进谏　248
张珰反对抛弃西域，班勇受任西域长史　257
名臣杨震被罢官，遣返途中服毒自杀　261

主要学习点

警惕会议流氓　239
把方案"打折执行"，属于"伪决策"　240
人生本来就不是由道理决定的　250

孝安皇帝中

元初三年（丙辰，公元116年）

1 春季，正月，苍梧、郁林、合浦三郡蛮夷造反。二月，朝廷派侍御史任逴指挥州郡部队征讨。

2 十个郡国发生地震。

3 三月初二，日食。

4 夏，四月，京师发生旱灾。

5 五月，武陵蛮夷造反，州郡地方部队将之讨平。

6 五月二十五日，度辽将军邓遵率领南匈奴单于，在灵州攻打零昌，斩首八百余级。

7 越巂边界外的蛮夷，整个部落归附汉朝。

8 六月，中郎将任尚派兵在丁奚城打败先零羌。

9 秋，七月，武陵蛮夷再次造反，州郡地方部队将之讨平。

10 九月，在冯翊北部边界修筑坞堡、侦察亭障五百所，以防备羌人。

11 冬，十一月，苍梧、郁林、合浦三郡蛮夷投降。

12 旧制：公卿、二千石、刺史不得为父母守丧三年，司徒刘恺认为："这不是为百姓师表，宣美风俗的做法。"十一月十一日开始，同意大臣守丧三年。（当初文帝遗诏，以日易月，三年之丧，三十六个月，就用三十六天替代。后来大臣们都照这个规矩，至此，复古为三年。）

13 十一月二十八日，九个郡和封国发生地震。

14 十二月十二日，任尚派兵在北地攻打零昌，杀死了他的妻子和儿女，烧掉了他的房屋，斩首七百余级。

元初四年（丁巳，公元117年）

1 春，二月初一，日食。

2 二月十一日，赦天下。

3 二月十八日，皇家军械库失火。

4 任尚派遣西羌当阗部落的榆鬼等人刺杀了杜季贡。朝廷封榆鬼为破羌侯。

5 司空袁敞，廉洁耿直，不阿附权贵，得罪了邓氏家族。尚书郎张俊有一封私人书信给袁敞的儿子袁俊，被仇家得到，举报上交给朝廷。夏，四月初五，袁敞被免职，自杀。张俊等人下狱，将被处死。张俊上书为自己辩护，临刑之前，太后下诏免其死罪，判处轻于死刑一等的刑罚。

6 四月二十六日，辽西鲜卑部落酋长连休等人进攻边塞，当地地方部队和乌桓酋长于秩居等共同出击，大破之，斩首一千三百级。

7 六月二十六日，三个郡大雨冰雹成灾。

8 尹就被控不能平定益州，被征召回京定罪。朝廷任命益州刺史张乔接管他的军队，招抚引诱羌人投降，羌人纷纷投降瓦解。

9 秋，七月，京师及十个郡国雨水不止。

10 九月，护羌校尉任尚再次招募羌族效功部落的号封刺杀了零昌。朝廷封号封为羌王。

11 冬，十一月初九，彭城靖王刘恭薨逝。

12 越嶲郡蛮夷认为郡县赋税繁重，横征暴敛，十二月，大牛部落封离等人造反，杀死遂久县令。

13 十二月二十五日，任尚与骑都尉马贤联合攻打先零部落狼莫，追击到北地，双方相持六十多天，在富平河岸交战，大败羌军，斩首五千余级，狼莫逃走。于是西河羌族虔人部落一万人到邓遵处投降，陇右地区平定。

14 这一年，十三个郡国发生地震。

元初五年（戊午，公元118年）

1 春，三月，京师及五个郡国发生旱灾。

2 夏，六月，高句丽与濊貊联合入侵玄菟。

3 永昌、益州、蜀郡蛮夷全都叛变，响应封离，叛军发展到十余万，破坏二十余县，杀死县府官吏，焚烧抢掠百姓，白骨累累，千里无人。

4 秋，八月初一，日食。

5 代郡鲜卑进攻边塞，杀死官吏。朝廷征发边疆士兵和黎阳军营部队，屯驻上谷以防备。冬，十月，鲜卑进攻上谷，攻打居庸关。朝廷再征调边疆诸郡以及黎阳大营部队，步兵、弓箭手及骑兵共两万人，分别屯驻各交通要冲。

6 邓遵招募上郡羌族全无部落的雕何刺杀狼莫。朝廷封雕何为羌侯。自从羌族叛乱，十余年间，军费达到二百四十多亿，国家财政枯竭，边民及内郡死者不可胜数，并州、凉州虚耗破产。等到零昌、狼莫死亡，羌族瓦解，三辅、益州不再有紧急军情。朝廷下诏，封邓遵为武阳侯，食邑三千户。邓遵因为是太后的堂弟，所以封爵封土都特别优厚。任尚和邓遵争功，结果被控虚报斩首人数，贪赃枉法，受贿一千万以上，十二月，任尚被囚车押回洛阳，在街市斩首示众，财产全部没收。邓骘的儿子，侍中邓凤，曾经接受任尚赠送的马匹。邓骘将妻子和儿子都剃光头发谢罪。

7 这一年，十四个郡国地震。

8 太后的弟弟邓悝、邓阊先后去世，封邓悝的儿子邓广宗为叶侯，邓阊的儿子邓忠为西华侯。

元初六年（己未，公元119年）

1 春，二月十二日，京师及四十二个郡国发生地震。

2 夏，四月，沛国、勃海郡刮大风、下冰雹。

3 五月，京师发生旱灾。

4 六月二十六日，平原哀王刘得薨逝，无子。

5 秋，七月，鲜卑进攻马城县要塞，杀死了地位较高的县级官吏。度辽将军邓遵及中郎将马续率南匈奴单于部队追击，大破之。

6 九月初四，陈怀王刘崇薨逝，因无子，封国被撤除。

7 冬，十二月初一，日全食。

8 八个郡国发生地震。

9 这一年，太后征召汉和帝的弟弟济北王刘寿、河间王刘开所生的五岁以上子女四十余人，以及邓氏家族近亲子孙三十余人，为他们开设府邸，教学经书，太后亲自监督考试。下诏给堂兄、河南尹邓豹、越骑校尉邓康等说："末世贵戚食禄之家，衣着华丽，食物精美，乘坐豪车，驾着良马，而对着书本，就像对着一面墙一样，完全不知是非善恶，这就是祸败的根源！"（引用《尚书》："弗学墙面。"不学习，就像面墙而立，什么也看不见。）

10 豫章郡发现灵芝草，太守刘祗想把它作为祥瑞进献上去，问郡人唐檀的意见。唐檀说："如今外戚豪盛，君道微弱，这是祥瑞吗？"刘祗于是打消了进献的想法。

11 益州刺史张乔派遣从事杨竦率兵抵达楪榆，攻打封离等，大破之，斩首三万余级，俘虏一千五百人，封离等惶怖，斩其同谋酋长，到杨竦处乞降。杨竦厚加慰纳，其余三十六个部落都来降附。杨竦于是上奏弹劾地方官员奸猾，欺凌压迫蛮夷者九十人，全部处以仅次于死刑的刑罚。

12 当初，西域诸国与汉朝断绝关系以后，北匈奴再次以兵威役使他们，让他们臣属于匈奴，共同侵犯汉朝边境。敦煌太守曹宗深为忧虑，于是上书，派属下代理长史索班率领一千余人屯驻伊吾，招抚西域，于是车师前王及鄯善王再次前来，投降汉朝。

13 当初，疏勒王安国死后无子，国人立他舅舅的儿子遗腹为王。遗腹的叔父臣磐在月氏，月氏派兵护送臣磐回国，立为疏勒王。（臣磐之前有罪，被安国撵走，流亡月氏，月氏王很喜爱他。遗腹即位后，月氏派兵送臣磐回国夺位。疏勒人也一向敬爱臣磐，又畏惮月氏，于是一起夺了遗腹王印，迎立臣磐为王。）之后，莎车背叛于阗，臣属于疏勒，疏勒于是强大，与龟兹、于阗为敌国。

永宁元年（庚申，公元120年）

1 春，三月十一日，济北惠王刘寿薨逝。

2 北匈奴率车师后王军就，一起攻击杀死了镇守车师后部的戊己校尉下属司马，以及敦煌长史索班等，之后赶跑车师前王，占领了西域北道。鄯善危急，求救于曹宗。曹宗上奏请求出兵五千击匈奴，以雪索班之耻，并收复西域。公卿们召开会议，大多认为应该紧闭玉门关，断绝和西域的联系。太后听说军司马班勇，有其父班超的风范，召班勇上朝，问他意见。班勇说：

"当初汉武帝因为忧虑匈奴强盛，所以开通西域，议论的人都认为，这就相当去夺取了匈奴的宝藏，截断了匈奴的右臂。到了光武帝时期，来不及处理外事，所以匈奴转而强大，驱使西域诸国，到永平年间，再次攻击敦煌，以至于河西诸郡，白天都要关闭城门。汉明帝深谋远虑，遣虎将（指其父班超）出征西域，所以匈奴远遁，边境得以安定，到了永元年间，全部归属汉朝。如今，赶上羌族叛乱，西域再次断绝，于是北匈奴谴责西域诸国，要他们补缴当初归附汉朝而没有上缴给匈奴的租税，并且将牛马折算成现金，还加高估价，限期缴纳。鄯善、车师等国都心怀怨愤，希望归附汉朝，但是，却找不到门路。之前西域诸国不是没有叛变的，都是因为汉朝官吏牧养失宜，不仅不能保护他们，反而祸害他们。如今曹宗一心想着失败的羞辱，要找匈奴报仇雪耻，但是，却没有研究过去为什么出兵，在什么形势下出兵，对照一下，今天的形势下又该怎么办。

"要建功于边远地区，万一不能成功，则兵祸连接，悔之不及。如今国家财政困难，出兵之后，如果一战而不能定，也无法持续派出援军，这是示弱于远夷，又自曝其短于天下，我认为，不可取！

"之前，敦煌有屯兵三百人，如今应该恢复敦煌军营。并重新设置西域副校尉，驻守敦煌，和永元年间一样。还有，应派遣西域长史率领五百人屯驻楼兰，向西控制焉耆、龟兹交通要道；向南为鄯善、于阗强心壮胆；向北抵御匈奴，向东和敦煌驻军策应。这是上策。"

尚书再问班勇："你把这样安排的利害关系再仔细讲讲！"

班勇说："当初永平末年，刚开始恢复西域交通，首先是派中郎将（郑众）驻守敦煌，然后在车师设置副校尉（耿恭、关宠），一方面是调解胡人之间的冲突，另一方面也是防止汉人侵扰他们，所以外夷归心，匈奴畏威。如今鄯善王尤还，还是汉朝外孙，如果匈奴得志，尤还必死。这些蛮夷，虽然就像鸟兽一样，但也知道避免祸害。如果我们出兵屯驻楼兰，足以招附其心，我认为，这样做是有利的。"

长乐卫尉镡显、廷尉綦毋参（綦毋，姓）、司隶校尉崔据，诘难说："朝廷之前之所以放弃西域，是因为他们无益于中原，而维护的费用庞大。如今车师已经归附匈奴，而鄯善并不足以信任，一旦有反复，班将军能保证北虏不为边害吗？"

班勇说："如今朝廷设置州牧，是为了禁绝郡县的奸猾盗贼。（但是，有了州牧，就能保证没有盗贼吗？）如果州牧都能保证盗贼不起，那我也愿意以腰斩之罪来保证匈奴不为边害。如今只要我们能通西域，则北匈奴的势力必然转弱，他势力弱了，危害就小了。比起把西域都丢给他，让他得到西域的资源和赋税，把他已经被我们截断的右臂再给他接上，哪个选择更好呢？我们设置校尉，就能威慑西域，设置长史，就能招怀诸国，如果我们无所作为，那西域诸国就对朝廷绝望了，绝望之后，只能屈就于匈奴。那我们边疆诸郡将深受其害，河西城池的城门又要白天紧闭了。如今我们不推广朝廷的恩德，却舍不得屯戍部队的小小费用，如此，北匈奴气焰越来越嚣张，岂是安定边疆的长久之策？"

太尉属官毛轸诘难说："如果我们设置校尉，则西域各国络绎不绝地派遣使节来，求索无度，给他吧，费用无度，不给他吧，又失了他的欢心。一旦他们被匈奴逼迫，又向我们求救，那麻烦就更大了。"

班勇回答说："如果我们把西域全交给匈奴，匈奴能因此对我们感恩戴德，不为边患，那么将西域交给他也行。如果并非如此，则西域租税之丰饶，兵马之众，这些资源全都为匈奴所支配，用以攻打汉朝，那就是我们为匈奴增加财富，壮大国力了。设置校尉，是宣布威德，以维系西域诸国内向汉朝之心，阻吓匈奴觊觎之情，并没有废财耗国的问题。况且西域来使，又对我们有多大求索无度呢？他来人，我们不过是供给饮食而已。如果我们拒绝，他们势必归附匈奴，一起连兵入寇并州、凉州，那汉朝的耗费可不止十亿了。所以，设置西域副校尉屯驻敦煌，派遣西域长史屯驻楼兰，就是上策！"

于是朝廷听从班勇建议，恢复敦煌营兵三百人，设置西域副校尉驻守敦煌。虽然重新羁縻西域，但未能出屯楼兰，其后匈奴果然数次与车师连兵进攻，河西地区大受其害。

【华杉讲透】

班勇的策略是否上策，我们不敢评判，但是，从这个会议记录中看到的各个人的嘴脸，历历在目，是我们在各种会议中经常见到的。

太后问班勇有什么意见，班勇陈述了他的策略。尚书要他详细陈述利害关系，这尚书的提问，是有益的，属于给朝廷帮忙的。镡显、綦毋参、崔据的诘难，就属于只添乱、不帮忙，我把这种人称为"会议流氓"，他们不是来贡献思想的，而是来耍流氓的。

为什么说他们是会议流氓呢？首先，他们质问班勇："你能保证北虏不为边害吗？"这就是流氓！满朝都解决不了、想不出办法的事，班勇想了一个办法，你质问他的办法能不能保证成功，这不是流氓吗？你说一个策略试试？班勇的回答很恰当，他说如果地方官都能保证地方上不出盗贼，我就保证匈奴不会出兵攻打中原。

第二个流氓，是他们提出的放弃西域的理由，是西域对中原无用，而且维系的费用庞大。现在朝廷讨论的不是他对中原有没有用，而是他对中原有害，通西域不是为了趋利，而是为了避害，这根本就不是一个议程。而所谓维系费用，并不是不干这事就可以省下来，而是不干这事，就要花数百倍、数千倍的费用去应付战争。

所以，他们的意见，毫无价值，只有添乱，没有帮忙，还义正词严地"诘难"，谁提案，就跟成了犯人似的，供他们审判。

会议的关键在于"议程"，到底我们在讨论什么事，而很多人的发言,都是在重新设置议程,而会议主持者、决策者,往往看不清这一点,于是会议不仅冗长无效率,而且得不出结论,或得出错误结论。

毛轸又是一个会议流氓,他又设了一个议程,说:万一西域都归附我们了,他们的使者就会经常来,经常来,就找我们要东西,我们给不给?这都什么事儿!这是咱们讨论的问题吗?

提不出方案的人,总是靠诘难别人的方案来"实现自我价值"。

千百年来,各种会议,坐满高官高管,你以为他们都有智商?其实他们开会就是这么开的。读者可以想一想,在你们单位的各种会议里,有没有这样的会议流氓?还有,你自己有没有做过会议流氓?

最后的决策很有意思,说是按班勇的意见办,实际上根本没有按他的意见办,班勇的策略是西域副校尉率三百人屯驻敦煌,西域长史率五百人屯驻楼兰。实际只恢复了敦煌的三百人,没有安排楼兰的五百人。朝廷还是捉襟见肘,舍不得花钱。于是今天省下五百万,明天就要花五十亿补锅。

这种把方案"打折执行"的决策,属于"伪决策",决策者没什么头脑,也没什么主见,就在不同意见中摇摆。听上去,他觉得班勇比其他人靠谱,但反对的声音呢,他也辨别不了其本质。于是听班勇的,但打五折。反对的人也发挥了"作用",实现了"自我价值",有了"面子",班勇也没法再争,事情就稀里糊涂"推进"了。

我们今天的好多会议,也是这种情况。

3 羌族沈氏部落进攻张掖。

4 夏,四月十一日,立皇子刘保为太子,改元,赦天下。

5 四月十四日,封陈敬王刘羡的儿子刘崇为陈王,济北惠王刘寿的儿子刘苌为乐成王,河间孝王刘开的儿子刘翼为平原王。

6 六月,护羌校尉马贤率一万人出兵张掖讨伐沈氏羌,斩首一千八百级，俘虏一千余人，其余的叛军全部投降。当时羌族当煎部落酋长饥五等人，认为马贤的军队在张掖，于是乘虚进攻金城，马贤回师出塞，斩首数千级而还。烧当羌、烧何羌听说马贤的军队回去了，再次进攻张掖，杀死地方长官。

7 秋，七月初一，日食。

8 冬，十月十六日，司空李郃被免职。十月二十日，任命卫尉、庐江人陈褒为司空。

9 京师及三十三个郡国发大水。

10 十二月，永昌边界外的掸国国王雍曲，派使者进献乐队和幻人（幻人即魔术师，能变化、吐火、肢解自己、变牛头为马头，自称来自海西，即罗马帝国）。

11 十二月十六日，司徒刘恺请求退休，朝廷同意，终身支取每年一千石的退休金，回乡养老。

12 辽西鲜卑酋长乌伦、其至鞬各自带着部众到度辽将军邓遵处投降。

13 十二月二十一日，任命太常杨震为司徒。

14 这一年，二十三个郡国发生地震。

15 太后的堂弟、越骑校尉邓康，认为太后久临朝政，家族盛满，数次上书太后，认为应该尊崇刘氏宗室，减损自己的权力，言辞恳切，太后不听。邓康称病不去朝见，太后派内侍去探望。所派去的使者，恰巧之前是邓康家的婢女，而通报自己是"中大人"。邓康听说后，把她骂了一顿。婢女怀恨在心，回宫后向太后说邓康装病，言辞不逊。太后大怒，将邓康免官，遣回封国，并在族谱中将他除名。

16 当初，羌族当煎部落与饥五同种的酋长卢忽、忍良等一千余户，独自留在允街，首鼠两端，伺机而动。

建光元年（辛酉，公元121年）

1 春，护羌校尉马贤征召卢忽，将他斩首，然后放兵攻击他的部落，斩首及俘虏两千余人，忍良等逃亡出塞。

2 幽州刺史巴郡人冯焕、玄菟太守姚光、辽东太守蔡讽等率兵攻打高句丽，高句丽王宫派他的儿子遂成诈降，攻击玄菟、辽东，杀死杀伤两千余人。

3 二月，皇太后重病，二月十二日，赦天下。三月十三日，皇太后邓氏崩（享年四十一岁），还未入殓，皇帝重新发布之前的命令，封邓骘为上蔡侯，位特进。

三月二十六日，葬太后，谥号和熹皇后。

太后自临朝以来，水灾旱灾，一连十年，四夷自外入侵，盗贼从内纷起，每次听说人民饥饿，太后常常通宵不能入眠，自己减膳撤乐，以赈济灾民，所以天下重新平静，每年还能丰收。

皇上开始亲政（本年二十八岁），尚书陈忠推荐隐居正直之士颍川人杜根、平原人成翊世等人，皇上都任用他们。陈忠，是陈宠之子。

当初，邓太后临朝，杜根为郎中，与当时另一位郎官同时上奏说："皇帝年长，应该亲政。"太后大怒，下令将他们装进绢布口袋中，就在殿上扑杀，然后将尸体扔出城外。杜根苏醒过来，太后派人来检查死了没有，杜根于是装死三天，眼睛中都长出蛆来也一动不动，于是得以逃亡，在宜城山里一个酒家做酒保，躲了十五年。成翊世当时是地方官吏，也因为进谏太后归政于皇上而获罪。皇帝征召他们到公车报到，拜杜根为侍御史，成翊世为尚书郎。

有人问杜根："当时你遭祸，天下人都同情你，你的老朋友也不少，为什么不去投奔他们，把自己搞得这么苦呢？"杜根说："我如果在民间周旋，而不是去荒野僻远之处，万一碰见熟人，行迹败露，那不是给人家招祸吗？所以不能去找他们。"

【王夫之曰】

母后临朝，没有不乱的。邓太后有贤德吧！她厚待清河王刘庆而立其子为帝，下诏有司严管邓氏家族犯法者，将邓骘兄弟遣返回家，似乎都是她贤德的事实。但是，她听政十年，国家财政空虚，以致朝廷要卖官鬻爵，张伯路起事于内，羌族叛乱于外，三辅流亡，天下大困，这不都是太后造成的吗？

邓太后的所谓贤德，不过是小物之节约，小节之退让而已，这就是街巷妇人炫耀她的妇德，她的见识，也超出不了她的闺阁。要她选择贤与不肖，审察是非，衡量利害，她什么也不知道，一切以她的家族亲戚为标准。所以任尚屡战屡败，还是照样升官，而一朝得罪邓氏（与邓遵争功），马上就死无葬身之地。放弃土地，迁徙人民，全凭邓骘一句话，谁也不能争辩。她尤其祸国殃民的，是杜根、成翊世进谏要她归政于皇上，竟然当廷扑杀。如此擅权谋私，糜烂国家，因政治愚暗带来国家为之一空的无名之费，人们都不知道的，多了去了，减膳撤乐之类算什么呢？

张禹、尹勤、梁鲔、徐防、张敏、李脩、司马苞、马英都是庸劣之才，就因为巴结邓氏，得以位列三公，而如袁敞等铮铮铁骨，却不能包容。如此尊崇佞人，清除忠臣，上下相互蒙蔽而自己还不知道的事情，太多了！

呜呼！当初她被立为皇后，就是因为她的贤德之名。而她临朝总揽大政，死后还以其贤德，为愚昧之人所称誉，虫子已经把国家的梁柱蛀空,还不知不觉呢!

4 三月二十八日,追尊清河孝王刘庆(皇上生父)为孝德皇,生母左氏为孝德后,祖母宋贵人为敬隐后。

当初,长乐太仆蔡伦(就是发明纸张的蔡伦)受窦皇后指使,诬陷宋贵人。皇帝下诏,命蔡伦自己到廷尉监狱报到。蔡伦服毒自杀。

5 夏,四月,高句丽再次与鲜卑人一起进攻辽东,蔡讽追击于新昌,战死。功曹掾龙端、兵马掾公孙酺挺身保护蔡讽,一起死在战场上。

6 四月初七,皇帝尊封嫡母耿姬为甘陵大贵人。

7 四月十四日,乐成王刘苌被控骄淫不法,贬为芜湖侯。

8 四月十九日,皇帝命公卿以下,以及各郡守、封国宰相各自举荐有道之士一人。尚书陈忠认为,诏书既然号召大家进谏,一定会有一些人言辞激切,皇帝恐怕又包容不了,于是上书,先给皇帝"打预防针",说:

"臣听说,仁君的胸怀,像山一样广大,能接纳急切直率的批评;忠臣能直言争辩,而不畏忠言逆耳之祸。所以,当初周昌说高祖是桀纣之君,高祖只是哈哈大笑;袁盎用人彘之祸来讥刺孝文帝,文帝则嘉勉他;东方朔拦阻公主刘嫖的情夫董偃登上宣室殿,武帝也能接纳;薛广德以自杀相威胁拦阻元帝冒险乘船,元帝也能包容。如今皇帝下明诏,要尊崇殷商高宗那样的品德,推广宋景公那样的至诚(景公在位时,天象显示国君将要发生灾祸,太史建议用祭祀、祷告手段将灾祸转移到大臣身上,景公拒绝),要公卿百官上亲启密奏,指出自己的错误,克正自己。而百官见到杜根、成翊世等新近提拔,在御史台、尚书台得到显荣,一定承风响应,争为切直之言。如果他们有什么嘉谋异策,皇上当然采用。如果有以管窥天、以郄视文的浅陋之见或讥刺妄议,虽然苦口逆耳，但既非良药，也非忠言，而且毫无事实根据，对这些人，也希望陛下优游宽容，以示圣朝无避讳之美。如果有道之士在问对中有高见，则应该详细批阅，破格提拔，以广直言之路。"

陈忠的奏书递上去，皇帝下诏，拜举止有道，策问考试为上等的"有道高第"士人、沛国人施延为侍中。

当初，汝南人薛包，少年时代就有美好的德行。父亲娶了继母之后，憎恶薛包，要他分家出去住。薛包日夜号泣，不愿离开家，以至于被殴打。不得已，在家门口盖一间房子居住，每天早上就进来打扫庭院。父亲怒，又驱逐他，于是他又在里弄口盖一间房子住，每天早晚回家给父母请安问候。这样过了一年多，父母都觉得羞愧，终于让他回家。父母去世之后，弟弟和子侄们要求分家。薛包不能制止，于是分割财产，分奴婢的时候，他只要最年老的，说："他们和我一起共事时间长了，你们使唤不了。"田地房舍，他则挑选荒芜的，说："我年轻时耕耘过这里，有感情啊！"家具器物，专挑那朽坏的，说："我一直用的东西，用起来顺手！"分家之后，弟弟子侄们呢，数次有人破产，薛包又重新资助他们。

皇帝听说了他的名声，当时还没到举孝廉的时候，下令公车单独征召他。薛包到了朝廷，拜他为侍中，薛包以死相辞，坚决不愿意。于是皇帝下诏，赐他回家，依照当年毛义的先例，优待他（毛义的事迹，见公元84年记载）。

【王夫之曰】

隐士拒绝出仕的，历史上也很多了，有的是太清高，不识时务；有的是名不副实，自己心里明白，不要出来露丑；有的是心气太高，要做帝师，官小了不愿意接受。但是，我对薛包特别赞赏！他是尽自己的孝悌之道，关注自己家族，求仁得仁，没有教训别人、教化天下的心思。朝廷征召他做侍中，不是他的志向，就像他自己说的："我只是尽自己在家族的责任罢了，天子知道我，征召我，则已经风示天下，起到示范作用了，也算是我的品德并不孤单，能得到认同和共鸣，这就够了。我并没有匡济天下之心，何必要做官呢？"

9 皇帝少时有聪明之名，所以邓太后立他为帝。到了年长之后，多有不德之行，稍稍有点让太后不满意，皇帝的乳母王圣知道了太后的想法。太后征召济北王刘寿的儿子刘懿、河间王刘开的儿子刘翼来京师。刘翼仪表堂堂，太后暗暗称奇，命他为平原怀王刘隆的继承人（参考上一年的记载），留在京师。王圣见太后久久不能归政于皇上，担心太后有废立的打算，时常与中黄门李闰、江京围绕在皇帝左右，一起诋毁太后。皇帝每每心怀愤怒忧惧。

到了太后崩逝，宫女中有之前被太后处罚过的，心怀怨恨，诬告太后兄弟邓悝、邓弘、邓闾（三人均已去世，死无对证）之前曾经向尚书郎邓访咨询历史上的废黜皇帝的案例，谋立平原王。皇帝听说后，大怒，令有司上奏邓悝等大逆不道，于是废西平侯邓广宗、叶侯邓广德、西华侯邓忠、阳安侯邓珍、都乡侯邓甫德为庶人。邓骘因为没有参与这个阴谋，免除特进身份，遣返封国。邓氏宗族，全部免官归故乡。没收邓骘等人财产田宅。将邓访及家属流放到边远郡县。

之后，当地郡县官员开始逼迫邓家，邓广宗及邓忠都自杀。又改封邓骘为罗侯。五月，邓骘与儿子邓凤一起绝食而死。邓骘的堂弟，河南尹邓豹，度辽将军、舞阳侯邓遵，将作大匠邓畅等皆自杀。唯有邓广德兄弟俩，因为母亲与阎皇后是同胞姐妹，得以留在京师。

皇上任命耿夔为度辽将军，征召乐安侯邓康为太仆。（邓康当初因为进谏太后削减邓氏家族权势，触怒太后，被邓太后在族谱中除名，反而保全了自己。）

五月十七日，贬平原王刘翼为都乡侯，遣归河间。刘翼谢绝宾客，闭门自守，得以免除更大祸患。

当初，邓氏被封为皇后时，太尉张禹、司徒徐防想和司空陈宠联名上奏，追封邓氏的父亲邓训。陈宠以历史上没有先例为由，坚决反对，连续多日，也不肯署名。等到追封邓训之后，张禹、徐防又约陈宠一起派儿子去向虎贲中郎将邓骘送贺礼，陈宠再次拒绝。所以陈宠的儿子陈忠，也不得志于邓氏。邓氏家族败亡之时，正是陈忠担任尚书职务，数次上书诬陷，罗织罪名。（胡三省注：陈宠做得对，陈忠的做法就不对了。）

大司农、京兆尹朱宠痛心于邓骘无罪遭祸，于是光着膀子，抬着棺材，上书说："和熹皇后有圣善之德，为汉之文母（周文王的母亲太任），兄弟忠孝，同心忧国，为社稷之所依赖。其功成身退，让国逊位，历世贵戚，没有能和他们相比的。他们本来应该享受到积善积德和谦让的福报，却为宫人一面之词所诬陷，她们利口倾险，反乱国家，指控罪名，却没有证据，也没有审判，就让邓骘等遭受如此残酷的迫害，一门七人，死于非命，尸骸流离失所，冤魂不能返土归乡，上逆天命，下违人和，率土之滨，为之丧气。应该收葬他们的遗骨，尊宠他们的遗孤，让他们得以祭祀香火，以安抚死去的亡灵。"

朱宠知道自己言词痛切，递上奏书，自己到廷尉监狱报到。陈忠于是弹劾朱宠，皇帝下诏，朱宠被免职回家。

为邓骘喊冤的人很多，皇帝渐渐醒悟，责备州郡不该迫害，允许邓骘等人遗体运回北邙安葬。在世的堂兄弟们也得以回到京师。

【华杉讲透】

都不冤。

邓氏家族的谦让都是表象，本质上权势全在他们手里，国势也在邓太后撤乐减膳的"德行"中，一天天败坏下去。邓太后不是文母，文母是相夫教子，邓太后是实际统治者，闺门之德，如何能治理国家？邓骘等人确实无罪，所以诬陷之罪，既无证据，又无审判，只是把他们撵到地方上去，让地方官把他们逼死，这也是皇上安排的了。人死了，再平衡一下舆论，这一幕就结束了。

10 皇帝任命耿贵人的哥哥、牟平侯耿宝为监羽林左军车骑（羽林军分左右监，各自主管左右骑），封宋杨（皇帝的祖母宋贵人的父亲）的四个儿子为列侯，宋氏为卿、校、侍中大夫、谒者、郎吏的有十几个人。阎皇后的兄弟阎显、阎景、阎耀，并为卿、校，掌管禁兵。于是皇后家族又开始鼎盛了。

皇帝因为宦官江京当初在清河王邸迎接他入宫即位，认为江京有功，将他封为都乡侯。又封李闰为雍乡侯。李闰、江京并为中常侍。江京还兼任大长秋（皇后宫总管），与中常侍樊丰、黄门令（宦官总管）刘安、钩盾令（主管皇家园囿的宦官）陈达，以及皇帝的乳母王圣、王圣的女儿伯荣等煽动内外，竞相奢侈暴虐。伯荣出入宫禁，传递奸谋贿赂。

司徒杨震上书说："臣听闻，政事以得贤为本，治理以去秽为务，所以尧舜之时，俊杰在位，四凶流放，天下咸服，以致和谐。方今至德之人，无一人用事；嬖幸之徒，满布朝廷。乳母王圣，出身微贱，得到千年一遇的机会，奉养皇帝，虽有抚养之勤，前后赏赐，已远超她的付出，而贪得无厌，不知纲纪，受托干政，扰乱天下，损辱朝廷清白，玷污日月光明。女子与小人，近之则不逊，远之则怨，实在难养，应该立即驱逐乳母，让她住到宫外去，断绝伯荣，不让她进宫。这样，皇上的恩德永在，上下两全其美！"

奏书递上去，皇帝把它拿给乳母等人看，于是他们都仇恨杨震。

伯荣越来越骄淫，与故朝阳侯刘护的堂兄刘瑰私通，刘瑰娶她为妻。刘瑰后来官至侍中，并继承刘护的爵位。杨震上书说："按照制度，父死子继，兄终弟及，正是为了防止篡夺。之前我看到诏书，封已故朝阳侯刘护的堂兄刘瑰继承刘护的侯爵之位。而刘护一母同胞的弟弟刘威还健在。臣听说，天子有封爵的权力，封给有功之人；诸侯可以继承爵位，传给有德之人。如今刘瑰既无功劳，也无德行，只是因为娶了乳母的女儿，一时之间，既位列侍中，又至于封侯，不符制度，也不合经义，行人喧哗，百姓不安，陛下应该以历史为镜鉴，坚守君王的立场。"

尚书、广陵人翟酺上书说："当初窦氏、邓氏之宠，倾动四方，官职全归他们家族，财货堆积在他们的府邸，以致他们玩弄政权，更改社稷，难道不是因为他们势尊威广，才造成这样大的祸患吗？而一朝败亡，人头落地，想当一头猪崽，也不可得。富贵如果不是积累得来，就会突然失去；爵位如果不是正常渠道取得，就会遭致祸殃。如今外戚所得到的宠幸，从开国以来，从未到过如此程度。陛下诚然是希望仁恩周洽，以亲九族。但是禄去公室，政出私门，重蹈覆辙，岂有不翻车之理？这正是安危之极戒、社稷之深计。当初文帝不舍得花一百金去建一个露台，又收集臣下装奏书的布袋，缝制成帷帐，有人说他太节俭，他说：'我为天下守财，怎么可以浪费！'如今陛下刚刚亲政，时间不长，而费用赏赐，已经不可胜算。敛财于天下，而赏赐给无功之家族，国库耗尽，民生凋敝，如果国事需要额外支出，又必然加重赋税，百姓怨叛既生，危乱可待也！愿陛下求忠贞之臣，诛远奸妄谄媚之党，割情欲之欢，罢宴私之好，心里时刻想着那些亡国之原因过失，鉴览兴起之道，则灾害可息，丰年可至矣！"

奏书递上去，皇帝不搭理。

【华杉讲透】

皇帝对乳母之好，好到祸乱朝纲，对大臣的忠言，置之不理，这是个心理学问题。他少年进宫，在邓太后淫威之下，危若累卵，那时候，这些大臣在哪里呢？他们哪一个帮助过他呢？只有乳母、宦官近侍们和他相依为命。他们之间的感情，已经超越了一般家庭。所以一朝得势，就共享富贵，纵情欢乐罢了。这是一种报复性反弹，和对自己童年的补偿，历史上多次重复。大臣们说得再正确，皇帝都轻视他们，乳母和宦官，才是皇上的"原生家庭"。每个人都走不出自己的童年，皇帝也是活在他的童年而已。

宦官江京的封侯，也值得分析。江京的"功劳"是，太后宣诏皇帝进宫即位时，是江京带车去接的。又不是他建言献策拥立的，他只是被太后派去接车而已，这怎么是封侯的功劳呢？皇帝封他，只不过因为他是"报喜鸟"，给皇帝带去了幸福和愉悦，他代表了皇帝一生中最重大的时刻，是那一天的"超级符号"。皇帝为了纪念那一天，就给他封侯了。所以啊，很多的决策，没有道理，全是心理；没有逻辑，都是情绪。而心理和情绪，往往超过道理和逻辑。学习《资"自"通鉴》，就要学会观看自己的心理和情绪，也要注意接纳他人的心理和情绪。如果光是学道理和逻辑，没有用。为什么明白很多道理，却依然过不好这一生？因为人生本来就不是由道理所决定的，而是被心理和情绪所控制和牵引的。《中庸》之道，"喜怒哀乐之未发谓之中，发而皆中节谓之和"，讲的就是情绪管理。

11 秋，七月初一，改元，赦天下。

12 七月二十四日，太尉马英薨逝。

13 烧当羌的忍良等人，认为麻奴兄弟本是烧当羌酋长东号的嫡子，而护羌校尉马贤的抚恤却没有照顾到他们，所以时常有怨心，相互勾结，一起胁迫各部落进攻湟中，攻打金城郡所属各县。八月，马贤率领先零部落攻打他们，在养马场交战，马贤作战不利。麻奴等人又在令居击败武威、张掖的地方部队，于是裹挟先零、沈氏诸部落四千余户沿着祁连山向西，进攻武威。马贤追击到鸾鸟县，招降他们，诸部落投降者数千人，麻奴向南，回到湟中。

14 八月十六日，任命前司徒刘恺为太尉。
当初，清河国相叔孙光被控贪污，被剥夺两代人的政治权利。这年，居延都尉范邠也犯贪污罪，朝廷准备按叔孙光先例判决，唯独刘恺认为："《春秋》之义，善善及子孙，恶恶止其身（奖励善的，延伸到他的子孙；惩罚恶的，止于他一人），这样才能劝勉人向善，如今对贪官的处罚，竟剥夺他儿子一代的终身政治权利，从重处罚，恐怕误伤善人，不是先王立法的本意。"
陈忠也同意刘恺的看法。皇上下诏说："太尉说得对！"

15 鲜卑部落酋长其至鞬进攻居庸关。九月，云中太守成严出击，兵败，功曹杨穆挺身保护成严，一起阵亡。鲜卑于是包围乌桓校尉徐常于马城。度辽将军耿夔与幽州刺史庞参征发广阳、渔阳、涿郡士兵前往救援。鲜卑解围而去。

16 九月初十，皇帝到卫尉冯石府邸，留下饮宴十余日，赏赐甚厚，拜其子冯世为黄门侍郎，冯世的两个弟弟皆为郎中。冯石，是阳邑侯冯鲂的孙子，父亲冯柱，娶了汉明帝的女儿获嘉公主为妻。冯石继承了公主的爵位，为获嘉侯，善于取悦于人，所以为皇帝所宠爱。

17 京师及二十七个郡国下雨不止。

18 冬，十一月十二日，三十五个郡国发生地震。

19 鲜卑进攻玄菟。

20 尚书令祋讽等上奏说："孝文皇帝定下了丧仪从简的制度（文帝临终遗诏，规定三十六日即可脱下丧服，以日代月，将服丧三年，改为三十六天），光武皇帝取消了大臣的休假制度，这都是应该万世遵循的，不可更改。建议撤销大臣守丧三年的规定。"

尚书陈忠上奏说："高祖受命，萧何创制，大臣有守丧三年的规定，也符合父母去世、悲伤不能自已的大义。光武帝时期，国家刚刚遭受大乱，国政一切从简，大臣们不能请假，官吏们为了利禄，很少有人能守丧三年，回报父母养育之恩的，于礼于义，都有亏损。陛下让大臣们能够完成三年守丧，正是圣功美业，无以复加。孟子说：'老吾老以及人之老，幼吾幼以及人之幼，天下可运于掌。'愿陛下登高北望，远眺甘陵（皇帝父母的陵墓），以思度臣子之心，则海内各得其所。"

当时，宦官们都不愿意为父母守丧三年，认为对自己不利，陈忠的建议被搁置。

十一月二十三日，皇帝下诏：二千石以上官员，不再守三年之丧。

【袁宏论曰】

古之帝王之所以敦化美俗，率民为善，就是因其自然，而不夺其情，而就算是这样，有的人仍然不能感化。更何况毁弃礼教，不准哀悼，灭其天性呢！

【华杉讲透】

三年之丧，是中国古老的丧葬制度，《论语》里孔子说：

> 子生三年，然后免于父母之怀。夫三年之丧，天下之通丧也。

人生下来，父母抱在怀中养育，三岁才不要爸爸妈妈抱了。所以，父母死后，要为父母守丧三年。那做官的，父母亲有一方去世，就要马上辞官回家，守丧三年，如此则每个人都至少有六年不能工作，很多人当然不愿意，但是守丧三年又被树成一个至高无上的道德标准，历代也引出不少政治风波。比如明代张居正，他的父亲去世后，由于他在宰相位置上，国家离不开他，太后和皇上都下诏"夺情"，要他留下工作，就引来了其他人的道德攻击。清代曾国藩，父亲去世时他正在军营中，但也马上离开军营，回家守丧，第三年才被咸丰皇帝下诏"夺情"，重新回到战场。

21 十二月，高句丽王宫率马韩部落、濊貊部落数千奇兵围攻玄菟，夫余王派儿子尉仇台率领两万余人与州郡兵力一起将他击破。这一年，宫死，其子遂成即位。玄菟太守姚光上书，想趁宫国丧期间，发兵攻击，参加讨论的人都认为可以批准。陈忠说："宫之前狡黠，而姚光不能讨伐他。如今宫死了，却去攻打，这是不义之行。应该派遣使节，前往吊丧，因而责备他们之前的罪过，并赦免他们，这样或许还能得到他们善意的回报。"

皇帝听从了陈忠的意见。

延光元年（壬戌，公元122年）

1 春，三月初二，改元，赦天下。

2 护羌校尉马贤追击麻奴，到湟中，将其击败，羌人散遁。

3 夏，四月，京师及四十一个郡国下冰雹，河西郡降下的冰雹大的有斗那么大！

4 幽州刺史冯焕、玄菟太守姚光数次纠察揭发奸恶，怨恨他们的人伪造玺书，谴责冯焕、姚光，赐下刑刀，又下矫诏给辽东郡尉庞奋，命他即刻行刑。庞奋斩杀姚光，逮捕冯焕。冯焕要自杀，他的儿子冯绲怀疑诏书的真实性，制止冯焕说："大人在州，一心想铲除奸恶，实在是没有其他什么事。必定是凶人妄诈，下此毒手。希望您自己上书皇帝，如果真是皇帝的意思，再死不迟。"冯焕听从他的话，上书自辩，果然是奸人所为。朝廷征召庞奋回京抵罪。

5 四月十九日，司空陈褒被免职。五月初七，擢升宗正、彭城人刘授为司空。

6 五月二十六日，封河间孝王的儿子刘德为安平王，作为乐成靖王的后嗣。

7 六月。各郡国发生蝗灾。

8 秋，七月初一，京师及十三个郡国发生地震。

9 高句丽王遂成归还俘虏的汉人，到玄菟投降，其后濊貊也归服，东部边境平安无事。

10 羌族虔人部落与上郡胡人造反，被度辽将军耿夔击败。

11 八月，景帝陵园阳陵发生火灾。

12 九月初七，二十七个郡国发生地震。

13 鲜卑部落因为数次杀死郡守，胆气又壮盛起来，拥有控弦之士数万骑兵，冬，十月，再次进攻雁门、定襄；十一月，进攻太原。

14 烧当羌麻奴饥困，率领自己的部落到汉阳太守耿种处投降。

15 这一年，京师及二十七个郡国大雨不止。

16 皇帝多次派遣黄门常侍及宫中使者伯荣往来甘陵，尚书仆射陈忠上书说："如今天心未得，水旱频繁，青州、冀州，淫雨绵绵，河堤决漏；徐州、岱州，海水倒灌；兖州、豫州，蝗虫滋生；荆州、扬州，稻米减产；并州、凉州，羌戎叛乱；加之以百姓不足，国库空虚。陛下不能亲自到父母坟前祭祀，而派遣宫中使者到甘陵，他们朱红的车驾，并行的骏马，来往不绝，相望于道路，这可以说是陛下的至孝了。但是臣听说使者所过之处，威权显赫，郡县震动，王、侯以及二千石级别官员，都跪拜于伯荣车下。征发民夫修理道路，修缮驿站亭阁，征役无度，老弱相随，动不动就数以万计。仆从所收的贿赂，每人都有数百匹绢帛，而人民呼号颠仆，倒毙于道路，痛彻心扉。河间王是陛下叔父，清河郡是甘陵所在，可是，他们的高级官员，都在伯荣车前跪拜，陛下不闻不问，那大家都认为这是陛下的意思了。伯荣的权威，超过了陛下；陛下的权柄，授予臣妾。水灾频发的原因，就在于此。当初汉武帝时期，韩嫣乘坐皇帝副车外出公干，江都王刘非误以为是皇帝驾到，急忙跪拜，最后韩嫣因此被诛杀。臣听说，明主严天元之尊，正乾刚之位，不宜让女使干预政治。陛下应考察左右，有没有石显那样的奸臣？

尚书纳言之中，有没有赵昌陷害郑崇那种欺诈行为？公卿大臣中，有没有像朱博依靠傅皇后家族那样的人？外属贵戚，有没有王凤谋害王商那样的阴谋？一国之政，如果都由皇帝一人决断，则在下位的人不能威胁在上位的人，臣子不能干预君王，大雨大水就会停止，四方灾异也不会发展成祸害。"

奏书递上去，皇帝不予理会，没有回复。

当时三公虽然居于高位，但是实权全在尚书，而一旦有什么天灾人祸，又归咎于三公，甚至将三公免职。陈忠上书说："汉朝兴起以来，有一项惯例，就是丞相所请示的事情，没有不批准的。而如今的三公，有名无实，无论是选拔官吏，还是诛杀赏赐，尚书所受的委任，都大于三公，这种局面已经很久了，臣心中不安。最近因为地震，将司空陈褒免职，现在有灾变，又要三公负责。当初汉成帝因为天象变异，火星接近心宿星，归咎于丞相（汉成帝逼丞相翟方进自杀为天变负责，事见公元前7年记载），但还是得不到上天的赐福，相比之下，宋景公一片至诚，不愿把灾变嫁祸于臣下的美德，孰是孰非，就十分明白了。而且尚书裁决国事，经常违背旧典，随意定罪判刑；不依先例，只是一味诋毁欺骗，文辞尖刻丑恶，有违宪章。陛下应该追究原意，不要听他们添枝加叶，这样对上顺应国家典章，对下也防止他们作威作福，凡事都有规矩，轻重都依国法，这才是国家之典，万世之法。"

【华杉讲透】

陈忠的上书，是要找皇帝分权，可以说是"与虎谋皮"。因为尚书是皇帝的秘书处，权力归尚书，就是归皇帝，这是中国历史上的皇权和相权之争。司徒就是宰相，司空掌监察，太尉掌军权，这都是国家大权，所以皇帝将他们全部收归自己的秘书处，三公就成了摆设，没有权力决定任何事，但是出了问题，又要他们负责。

17 汝南太守、山阳人王龚，政崇宽和，好才爱士。以袁阆为功曹，引见郡中人才黄宪、陈蕃等。黄宪推辞，陈蕃则接受推荐，出任官职。

袁阆并没有什么特立独行的情操，却显名于当时。陈蕃性格气质高明。王龚对他们都很礼敬，于是士子们无不归心。

黄宪出身贫贱，父亲是一个牛医。颍川人荀淑到慎阳，在迎宾馆遇到黄宪。黄宪当时才十四岁，荀淑悚然惊异，和他揖让谈论。谈到太阳偏西，对黄宪说："您就是我的老师啊！"既而前往袁阆处，还没来得及寒暄，张口就说："您郡里有个颜回，您认识吗？"袁阆说："见到我们黄宪了？"当时同郡还有一位叫戴良的，才高倨傲，而每次去见黄宪的时候，无不整顿仪容，见完面回来，总是惘然若失的样子。他母亲问他："你从牛医的儿子那里回来吗？"戴良说："我不见黄宪时，觉得我也没有什么地方赶不上他了，等到一见了他呢，就是那种'瞻之在前、忽焉在后'的感觉，高深莫测啊！"

【华杉讲透】

"瞻之在前，忽焉在后"，语出《论语》：

> 颜渊喟然叹曰："仰之弥高，钻之弥坚；瞻之在前，忽焉在后。"

颜回赞美孔子："我仰望老师的学问，越望，他越高，进得一级，后面又有一级；我钻研老师的学问，越钻研，它越坚实，钻透一层，里面又有一层！一会儿看它就在前面，我勇猛地赶上去，恍惚又没赶上；一会儿看它好像在身后，我又转身去赶。"

如此流动不居，变化莫测，这是大道无形，不可为象，无穷无尽，其修远兮！

陈蕃及同郡人周举曾经相互说："三个月不见黄宪，卑鄙羞耻的念头，就在心中重新萌芽了。"太原人郭泰，少年时游历到汝南，先经过袁阆处，没有留宿，就离开了。进而到了黄宪家，住了好几天才走。有人问他怎么样，郭泰说："袁阆的器局，就像一眼泉水，虽然清澈，但也容易掬取。黄宪则像一片汪洋，你无法将它澄清，也不能让它浑浊，不可测量。"

黄宪当初被举孝廉，又被征召到三公府。友人们都劝他出仕做官，黄宪也不拒绝，但是，到了京师，稍作停留，就转头回家，竟然没有接受任何官职。黄宪四十八岁时逝世。

【范晔论曰】

黄宪言论风旨，无所传闻，但是士人君子，见了他的，无不钦佩他的深远，而打消自己卑鄙不善的念头。难道他就是那种"道周性全，无德而称"（道德周备，性情全一，没有一点毛病，德大而无能名）的人吗？我的曾祖父范汪评价黄宪说："黄宪啊，柔和顺处于世，渊博如万物之宗，深不可测，他的深浅清浊，都没有人能够衡量，即令是孔子门下的学生，也不过如此吧！"

延光二年（癸亥，公元123年）

1 春，正月，旄牛县夷人造反，被益州刺史张乔率军击败。

2 夏，四月二十日，封乳母王圣为野王君（男封侯，女封君，爵位相等）。

3 北匈奴联合车师进攻河西，朝廷会议上有人提议关闭玉门关、阳关，以绝其患。敦煌太守张珰上书说："臣在京师的时候，也觉得西域可以抛弃，如今亲自到了西域，才知道一旦抛弃西域，则河西不能独存。请让我陈述西域三策：北匈奴呼衍王，经常辗转于蒲类、秦海之间，控制西域各国，一起进攻劫掠我边境地区。如今，我们以酒泉移民区外籍兵团吏士两千余人，集结于昆仑塞，先击呼衍王，绝其根本，然后征发鄯善兵五千人，威胁车师后部，这是上策。如果不能出兵，可以设置车司马，率领将士五百人，由河西四郡供应耕牛和谷物，屯驻柳中，这是中策。如果这也不行，那就放弃交河城，将鄯善国全体人民迁徙到塞内，这是下策。"

朝廷让群臣讨论张珰的建议。陈忠上书说："西域内附日久，各国派出使节到边关叩问的很多了，这正是他们思慕汉朝，不愿意跟从匈奴。如今北匈奴已经击破车师，势必将南攻鄯善，如果我们弃而不救，那西域诸国都归附匈奴了。这样，北匈奴的财势越来越大，胆气越来越壮，威临南羌，与之交通，如此，河西四郡就危险了。河西有危险，不可能不救，则百姓之徭役又要兴起，不可计量的花费又要开始了。议论的人，只看见西域绝远，认为保护西域的费用太高，却看不见孝武皇帝当年苦心经营的本意。方今敦煌孤危，远来告急，如果朝廷不救，则内无以慰劳吏民，外无以威示百蛮，伤害自己的国家，缩减自己的国土，这不是什么好计策。臣以为，应该在敦煌设置校尉，按旧制，增编四郡屯兵，以镇抚西域诸国。"

皇帝采纳了陈忠的意见，于是任命班勇为西域长史，率兵五百人出塞，驻扎柳中。

4 秋，七月，丹阳发生山崩。

5 九月，五个郡国大雨成灾。

6 冬，十月初六，太尉刘恺被免职。

十月初九，任命司徒杨震为太尉，光禄勋、东莱人刘熹为司徒。大鸿胪耿宝去见杨震，向杨震推荐中常侍李闰的哥哥，说："李常侍是皇上所倚重的人物，想请您给他的哥哥任命官职，我只不过是传达上面的意思罢了。"杨震说："如果朝廷需要三府征召某人做官，应该有尚书直接发过来的文件。"耿宝大恨而去。执金吾阎显也向杨震推荐自己的亲友，杨震又不从。司空刘授听说了，即刻提拔这二人为自己的属官。由此杨震更加遭人怨恨。

当时皇上下诏，派出使者，为乳母王圣大肆修建府第，中常侍樊丰、侍中周广、谢恽等人更是相互煽动，倾摇朝廷。杨震上书说："臣认为如今灾害滋甚，百姓空虚，三边震扰，国库匮乏，绝非社稷安宁之时，而诏书为乳母起住宅，合两坊为一宅。整条街道都纳入府中，雕梁画栋，穷极巧技，攻山采石，转运迫促，花费巨亿。周广、谢恽兄弟，与皇室没有一枝一叶的亲戚关系，只是投靠近幸奸佞之人，与之分威共权，就能嘱托州郡替他们办事，倾动大臣支持他们的主张，干预三公征召天下人才，百官大臣，都要看他们的脸色行事，于是找来海内贪污之人，收受他们的贿赂，以致有因犯罪被剥夺政治权利，永不录用的人，也重新得到显赫的官职。黑白混淆，清浊不分，天下哗然，讥刺朝廷。我听我的老师说过，在上位的人一味向百姓榨取赋税徭役，财富被榨尽之后，人民一定会怨恨；精力被榨尽之后，人民一定会叛变，怨叛之人，就不再能为国家所驱使了。"

皇上不听。

7 鲜卑部落酋长其至鞬亲自率领骑兵一万余人攻打南匈奴于曼柏，南匈奴奥鞬日逐王战死，一千余人被杀。

8 十二月初四，京师及三个郡国发生地震。

9 陈忠推荐汝南人周燮、南阳人冯良，称他们学行深纯，隐居不仕，名重于世。皇帝用黑色绸缎和小羊羔为礼物去礼聘他们。周燮的族人都劝他说："修德立行，本来就是为了国家，你为什么非要守着这东山上的先人草房和坡田不可呢？"周燮说："修道者度其时而动，如果时机不对，却出仕为官，能行得通吗？"周燮与冯良都自己驾车到县衙，称病而还。

【胡三省曰】

董仲舒《春秋繁露》说，征召卿大夫用羔羊做礼物，羔羊有角而不用，抓它它也不鸣叫，杀它它也不嚎叫，就像死义的大臣。羔羊饮母乳的时候，一定跪下来，又好比知礼者。

【华杉讲透】

朝廷需要沉默的羔羊。周燮、冯良看当时的朝政，就算要做一只沉默的羔羊，恐怕也不可得，于是都明哲保身，不去参与了。

延光三年（甲子，公元124年）

1 春，正月，班勇到达楼兰。因为鄯善王归附，朝廷特别颁发给鄯善王印绶。而龟兹王白英仍然犹豫不决。班勇待之以恩信，于是白英率姑墨、温宿两国国王，把自己捆了，到班勇处请罪归附，接着征调步骑兵一万余人到车师前王庭，在伊和谷赶走匈奴伊蠡王，收容车师前部五千多人，于是车师前国门户再次打通。班勇回师，在柳中屯田。

2 二月十三日，车驾东巡，二月十八日，抵达泰山；回程抵达东平，到东郡，经魏郡、河内还宫。

3 当初，樊丰、周广、谢恽等人见杨震接连进谏而未被采纳，于是假造诏书，调发国库钱粮，征调国家工匠和木材，各自修建墓园房屋、花园水池、亭台楼阁，役费无数。杨震又上书说："臣身为宰辅大臣，不能调节阴阳，以致去年十二月初四，京师地震，那一天是'戊辰'日，戊是土，辰是土，地震也是土，这三者都是土，而位置接近中宫，这是中臣、近官持权用事之象。臣看到，陛下因为边境未宁，对自己十分节俭，宫殿垣屋倾斜，只是拿一根柱子支撑一下而已。而皇上的亲近幸臣，并不跟皇上一条心，而是骄奢犯法，多请工匠，盛修第舍，卖弄威福，以至于道路喧哗，地震之变，就是由此而来。还有，冬天没有下雪，春天没有下雨，百官都很焦心，而修缮不止，这正是带来天旱的征兆。希望陛下奋乾刚之德，抛弃骄奢之臣，以响应上天的警戒！"

杨震前后言辞急切，皇上心中已经有点不满，而樊丰等人更是侧目而视，十分愤怒。只是因为他是名儒，不敢加害。这时，正赶上河间人赵腾上书指陈得失，皇帝发怒，将赵腾逮捕并关进诏狱，判以罔上不道之罪。杨震上书救援，说："臣听说殷朝、周朝的圣君，小人抱怨诟骂，只是自己身上敬德加谨。如今赵腾被指控的罪行，无非是激烈的诽谤，与持刀杀人的罪行还有差异，请求能赦免他的死罪，保全他的性命，来鼓励百姓对朝政的关心。"

皇上不听。赵腾竟然被在街头公开执行死刑。

趁皇帝东巡之际，樊丰等人趁机攀比，大兴土木，修建宅第。太尉部掾高舒约谈大匠令史（相当于建设部司长），调查得实，知道樊丰等人假造诏书，高舒写好奏折，等到皇上回京，上奏。樊丰等人惶怖，正好太史说星变逆行，于是一起诬陷杨震说："自从赵腾死后，杨震深怀怨怼，况且他是邓氏故人，一直就怀恨在心。"

三月二十九日，皇帝车驾还京师，在太学休息，等待吉时还宫。这天夜里，皇上派使者到杨震家里收缴太尉印绶。杨震于是闭门不再会见宾客。樊丰等人更加厌恶他，令大鸿胪耿宝上奏："杨震身为大臣，不服罪，心怀怨望。"皇上下诏，将杨震遣回原籍。杨震走到城西夕阳亭，慷慨激昂，对儿子们和门人说："死，是士人的本分。我蒙圣恩得以居于高位，面对奸臣狡猾，却不能诛杀他们，憎恨嬖女倾乱，也不能禁绝她们，有什么面目再见日月！我死之后，用杂木为棺材，布单被只要能盖住尸体就行了，不要运回祖宗坟墓，不要祭祀。"于是服毒自杀。

弘农太守移良，遵从樊丰等人的旨意，派官吏在陕县截停杨震的丧车，将棺材打开暴露在路旁，贬杨震的儿子们为驿吏，传递文书。道路上的行人都为他们流涕。

太仆、征羌侯来历说："耿宝是皇上舅父，荣宠过厚，不念报国恩，而投身于奸妄之臣，陷害忠良，上天也将要降祸给他了吧！"来历，是来歙的曾孙。

4 夏,四月初二,车驾还宫。

5 四月初五,朝廷任命光禄勋冯石为太尉。

6 南匈奴单于檀去世,他的弟弟拔即位,为乌稽侯尸逐鞮单于。当时鲜卑数次进攻边塞,度辽将军耿夔与温禺犊王呼尤徽率领新降者连年出塞攻击,还派他们在要冲地带屯驻。耿夔征发繁剧,新降者皆怨恨,酋长阿族等人于是造反。胁迫呼尤徽,要他一起走。呼尤徽说:"我老了,受汉家恩,宁死,不能相随。"众人要杀他,有人劝阻,得以免死。阿族等人于是率众逃亡。中郎将马翼与胡骑追击,将他们打败,斩获殆尽。

7 日南郡(越南东和县)境外的蛮夷归附汉朝。

8 六月,鲜卑进攻玄菟。

9 六月初八,阆中发生山崩。

10 秋,七月辛巳日(七月无此日),任命大鸿胪耿宝为大将军。

11 王圣、江京、樊丰等人诬陷太子乳母王男、厨监邴吉等人,王男等人被杀,家属流放到比景(越南笋河口)。太子思念王男、邴吉,数为叹息。江京、樊丰担心会有后患,于是与阎皇后妄造虚无,构陷太子及东宫官属。皇帝怒,召集公卿及以下群臣,商议废黜太子。耿宝等人顺着皇上的意思,都认为应该废黜。太仆来历与太常桓焉、廷尉犍为人张皓议论说:"经义上说,年纪未满十五,有过错也不在他身上,再说王男、邴吉有什么阴谋,太子也不知道。应该给太子选拔忠良师父,辅之以礼义。废置之事,至关重大,皇上应该慎重考虑!"

皇上不听。

桓焉，是桓郁的儿子。张皓退下后，再次上书说："当初贼臣江充构陷太子刘据，以至于刘据灭亡，孝武皇帝过了很久才醒悟，追思之前的过失，悔之莫及！如今太子年方十岁，没有师父教导，怎么能谴责他呢？"

奏书递上去，没有回复。九月初七，废皇太子刘保为济阴王，移居德阳殿西侧钟楼下。来历联合光禄勋祋讽、宗正刘玮、将作大匠薛皓、侍中闾丘弘、陈光、赵代、施延、太中大夫九江人朱伥等十余人，一起到鸿都门证明太子无过。皇帝与左右近臣觉得烦躁不安，于是派中常侍奉诏威胁群臣说："父子一体，天性使然，以国家大义，割舍私人恩情，是为了天下的福祉。来历、祋讽等不识大典，而与群小喧哗，表面上是忠心正直，实际上是希望以后得到福报。这样饰邪违义，岂是侍奉君王的体统！朝廷广开言路，所以原谅你们，如果继续执迷不悟，当明正典刑！"谏者无不失色。薛皓先叩头说："遵从皇上吩咐！"来历满面悲愤，当众诘问薛皓说："大家说好一起进谏，你为什么背叛？大臣乘坐朝车，处理国事，能够这样出尔反尔吗？"但其他人也都起身退出。来历一个人守着宫门，一连几日，不肯罢休。皇帝大怒，尚书令陈忠与诸位尚书于是一起弹劾来历等人。皇帝于是将来历兄弟罢官，削减其采邑征羌国租赋，又禁止来历的母亲、武安公主刘惠进宫会见。

12 陇西郡治开始迁回狄道。

13 烧当羌酋长麻奴死，其弟犀苦即位。

14 九月三十日，日食。

15 冬，十月，皇帝行幸长安。十一月初六，回洛阳。

16 这一年，京师及三十三个郡国发生地震，三十六个郡国发大水，下冰雹。

激发个人成长

多年以来，千千万万有经验的读者，都会定期查看熊猫君家的最新书目，挑选满足自己成长需求的新书。

读客图书以"激发个人成长"为使命，在以下三个方面为您精选优质图书：

1. 精神成长

熊猫君家精彩绝伦的小说文库和人文类图书，帮助你成为永远充满梦想、勇气和爱的人！

2. 知识结构成长

熊猫君家的历史类、社科类图书，帮助你了解从宇宙诞生、文明演变直至今日世界之形成的方方面面。

3. 工作技能成长

熊猫君家的经管类、家教类图书，指引你更好地工作、更有效率地生活，减少人生中的烦恼。

每一本读客图书都轻松好读，精彩绝伦，充满无穷阅读乐趣！

认准读客熊猫

读客所有图书,在书脊、腰封、封底和前后勒口都有"**读客熊猫**"标志。

两步帮你快速找到读客图书

1. 找读客熊猫

2. 找黑白格子

马上扫二维码,关注"**熊猫君**"

和千万读者一起成长吧!

火爆畅销：华杉讲透国学名著系列

◎华杉讲透《孙子兵法》

这回彻底读懂《孙子兵法》！通俗通透解读经典战例，逐字逐句讲透兵法原意。只要抓住《孙子兵法》的根本思想，就会发现处处豁然开朗、字字明明白白。

翻开本书，读懂两千多年来一直被误解的兵法原意！

◎华杉讲透《论语》

这回终于读懂《论语》！无需半点古文基础，也能完全读懂《论语》，直抵中国文化的源头。

翻开本书，切身体会两千五百多年来，中国人得以修身养性、安身立命的智慧箴言。

◎华杉讲透《孟子》

这回终于读懂《孟子》！无需半点古文基础，直抵两千五百年儒学源头！用现代人容易理解的语言，"正宗"讲解孟子的思想。

翻开本书，逐字逐句读懂《孟子》原意，直抵两千五百年儒学源头！

火爆畅销：华杉讲透国学名著系列

◎ 华杉讲透《大学中庸》

不读《大学》，就摸不到儒学的大门；不读《中庸》，就到不了儒学的高峰！

翻开本书，无需半点古文基础，由浅入深领悟儒家智慧。

◎ 华杉讲透王阳明《传习录》

这回真正透彻理解阳明心学！逐字逐句讲透《传习录》，无需半点古文基础，从源头读懂阳明心学。

翻开本书，轻松读懂《传习录》中的每句话，透彻理解阳明心学的智慧精髓。

◎ 华杉讲透《资治通鉴》

《资治通鉴》突然变得很好懂！通篇大白话，拿起来你就放不下；古人真智慧，说不定你一看就会。

翻开本书，像读小说一样津津有味读懂《资治通鉴》！

火爆畅销：华与华方法系列

◎ 超级符号就是超级创意（第三版）

席卷中国市场17年的华与华战略营销创意方法！新增西贝、足力健、海底捞、汉庭等案例讲解！中国的品牌战略家！口碑超级好！

翻开本书，了解这套从中国本土生长出来的传奇营销方法。

◎ 超级符号原理

专整大创意，就这两兄弟！海底捞、得到APP、西贝的品牌顾问，咨询费过千万的大创意逻辑！代表本土营销创意思想，输出美国、英国、新加坡等国家。

翻开本书，你也能成为一个超级有创意的人！

◎ 华与华百万大奖赛案例集

到、到、到、到底什么是好创意？到底什么样的创意能获得100万元大奖？西贝、360、汉庭、得到……消费者耳熟能详的品牌创意大复盘。

翻开本书，看华与华用14个传奇案例讲透好创意的标准，手把手教你做出好创意！